LE MONGOLISME

Jean-Luc Lambert
Jean-Adolphe Rondal

Le mongolisme

Quatrième édition

MARDAGA

© by Pierre Mardaga éditeur
Hayen 11 - B-4140 Sprimont
D. 1997-0024-4

Nous tenons à exprimer notre gratitude à J.C. Lessard, de l'Université Laval au Québec, pour ses encouragements fournis tout au long de la rédaction de cet ouvrage, ainsi qu'à L. Cantin pour la dactylographie du manuscrit et l'intérêt qu'elle a témoigné au sujet traité.

Nos remerciements vont également au Docteur P.V. Wooley, Jr., M.D., du Children's Hospital of Michigan, Wayne State University, Detroit, qui nous a permis de reproduire et de traduire les données qui constituent la figure 9, au chapitre 2.

J.L.L. - J.A.R.

Préface

Le syndrome de Down, ou trisomie 21, ou mongolisme est très fréquent. Environ un nouveau-né sur 600 à 700 naissances en est atteint. La longévité des enfants affectés a considérablement augmenté grâce aux progrès de la médecine de sorte que nous rencontrons maintenant beaucoup d'adultes et même de vieillards atteints de mongolisme.

De plus, ce syndrome est décrit depuis plus de cent ans et les particularités chromosomiales qui le déterminent sont connues depuis près de vingt ans.

Tout accoucheur a mis au monde au moins un et souvent plusieurs enfants trisomiques. Tout pédiatre en a rencontré dans sa clientèle. Les généralistes ont soigné des enfants, des adolescents et des adultes. Les psychiatres d'enfants et les psychiatres d'adultes sont consultés à leur sujet. Pourtant, le corps médical est très mal informé de ce qu'est réellement la personne atteinte de mongolisme, de son développement, de ses capacités d'apprentissage, de son comportement, de son devenir.

Nombreux sont aussi les psychologues, les enseignants, les éducateurs qui sont amenés à éduquer ou donner un avis sur ces enfants ou ces adultes. Bien peu connaissent vraiment la question.

Très nombreux enfin sont les parents qui s'efforcent d'élever au mieux un enfant atteint de mongolisme.

Pourquoi donc, malgré le grand nombre de personnes concernées, le mongolisme est-il si mal connu et surtout si mal connu des personnes qui ont la responsabilité professionnelle de s'en occuper ?

Simplement sans doute parce que la question ne leur est pas ou mal enseignée au cours de leurs études, mais aussi, hélas, parce que les préjugés si répandus les ont atteints et marqués, ces préjugés, ces clichés qui ont la vie dure et que l'on se repasse non seulement verbalement mais qui sont recopiés servilement de manuel en manuel.

Le mongolisme est encore plus mal connu du grand public. Le faciès particulier des personnes qui en sont atteints semble attirer sur elles tous les préjugés et les craintes relatifs à l'arriération mentale.

Le problème est malheureusement mal connu aussi des parents qui ne peuvent que rarement recevoir les informations exactes et utiles. Le diagnostic leur est annoncé le plus souvent de façon inhumaine. Ils sont ensuite abandonnés sans soutien et sans conseils ou, pire encore, avec de mauvais conseils.

Pourtant le mongolisme a déjà été beaucoup étudié. De nombreuses publications scientifiques y sont consacrées et paraissent régulièrement dans des revues médicales, psychologiques et autres. Pourquoi ne se répandent-elles pas dans notre pays ? Des barrières linguistiques arrêtent les uns car la grande majorité des ouvrages et articles sont écrits en anglais. La tâche ardue de consulter la littérature scientifique décourage les autres.

Le livre de Jean-Luc Lambert et Jean Rondal vient heureusement combler cette lacune et est unique à ma connaissance dans la littérature francophone. Il nous apporte une synthèse des connaissances actuelles sur le mongolisme basées sur les recherches et les publications les plus récentes et sur les observations personnelles des auteurs.

Les causes médicales sont expliquées clairement ainsi que les mécanismes génétiques qui peuvent rassurer les familles ou les inciter à la prudence.

Les auteurs mettent l'accent principalement sur l'étude développementale, le développement cognitif, le développement moteur et surtout le développement du langage. Ils nous présentent les connaissances les plus récentes sur les mécanismes d'apprentissage et les méthodes éducatives. Combien d'enseignants et d'éducateurs sont-ils au courant de ces questions ? Combien de parents en ont-ils été informés ? Pourtant, nous disent les auteurs, il n'y a pas de traitement miracle mais « le miracle c'est l'éducation ».

Si vous cherchez simplement des recettes éducatives, vous ne les trouverez pas mais vous découvrirez comment l'enfant apprend et quels modes d'intervention en découlent tout naturellement.

Outre sa solide charpente scientifique ce livre est très humain. Les auteurs ont rencontré et suivi de très près de nombreux enfants atteints de mongolisme et leurs familles.

Cet aspect est particulièrement sensible dans les derniers chapitres. Les problèmes familiaux y sont étudiés avec objectivité et bon sens. Les auteurs ne se basent pas sur des impressions mais sur des études scientifiques précises.

Ils ont pour les familles un très grand respect. Ils ont aussi bien compris leurs besoins. Avant tous ces parents ont besoin d'information sur tout ce qui concerne le mongolisme et sur ce qu'ils peuvent faire pour leur enfant. Les parents ne sont pas des malades qu'il faut traiter par psychothérapie, mais des personnes confrontées à un problème inconnu qui doit leur être expliqué, à des difficultés qu'il faut les aider à franchir.

Certains médecins conseillent encore à la naissance d'un bébé mongolien « placez-le et oubliez-le » ! Terrible condamnation pour l'enfant et drame immense pour les parents.

Pour les auteurs, la famille est le pivot de l'éducation de l'enfant. Les parents sont les principaux éducateurs, les professionnels sont là pour les aider.

Tout le chapitre consacré à l'intervention précoce met en lumière le rôle des parents guidés et soutenus par des personnes bien au courant des méthodes éducatives. Ce bon départ, je vous l'assure, est le meilleur réconfort que l'on puisse apporter à une famille.

Ce livre devrait être lu et relu par tous ceux qui ont ou pourraient avoir à s'occuper d'enfants ou d'adultes atteints de mongolisme, médecins, psychologues, enseignants, éducateurs, logopèdes, assistants sociaux.

Les parents bien entendu peuvent y trouver des renseignements précieux.

Si certains chapitres paraissent trop ardus parce que leur compréhension nécessite des connaissances de base que chacun n'a pas reçues, n'abandonnez pas votre lecture, passez au chapitre suivant, ce livre contient des trésors d'information et une somme remarquable de connaissances.

Ceux qui voudraient pousser leur étude plus loin, trouveront après chaque chapitre une excellente et importante bibliographie.

Je salue avec joie l'arrivée de ce livre écrit par deux jeunes docteurs en psychologie qui nous présentent des connaissances scientifiques sans jamais se départir d'une approche humaine. Ils nous montrent une voie vers un réel progrès pour les personnes atteintes de mongolisme, une voie vers plus d'espoir, parce qu'on peut faire beaucoup mieux que ce que l'on fait actuellement.

Quels progrès énormes ne seraient-ils pas accomplis si toutes les connaissances actuelles étaient connues de tous ceux qui devraient les connaître et si toutes ces connaissances étaient appliquées...

Bruxelles, octobre 1979.

R. Portray.

INTRODUCTION

En 1866, John Langdon Down, médecin anglais, attira l'attention du monde scientifique sur un groupe particulier d'arriérés mentaux. En se basant principalement sur les caractéristiques du visage, à savoir les pommettes saillantes, le nez épaté et les yeux bridés, il nomma ces individus les mongoliens. A cette époque, les thèses racistes étaient à l'honneur en sciences humaines. Le profil typique de ces arriérés mentaux suggéra à Langdon Down des idées de dégénérescence raciale et il trouva tout naturel de faire référence à la race mongole qui, pour les savants de cette époque, se situait au bas de l'échelle humaine.

Il fallut attendre près d'un siècle pour trouver une autre explication à l'origine du syndrome appelé par Down le mongolisme. En 1959, des chercheurs français découvrirent que les cellules du corps des sujets mongoliens contiennent 47 chromosomes au lieu de 46 (Lejeune, Gautier et Turpin, 1959). Plus précisément, les mongoliens présentent 3 chromosomes 21, au lieu de 2, comme chez une personne normale. On est loin des explications faisant référence à la race mongole. Et pourtant, le terme a survécu, avec ses ambiguïtés et ses légendes. Dans les pays anglo-saxons, la dénomination a été bannie du vocabulaire scientifique et remplacée par l'appellation « Syndrome de Down ». Dans les pays francophones, on a tendance à conserver la terminologie ancienne. Les rares tentatives effectuées pour introduire le terme « trisomie 21 », en référence aux 3 chromosomes 21, n'ont pas abouti aux résultats attendus. Pour la grande majorité de la population, avoir un enfant trisomique, cela ne veut rien dire. Pas plus que d'affirmer : « Mon enfant a un syndrome de Down ». Par contre, déclarer : « Je connais une famille qui vient d'avoir un enfant mongolien », ou encore : « Je m'occupe d'enfants mongoliens », voilà qui ne manque pas d'attirer l'attention du public, ni de faire surgir un ensemble de complexe de sentiments allant de la pitié au rejet.

Nous avons longuement hésité avant d'utiliser un terme plutôt qu'un autre dans cet ouvrage. Finalement, nous avons opté pour l'ancienne dénomination. Nous parlerons de mongolisme et de mongoliens. D'une part, nous ne croyons guère aux vertus curatives d'un changement d'appellation. Le fait d'appeler un enfant « Syndrome de Down », « trisomique 21 » ou « mongolien », ne change rien à sa condition première ni aux réactions qu'il ne manque pas de susciter dans son univers. D'autre part, qu'ils portent un nom ou l'autre, des enfants et des adultes différents de nous vivent dans notre société. Au-delà des mots servant à les classer, il importe de mieux les connaître et de leur permettre de jouir des droits inaliénables de toute personne humaine.

La première question qui surgit lorsque l'on parle des mongoliens est la suivante : Combien sont-ils ? Cette question a trait à l'épidémiologie, c'est-à-dire au nombre de personnes présentant le syndrome et vivant actuellement dans une société. Deux aspects doivent être distingués : *l'incidence* et *la fréquence*. *L'incidence* se réfère au nombre de nouveaux cas survenant dans une population durant une période déterminée, généralement une année. Dans nos nations industrialisées, l'incidence du mongolisme est égale à un nouveau cas toutes les 600 à 650 naissances. Les auteurs s'accordent pour dire que ce chiffre n'a guère évolué depuis 50 ans. En 1929, on notait déjà la présence d'un cas de mongolisme toutes les 600 à 700 naissances (Tizard, 1964). *La fréquence* représente le nombre de cas identifiés au sein d'une population à un moment donné de son évolution. Dans ce cas par contre, les données sont radicalement différentes de celles de 1929.

Lorsque l'on aborde la fréquence du mongolisme, deux faits doivent être envisagés : la réduction de la mortalité infantile et l'accroissement de la longévité. En ce qui concerne le premier aspect, Carr (1975) fournit des chiffres éloquents. Entre 1944 et 1948, 38 % des enfants mongoliens mouraient avant l'âge d'un mois et 66 % avant d'entrer dans leur seconde année de la vie. Entre 1963 et 1968, ces chiffres étaient tombés respectivement à 11 % et 16 %. Parallèlement, la longévité, ou espérance de vie, des personnes atteintes de mongolisme a évolué. En 1929, elle était de 9 ans. En 1947, on notait que 6 % des mongoliens vivaient au-delà de 34 ans. En 1960, 14 % des mongoliens atteignaient l'âge de 34 ans et 5 % allaient au-delà de 45 ans. Actuellement, nous sommes en présence d'un nombre croissant d'adultes mongoliens, hommes et femmes, qui travaillent en atelier protégé ou sont accueillis dans des institutions. Nous connaissons personnellement quatre adultes qui ont dépassé 50 ans. Il devient donc nécessaire de détruire le cliché traditionnel du mongolien « ne vivant pas au-delà de la puberté ». La réduction de la mortalité infantile et l'accroissement de l'espérance de vie, conséquences des progrès de la médecine, influencent donc directement le nombre d'enfant et d'adultes mongoliens. Si l'incidence est restée la même depuis 50 ans, la fréquence s'est modifiée. Il y a donc plus de mongoliens dans nos sociétés qu'il y a 20 ou 30 ans.

Dans l'ensemble de l'arriération mentale, les mongoliens se classent parmi les arriérés mentaux modérés et sévères (Lambert, 1978). Il existe dans la littérature un consensus qui fixe à 0,4 % le nombre d'arriérés mentaux modérés et sévères vivant dans une nation industrialisée. 20 à 25 % de ces arriérés sont des mongoliens. Sur une population de 100.000 habitants, on estime généralement qu'il y a entre 90 et 120 enfants et adultes mongoliens. Une étude très récente effectuée à Paris confirme ce chiffre en montrant qu'il existe 334 enfants mongoliens âgés de 7 à 9 ans sur une population globale de 303.839 enfants recensés (Salbreux et al., 1978). Ces chiffres parlent d'eux-mêmes et justifient les préoccupations de toute société envers une catégorie bien définie de personnes handicapées mentales.

On identifie généralement les mongoliens à l'ensemble des arriérés mentaux. Tout se passe comme si le mongolisme réunissait à lui seul tous les autres types de handicaps mentaux. Cette généralisation est inadéquate pour deux raisons. En premier lieu, le mongolisme ne représente qu'un syndrome parmi les quelque trois cents identifiés actuellement dans le domaine de l'arriération mentale. En second lieu, et nous reviendrons constamment sur ce point, l'étendue des différences individuelles à l'intérieur même du mongolisme doit nous forcer à la prudence et prévenir toute conclusion hâtive. Comme nous le verrons, *le* mongolien n'existe pas en tant que tel. La réalité est formée du syndrome, délimitant des frontières entre lesquelles toutes les variations sont présentes.

Dans le premier chapitre du livre, nous abordons les données médicales : les causes, la prévention, les caractéristiques physiques des mongoliens. Les chapitres suivants sont consacrés au développement intellectuel et au langage. Nous analysons ensuite les problèmes posés aux familles par la présence d'un enfant ou d'un adulte mongolien. Nous consacrons un chapitre à ce que nous considérons comme étant la clef de voûte de l'éducation des mongoliens : l'intervention précoce. Les mythes et les légendes véhiculés sur le mongolisme font l'objet d'une description et d'une critique. Nous terminons l'ouvrage par l'étude des systèmes éducatifs proposés aux mongoliens pendant et après la scolarité.

En écrivant ce livre, nous n'avons pas voulu être exhaustifs. Il ne nous a pas paru intéressant de noyer le lecteur dans un déluge de données scientifiques difficilement assimilables par le non-spécialiste. Notre but est de présenter une information sur le mongolisme, information qui s'adresse à la fois aux parents et aux praticiens qui sont amenés à exercer leurs fonctions auprès des mongoliens, ainsi qu'au grand public. A côté des données de la littérature, nous présentons un grand nombre d'informations inédites qui sont les résultats de notre travail avec les enfants et les adultes mongoliens.

Bibliographie

CARR, J. *Young children with Down's Syndrome*. London : Butterworths, 1975.
LAMBERT, J.L. *Introduction à l'arriération mentale*. Bruxelles : Mardaga, 1978.
LEJEUNE, J., TURPIN, R. & GAUTIER, M. Le mongolisme, premier exemple d'aberration autosomique humaine. *Année Génétique*, 1959, 2, 41-49.
SALBREUX, R., DENIAUD, J.M., TOMKIEWICZ, S. & MANCIAUX, M. Typologie et prévalence des handicapés sévères et multiples dans une population d'enfants. *Revue de Psychiatrie Infantile*, 1978 (à paraître).
TIZARD, J. *Community services for the mentally handicapped*. London : Oxford University Press, 1964.

Chapitre 1
Aspects biomédicaux

1. L'ANOMALIE CHROMOSOMIQUE

La cause du mongolisme est la présence de 47 chromosomes dans les cellules, au lieu des 46 rencontrés chez une personne normale. Chez l'humain, les cellules du corps contiennent 46 chromosomes répartis en 23 paires. Parmi celles-ci, 22 paires sont constituées d'autosomes et une paire de chromosomes sexuels (XX chez la femme, XY chez l'homme). Les autosomes peuvent être ordonnés en séries selon leur longueur et sont numérotés de 1 à 22, du plus grand au plus petit. Le mongolisme est causé par la présence d'un chromosome supplémentaire au niveau de la paire 21. C'est pourquoi, le mongolisme porte également le nom de *trisomie 21*.

Pour comprendre l'anomalie chromosomique, il est nécessaire de connaître ce qui se passe chez l'individu normal lors de la conception. La figure 1 montre comment se développent les premières cel-

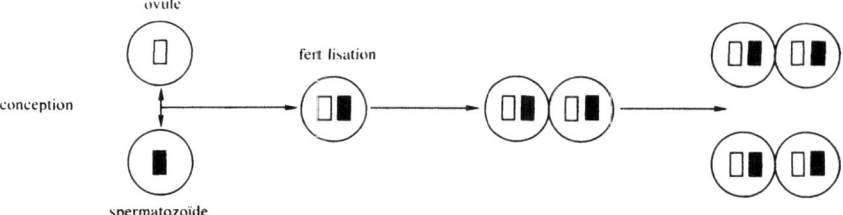

Figure 1. Distribution normale du chromosome 21

lules de l'embryon. Nous représentons uniquement le chromosome 21. Les parents contribuent chacun à un autosome lors de la conception; l'ovule et le spermatozoïde contiennent chacun un chromosome 21. L'œuf ainsi fertilisé possède donc 2 chromosomes 21. Ensuite, la première cellule de l'embryon se divise en 2 cellules. Chacune de ces deux nouvelles cellules contient 2 chromosomes 21. Ces cellules vont se diviser à leur tour. Les 4 cellules ainsi formées vont contenir chacune 2 chromosomes 21. Ce mécanisme va se poursuivre durant toute la grossesse, jusqu'à la formation complète de l'embryon.

Dans le mongolisme, trois causes expliquent la présence de 3 chromosomes 21 (Berg, 1974):
- dans 90 % des cas, l'erreur de distribution des chromosomes survient avant la fertilisation ou lors de la toute première division cellulaire. C'est la forme de mongolisme la plus fréquente;
- 5 % des cas présentent *un mosaïcisme*;
- les 5 % restants sont porteurs d'*une translocation*.

A. Le cas le plus fréquent

L'anomalie est présente avant la fertilisation

Comme l'indique la figure 1, l'ovule et le spermatozoïde contribuent normalement chacun à un chromosome 21 lors de la fertilisa-

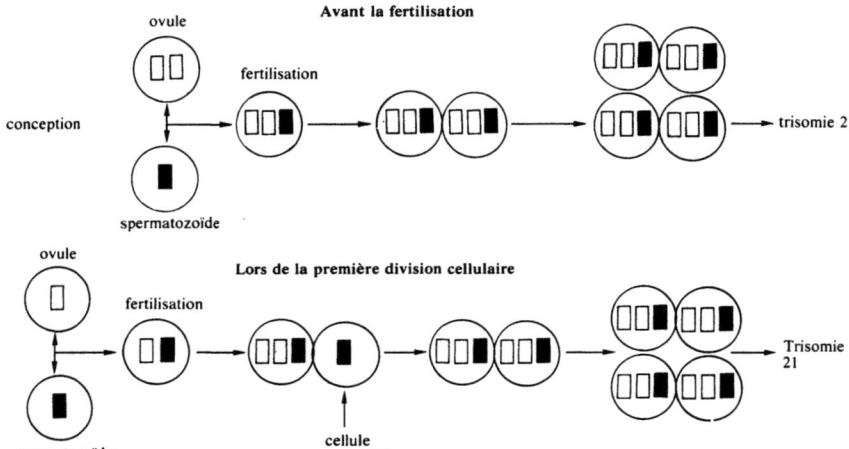

Figure 2. Distribution anormale du chromosome 21

tion. La figure 2 montre ce qu'il advient lorsqu'il existe une distribution erronée des chromosomes dans la formation de l'ovule ou du spermatozoïde. Sur ce schéma, c'est l'ovule qui contient 2 chromosomes 21. Il faut souligner que cette erreur de distribution peut également survenir dans le spermatozoïde. Après la conception, l'œuf fertilisé contient 3 chromosomes 21. Ces 3 chromosomes vont se retrouver dans chaque cellule, à chacune des divisions suivantes. L'erreur de distribution survenant avant la fertilisation entraîne donc la formation d'un embryon dont toutes les cellules du corps contiendront 3 chromosomes 21.

L'anomalie survient lors de la toute première division cellulaire

Comme le montre la seconde partie de la figure 2, l'absence de disjonction des chromosomes peut survenir durant la première division de la cellule de départ. Une cellule reçoit alors 3 chromosomes 21 et l'autre cellule reçoit 1 chromosome 21. Cette dernière cellule n'est pas viable. L'embryon se développe alors avec toutes ses cellules contenant 3 chromosomes 21, exactement comme lors de l'erreur de distribution survenant avant la fertilisation.

B. Le mosaïcisme

Le mosaïcisme survient dans 5 % des cas de mongolisme. Il résulte d'une erreur de distribution des chromosomes survenant lors de la seconde division cellulaire, ou peut-être pendant la troisième division.

Comme le montre la figure 3, deux cellules contiennent deux chromosomes 21, une cellule renferme 3 chromosomes 21 et la qua-

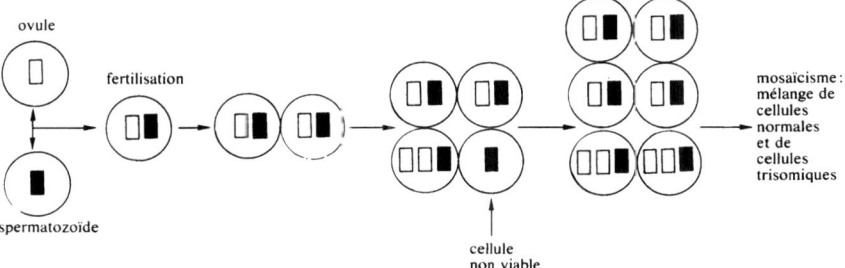

Figure 3. Le mosaïcisme

trième cellule ne contient qu'un chromosome. Après la disparition de la cellule monosomique, l'embryon va se développer avec un mélange, une mosaïque, de cellules normales contenant 46 chromosomes et de cellules trisomiques.

C. La translocation

Cette cause du mongolisme, rencontrée dans 5 % des cas, est très importante à connaître car elle comporte un risque de réapparition au sein d'une famille ayant déjà un enfant mongolien. La translocation signifie que l'ensemble ou une partie d'un chromosome est attachée à une partie ou à la totalité d'un autre chromosome. Les chromosomes les plus couramment frappés par cette aberration sont les groupes 13-15 et 21-22. Le processus est représenté à la figure 4 pour les chromosomes 14 et 21. Lors du développement, les cellules de l'embryon vont donc renfermer une paire de chromosomes 21 *et* le chromosome de translocation. Toutes les cellules contiendront donc 3 chromosomes 21 complets.

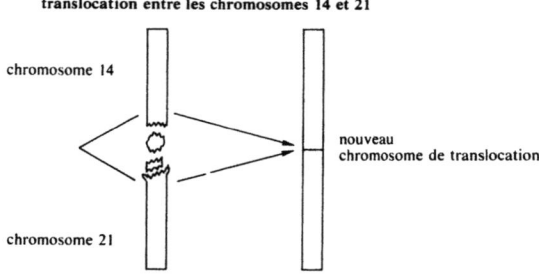

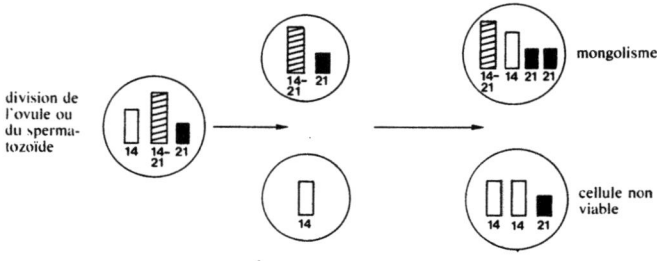

Figure 4. La translocation

Le mongolisme dû à une translocation ne peut être identifié que par une analyse chromosomique.

Dans deux cas de translocation sur trois, l'erreur survient lors de la formation de l'ovule ou du spermatozoïde, ou encore lors de la première division cellulaire, après la fertilisation.

Dans un cas sur trois, un des parents est porteur de la translocation. Ce parent, le père ou la mère, est normal, physiquement et intellectuellement, mais ses cellules ne contiennent que 45 chromosomes. En effet, le chromosome de translocation équivaut à la présence de 2 chromosomes normaux. Après la fertilisation, les cellules de l'embryon renfermeront 3 chromosomes 21 complets, sur un total de 46 chromosomes. La figure 4 montre une possibilité de transmission du mongolisme par translocation.

Pour conclure cet exposé quelque peu technique, nous insistons sur un point. Il est certain que ce résumé ne permet en aucune manière de porter un diagnostic. Ce diagnostic est du domaine exclusif de la médecine et en particulier de la génétique humaine. Nous ne saurions que trop conseiller aux parents et aux proches d'un enfant mongolien de s'adresser à un service de génétique compétent pour obtenir tous les renseignements et conseils souhaités sur les causes et le type de l'anomalie présente chez l'enfant.

2. LES FACTEURS EN CAUSE

Il faut signaler d'emblée que rien dans la grossesse elle-même ne contribue directement à créer ou à aggraver le mongolisme. Rien de ce que la mère fait, pense, éprouve, ou absorbe pendant cet intervalle de temps n'est en cause. Les événements malheureux qui déterminent le mongolisme chez l'enfant surviennent avant, au moment, ou après la fertilisation de l'ovule. Comme on l'a indiqué dans la section précédente, la cause (seconde) du mongolisme est la présence d'un chromosome supplémentaire dans les cellules du corps. Mais quelles sont les causes premières du mongolisme, c'est-à-dire les raisons de l'aberration chromosomique ?

Il n'est pas possible, à l'heure actuelle, de donner une réponse précise et définitive à cette question. On dispose d'éléments de réponses cependant et nous les présentons dans les pages qui suivent en nous basant sur la synthèse qu'en donne Wunderlich (1977). Le lecteur intéressé se reportera à la source originale pour davantage de détails. On consultera aussi avec fruit les ouvrages et articles de Penrose et Smith (1966) et Gérard-Lefebvre et collaborateurs (1953) bien qu'ils soient plus anciens.

Les spécialistes s'accordent à considérer qu'il existe une multitude de facteurs étiologiques. Il est vraisemblable que ces facteurs interagissent de façon multiple et variée. Nous n'avons guère d'informations sur ces interactions. Force est donc de les présenter de manière linéaire. On distingue des *facteurs intrinsèques* (il s'agit essentiellement des facteurs héréditaires et de ceux liés à l'âge maternel) et des *facteurs extrinsèques*. Selon les données disponibles, il semble qu'environ 3 à 5 % des cas de mongolisme soient de nature héréditaire. Le caractère héréditaire du mongolisme peut être démontré par des études cytologiques (c'est-à-dire des études qui portent sur la composition des cellules du corps). Dans les autres cas, les facteurs qui ont joué ne sont pas connus de façon exacte (Wunderlich, 1977).

A. Facteurs intrinsèques

Facteurs héréditaires

Le rôle des facteurs héréditaires est attesté ou très probable dans les cas suivants:

1. *Les enfants mongoliens nés de mères mongoliennes.* La probabilité qu'une mère mongolienne donne naissance à un enfant mongolien est d'environ 50 %.

2. *Les cas où il y a plusieurs enfants mongoliens dans la famille* immédiate ou dans la parenté. Ce sont des cas peu fréquents. Les causes exactes ne sont pas connues. Ces cas deviendront encore moins fréquents dans le futur avec le développement et la diffusion des moyens de détection prénatale du mongolisme et l'extension du conseil génétique.

3. *Les cas de translocation.* Dans 1 à 2 % des cas de mongolisme, on peut mettre en évidence une situation de translocation dans le karyotype (c'est-à-dire le schéma chromosomique) du père ou de la mère. Cette situation détermine une trisomie 21 partielle chez l'enfant. Il est exceptionnel que les situations de translocations se retrouvent au long d'une lignée familiale. La plupart des translocations semblent apparaître sporadiquement.

4. On a signalé également la possibilité que le mongolisme soit transmis de père ou de mère à l'enfant, ou au moins soit favorisé lorsque *l'un des parents*, bien que *phénotypiquement normal* (c'est-à-dire normal à tous points de vue: physique, intellectuel, organique)

— à l'exception parfois de quelques traits mineurs comme l'altération des lignes de la main —, *présente une structure chromosomique dite en mosaïque*, c'est-à-dire une large majorité de cellules corporelles comportant normalement 46 chromosomes et une petite minorité de cellules comportant 47 chromosomes comme dans la trisomie 21, et présentes notamment dans les testicules ou dans les ovaires. Il n'est pas établi, cependant, que ces personnes transmettent une prédisposition organique à une aberration chromosomique. Certains auteurs réfutent cette possibilité. D'autres la soulèvent. On n'a pas montré que cette particularité génétique est plus fréquente parmi les parents d'enfants mongoliens que parmi les parents d'enfants normaux. De toute façon, la proportion des « transporteurs » de la structure chromosomique parmi les sujets normaux est considérée par la plupart des spécialistes comme extrêmement faible (Wunderlich, 1977).

Les autres facteurs intrinsèques

Les autres facteurs étiologiques intrinsèques connus ou soupçonnés à ce jour sont liés à l'âge maternel. On a remarqué depuis longtemps que la survenue d'un enfant mongolien est plus fréquente à mesure que l'âge maternel augmente, et tout particulièrement après 35 ans. Toutes les données épidémiologiques dans les différents pays confirment qu'environ deux tiers des enfants mongoliens naissent de mères âgées de plus de trente ans. La probabilité d'avoir un enfant mongolien s'accroît jusqu'à environ 1/50 après 40 ans. Il semble par contre que l'incidence du mongolisme n'entretient aucun rapport avec l'âge du père.

Pourquoi en est-il ainsi en ce qui concerne l'âge maternel ? Il n'y a pas de réponse claire à cette question. Diverses hypothèses ont été proposées. König (1959) suggère qu'un processus d'involution ovarien ou une diminution des capacités reproductrices était à l'œuvre chez les femmes plus âgées et susceptible d'expliquer l'incidence accrue du mongolisme aux âges indiqués. Une telle hypothèse n'est plus admise comme telle aujourd'hui. Elle cadre mal, évidemment, avec les données sur une incidence non négligeable du mongolisme chez les enfants nés de mères plus jeunes (Zarfas et Wolf, 1979). On considère généralement (Wunderlich, 1977) qu'une combinaison de facteurs intrinsèques et extrinsèques intervient vraisemblablement pour déterminer l'aberration chromosomique qui produit le mongolisme. Nous envisageons les facteurs extrinsèques potentiels ci-dessous. Il est possible que les effets de ces facteurs soient cumulatifs entre eux et en eux-mêmes selon le temps. Certains effets peuvent ainsi être retardés et interagir de façon particulière avec le processus normal du vieillissement biologique reproducteur pour déterminer ou favoriser l'accident génétique. Wunderlich (1977) a suggéré la possibilité que dans les cas des enfants mongoliens nés de mères jeunes, l'action massive des facteurs extrinsèques (par exemple, l'exposition à des radiations) est nécessaire, tandis qu'à mesure que la mère gagne en âge, l'effet des mêmes facteurs peut être moins massif mais interagir avec le processus de vieillissement biologique dans la détermination du mongolisme. Il n'est pas exclu que certains facteurs psychiques (la dépression, par exemple) chez les mères puisse faciliter l'apparition des manifestations biologiques qui déterminent le mongolisme. Mais aucune indication claire ne permet à ce jour de dépasser le stade de l'hypothèse préliminaire.

B. Facteurs extrinsèques

La liste des facteurs extrinsèques potentiels inclut les *radiations* (rayons X et autres), l'effet génétique des *virus*, les *agents chimiques mutagènes*, divers *facteurs immunobiologiques*, et peut-être certaines *déficiences en vitamines*.

Il existe une relation certaine entre l'effet des *radiations* et le processus génétique. Plus le degré ou l'accumulation des expositions aux radiations est importante, plus les effets sur le processus génétique sont marqués. Une relation causale de ce type a été postulée pour expliquer l'étiologie du phénomène de non-disjonction dans les cas de mongolisme. Une telle relation, cependant, est très difficile à prouver, particulièrement dans la mesure où les radiations en question peuvent être intervenues des années avant la conception de l'enfant mongolien. Sigler et collaborateurs (1961) et Uchida, Holunga et Lawler (1968) ont rapporté les données corrélatives basées sur des indications anamnestiques et prospectives qui semblent indiquer, chez les parents des enfants mongoliens par comparaison avec des groupes contrôles de parents d'enfants normaux, la possibilité d'une plus grande fréquence d'exposition aux radiations sur un intervalle de temps variable. Parfois, cette période peut aller jusqu'à plusieurs années dans le passé ou, au contraire, se situer plus avant la conception (exposition aux radiations pour des raisons professionnelles, d'habitat, accidentelles, ou d'examens et de traitements médicaux).

L'effet de certains *virus* sur le développement de diverses tumeurs malignes par l'intermédiaire d'une perturbation génétique est considéré comme hautement vraisemblable. On suggère également une relation du même type entre le mongolisme et certaines infections virales. Parmi les agents viraux suspects aux yeux de certains chercheurs figurent le virus de l'hépatite et le virus de la rougeole.

Certains *agents chimiques* susceptibles de déterminer des mutations génétiques sont également suspects en ce qui concerne la détermination du mongolisme. Il s'agit surtout des agents chimiques connus ou soupçonnés d'être impliqués dans l'étiologie de certaines formes de tumeurs malignes.

On signale également une relation possible entre le mongolisme et les *désordres thyroïdiens* chez la mère (Benda, 1960), notamment dans les cas de goitres thyroïdiens.

D'autres hypothèses ont été avancées, comme celle d'une relation entre le mongolisme et un taux anormalement élevé d'*immunoglobuline* et de *thyréoglobuline* dans le sang des mères. Il est possible qu'une élévation du taux des anticorps thyréoglobuline soit associée à l'accroissement en âge chez les mères.

Enfin, on suspecte certaines *déficiences vitaminiques*, notamment en vitamine A, déficiences connues pour leurs effets nocifs sur le système nerveux. Elles contribueraient à favoriser les dérèglements génétiques et notamment ceux qui aboutissent à déterminer le mongolisme. Une telle relation est loin d'être établie cependant. Mais il est possible que les déficiences vitaminiques préparent le terrain pour le dérèglement génétique dans la mesure où elles perturbent le fonctionnement de l'organisme en général.

3. LA PREVENTION

Si, comme nous le verrons, le mongolisme est incurable dans l'état actuel des connaissances, il ne faut toutefois pas négliger le fait suivant: une prévention efficace peut être mise en place dans certains cas.

La prévention indirecte

L'âge de la mère lors de la conception d'un enfant est un facteur important dans l'étiologie du mongolisme. Comme nous l'avons vu, les femmes âgées de plus de 35 ans forment un groupe particulièrement vulnérable. La première mesure préventive à prendre à l'égard du mongolisme est l'âge maternel au moment de la conception. Pour éviter les risques d'accidents, il faut conseiller aux mères d'avoir leurs enfants avant 35 ans. L'influence de l'âge du père lors de la conception est minime, sinon inexistante (Erickson, 1978).

Une information complète du grand public et plus particulièrement des adolescentes et des jeunes femmes constituerait le meilleur garant de la prévention indirecte du mongolisme.

L'amniocentèse

Il s'agit d'une méthode de prévention directe, dont la découverte est relativement récente et qui permet de détecter la présence du mongolisme avant la naissance. La figure 5 montre le schéma des diverses opérations de l'amniocentèse.

Entre la quatorzième et la seizième semaine après les dernières menstruations, une amniocentèse, ou ponction du liquide amniotique, est réalisée sous anesthésie locale. La ponction est généralement effectuée sous contrôle par ultrasons pour permettre de localiser le fœtus et le placenta. 10 à 20 ml de liquide amniotique sont recueillis. Le liquide contient des cellules de la peau et des membranes du fœtus. 15 à 20 % de ces cellules sont viables. Après 10 à 21 jours de culture en laboratoire, le nombre de cellules est suffisant pour permettre une analyse chromosomique ou caryotypie. C'est à ce stade que l'on peut déterminer s'il y a ou non mongolisme chez le fœtus.

L'amniocentèse soulève deux types de problèmes. Les uns sont d'ordre scientifique et concernent les risques éventuels inhérents à l'application de la technique. Les autres sont du domaine de l'éthique

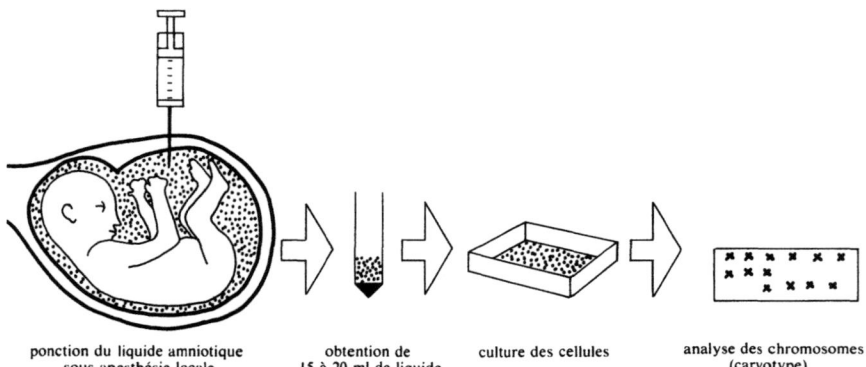

| ponction du liquide amniotique sous anesthésie locale | obtention de 15 à 20 ml de liquide | culture des cellules | analyse des chromosomes (caryotype) |

Figure 5. Schéma de l'amniocentèse

et, presque par définition dirons-nous, non exempts de discussions passionnées.

Quels sont les risques de l'amniocentèse ? Dans un excellent article consacré à ce sujet, Galjaard et Niermeijer (1975) donnent les indications suivantes. Sur plus de 3.000 amniocentèses pratiquées aux Etats-Unis, en Angleterre, dans les pays scandinaves et en Hollande, les risques sont nuls pour les mères. Dans un contexte psychologique adéquat, l'intervention pratiquée sous anesthésie locale n'entraîne donc aucune complication. En ce qui concerne les risques encourus par le fœtus, les auteurs avancent qu'ils sont égaux à 1 %. Cela signifie que sur 100 amniocentèses, il y a environ une interruption spontanée de la grossesse. Notons cependant que rien ne permet d'affirmer que ces accidents de grossesse soient dus effectivement à l'amniocentèse elle-même et ne se seraient pas produits en l'absence de toute intervention. L'amniocentèse peut donc être considérée dès à présent comme une technique fiable, pratiquement inoffensive pour la mère et à faible risque, statistiquement, pour le fœtus.

La pratique de l'amniocentèse soulève une série de problèmes moraux, nous en convenons aisément. Toutefois, nous ne souhaitons pas animer un débat philosophico-religieux qui, bon an mal an, est d'actualité au moins une fois sur deux réunions d'associations d'aide aux arriérés mentaux. Un fait est certain: la mise en évidence du mongolisme chez le fœtus n'a de sens que si elle débouche sur une intervention, à savoir l'interruption de la grossesse, l'avortement. Il appartient donc aux médecins d'assurer une information et une guidance complète auprès du couple dont la femme souhaite se soumettre à l'amniocentèse. Aux défenseurs du droit à la vie nous poserons deux questions. Quel est le médecin qui, assuré du diagnostic de mongolisme, osera cacher la réalité aux parents ? Quels sont les parents qui, sachant qu'ils ont conçu un mongolien, supporteront la poursuite de la grossesse ? Dans l'état de New York, après la libéralisation de la loi sur l'avortement survenue en 1970, on a enregistré une réduction de 20 % du nombre de naissances d'enfants mongoliens (Hansen, 1978). C'est sur de telles constatations que doivent s'évaluer les effets d'une méthode de prévention. Outre les souffrances humaines évitées, la réduction du nombre d'enfants mongoliens doit être appréciée en fonction des priorités et des obligations auxquelles doivent faire face les sociétés modernes.

Quelles sont les indications de l'amniocentèse ? Pour prévenir tout nouveau cas de mongolisme, il serait nécessaire de réaliser une amniocentèse pour toutes les grossesses. Actuellement, cette solution reste utopique, ne serait-ce que par l'insuffisante généralisation des

moyens techniques. Galjaard et Niermeijer (1975) donnent les indications suivantes pour proposer une amniocentèse à une femme enceinte :
- un âge maternel supérieur à 38-40 ans;
- la présence dans la famille d'un enfant mongolien lorsque la mère est âgée de moins de 30 ans;
- un des parents est porteur d'une translocation chromosomique. Toutefois, cette aberration chromosomique n'est détectée le plus souvent qu'après la naissance d'un premier enfant mongolien.

Comme on le voit, l'amniocentèse ne sera proposée dans de nombreux cas que lorsqu'il y a déjà un enfant mongolien dans la famille.

Le conseil génétique

Dans les pays francophones, le conseil génétique est encore peu répandu. Très souvent, il n'est disponible que dans les grands services hospitaliers ou dans les centres universitaires. C'est là une situation regrettable puisque le conseil permet d'avertir les parents des risques statistiques de donner naissance à des enfants mongoliens. Tout comme l'amniocentèse, le conseil génétique comporte actuellement une limitation majeure : dans la plupart des cas, il ne s'applique qu'à des parents ayant déjà un enfant handicapé.

Il y a quelques années, de nombreux médecins soutenaient la thèse selon laquelle l'analyse des chromosomes n'était nécessaire que dans les cas où le diagnostic de mongolisme posait des problèmes, ou chez des parents jeunes. A présent, les méthodes d'analyse chromosomique qui, rappelons-le, ne sont absolument pas traumatisantes, sont disponibles dans la plupart des hôpitaux. Les parents, frères et sœurs d'un enfant mongolien doivent être encouragés à se soumettre à une telle analyse, puis à bénéficier du conseil génétique. Par exemple, les frères et sœurs d'un mongolien porteur d'une translocation véhiculée par un des parents présentent des risques de donner à leur tour naissance à un enfant mongolien. Dans les autres cas, la descendance de la fratrie d'un mongolien ne présente pas plus de risques que le reste de la population. Le généticien conseillera adéquatement les jeunes parents d'un enfant mongolien si ceux-ci désirent avoir d'autres enfants.

Nous ne pouvons que recommander le recours au conseil génétique. Ici, également, une information correcte du grand public aurait des conséquences favorables. Il peut sembler, malheureusement, que nos sociétés préfèrent le plus souvent agir après coup que prévenir adéquatement.

4. LES CARACTERISTIQUES PHYSIQUES

L'anomalie chromosomique qui cause le mongolisme est responsable, en plus des altérations cérébrales, des divers problèmes et modifications qui affectent le développement physique et physiologique et, en général, la santé des sujets mongoliens. La plupart de ces altérations organiques prennent place avant la naissance et particulièrement pendant la période du développement fœtal, c'est-à-dire pendant les six derniers mois de la période intra-utérine. Ces signes organiques permettent d'identifier les enfants mongoliens dès la naissance. L'identification précoce du mongolisme, si elle apporte détresse et déséquilibre dans la famille au moins dans un premier temps, représente un énorme avantage éducatif potentiel pour les enfants mongoliens par rapport aux autres catégories de handicapés mentaux, avantage qu'on commence seulement à exploiter par le moyen de l'intervention éducative précoce.

Les caractéristiques physiques dont il sera question ci-dessous font que les enfants, et en général les sujets mongoliens, se ressemblent d'une certaine façon. Cependant, chaque sujet a ses particularités propres et il est peu probable qu'aucun sujet mongolien présente toutes les caractéristiques mentionnées.

Les traits physiques les plus communs du mongolisme sont indiqués d'abord. On envisage ensuite les principaux problèmes de santé de l'enfant et de l'adulte mongolien. Pour plus de détails, le lecteur intéressé verra Gustavson (1964), Penrose et Smith (1966), Lillienfeld et Benesch (1969).

A. Apparence physique

La *tête* est plus petite que la normale. L'arrière de la tête (occiput) est souvent moins proéminente. Les fontanelles peuvent être relativement larges et se fermer plus tard que chez l'enfant normal. Le *nez* est petit et aplati dans sa partie supérieure. Les *yeux* sont légèrement bridés avec une mince couche de peau aux coins intérieurs. La partie extérieure de l'iris peut comporter des taches légèrement colorées (taches dites de Brushfield). Les *oreilles* sont habituellement petites de même que les lobes auriculaires. La *bouche* est relativement petite et la langue est de taille normale. Mais l'exiguïté de la bouche combinée au faible tonus musculaire de l'enfant mongolien peuvent faire que la langue sorte légèrement de la bouche. Les *dents* sont petites et parfois anormalement formées et implantées. Certaines dents peuvent manquer. Le *cou* est typiquement court. Les *mains* sont petites avec des doigts courts. La main ne présente souvent qu'un pli palmaire au lieu de deux. L'auriculaire peut être un peu plus court que normalement et ne comporter que deux segments au lieu de trois. La partie supérieure de l'auriculaire est souvent courbée vers les autres doigts de la main. Les *pieds* peuvent comporter un léger espacement entre le premier et le second doigt de pied avec un court sillon entre eux au niveau de la plante du pied. La *peau* apparaît légèrement marbrée et tend à être relativement sèche surtout à mesure que l'enfant grandit. Les *cheveux* sont fins, relativement clairsemés et plats.

B. Croissance physique

Les sujets mongoliens sont, à de rares exceptions, plus petits que la moyenne. L'apparence corporelle est trapue en raison de la taille relativement réduite des membres par rapport au tronc. L'allure générale est le plus souvent relâchée en raison de l'hypotonie généralisée. La taille à la naissance est souvent normale. Le retard de croissance physique se marque surtout après 4 ans. Il en va de même pour le poids, en raison de la forte corrélation entre poids et taille. Une obésité légère ou modérée est courante chez les sujets mongoliens. Elle se marque vers la fin de l'enfance ou au cours de l'adolescence. Les parents se doivent donc de surveiller l'alimentation de leur enfant mongolien avec le concours d'un médecin spécialiste. La figure 6 illustre la croissance physique des sujets mongoliens et la rapporte aux données moyennes relevées dans la population normale. On remarque que la taille moyenne des filles et des femmes mongoliennes est supérieure à celle des garçons et des hommes mongoliens, surtout après 4 ans. Il est important de ne point considérer ces données comme des absolus. Il est vraisemblable qu'une alimentation mieux étudiée et la réduction des épisodes infectieux chez l'enfant et l'adolescent mongolien permettront et permettent déjà dans une certaine mesure de dépasser les indications moyennes reprises ici et qui reflètent des données recueillies voici quelques années.

On ne sait pas exactement comment l'anomalie chromosomique qui détermine le mongolisme affecte le cerveau. Il est vraisemblable qu'elle empêche le développement normal du cerveau quant au volume et à la complexité des structures nerveuses impliquées. Le volume cérébral est considéré comme un indice de la complexité des structures nerveuses qui s'y trouvent intégrées. Ceci ne vaut, certes, que lorsque des différences importantes existent d'un volume céré-

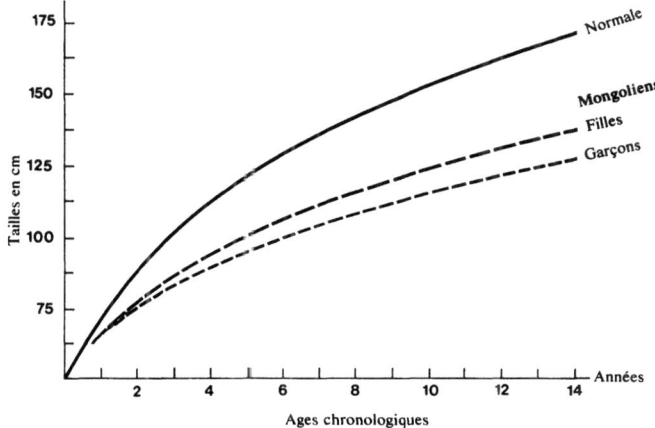

Figure 6. Croissance moyenne des mongoliens et des sujets normaux selon l'âge chronologique (adapté d'après Thelander et Pryor, 1966).

bral à un autre. Il est connu, par exemple, que la microcéphalie est régulièrement associée au retard mental. On notera à ce point de vue que la circonférence de la tête tend à être inférieure à la normale chez les mongoliens (Thelander et Pryor, 1966). Par exemple, à 15 ans, la circonférence de la tête chez les mongoliens est à peu près équivalente à ce qu'elle est chez les enfants normaux âgés de 3 ans. Bien que cette différence soit importante, elle ne s'impose pas à l'œil lorsqu'on est en présence d'un sujet mongolien.

Environ 20 % des enfants nés atteints de mongolisme ne survivent pas au-delà des premiers mois ou des premières années. Quelques problèmes particuliers de santé sont indiqués plus loin. Ils n'affectent pas inéluctablement les enfants et les adultes mongoliens, bien qu'ils soient assez fréquents. En dehors de ces problèmes graves, le bébé et l'enfant mongolien ne présentent que les maladies et les problèmes de santé mineurs de l'enfance en général avec souvent une susceptibilité plus grande aux infections localisées: celles de l'oreille, des yeux (conjonctivite, par exemple) et de l'appareil respiratoire. Les rhumes et les « nez qui coulent » sont fréquents chez le bébé et l'enfant mongolien. A ce propos, il est habituel de conseiller aux parents d'humidifier la chambre à coucher de l'enfant mongolien et ce, dès le jeune âge.

Le développement sexuel de l'adolescent et de l'adolescente mongolienne débute assez tardivement et peut demeurer incomplet en ce qui concerne les caractères sexuels primaires (organes reproducteurs internes et externes) et secondaires (caractéristiques physiques liées au sexe). Les mongoliens mâles produisent généralement moins d'hormones sexuélles. Le pénis est souvent petit. Les filles et les femmes mongoliennes ont souvent une poitrine faiblement développée. Les menstruations surviennent normalement. Peu de femmes mongoliennes reproduisent et, selon les statistiques disponibles, il semble qu'elles donnent naissance à peu près dans la moitié des cas à un enfant normal et, dans l'autre moitié, à un enfant mongolien (cfr chapitre 7). On ne dispose d'aucune preuve concernant la fertilité des sujets mongoliens mâles. Il est généralement admis qu'ils sont stériles.

Pour les mongoliens qui survivent durant les premières années, les taux de mortalité sont comparables à ceux de la population normale jusqu'à environ 40 ans. Après cet âge, la mortalité augmente de façon importante (Carter, 1958; Collman et Stoller, 1963). A 50 ans, par exemple, elle excède de 30 % la mortalité « normale ». Le processus de vieillissement semble donc accéléré chez les mongoliens en général. Le vieillissement de la peau est particulièrement apparent. Les maladies les plus fréquentes chez les adultes sont les infections respiratoires et les troubles pulmonaires. Il faut préciser que les indications sur les taux de mortalité doivent être considérés relativement aux développements actuels et non futurs de la science médicale.

C. Problèmes majeurs de santé

Environ un tiers des enfants mongoliens ont de sérieux problèmes de santé (Lillienfeld et Benesch, 1969). Il ne semble pas que le fait d'avoir ou non des troubles graves de santé soit lié à un niveau ou l'autre de l'échelle des capacités intellectuelles chez ces enfants (Smith et Wilson, 1973). On peut regrouper ces problèmes sous les étiquettes suivantes: susceptibilité à l'infection, troubles cardiaques, intestinaux, sensoriels (vision, audition), et quelques problèmes divers dont la fréquence d'apparition est moins élevée. Ces affections deviennent extrêmement sérieuses, voire léthales, lorsqu'elles se combinent, comme c'est le cas par exemple pour les malformations cardiaques et intestinales, les premières empêchant l'intervention chirurgicale qui permettrait d'éliminer les secondes.

Susceptibilité à l'infection

Les mécanismes de défense de l'organisme contre les agents infectieux sont défectueux chez un certain nombre d'enfants mongoliens (Lopez et al., 1975; Levin, 1979), d'où une fréquence accrue d'infections localisées particulièrement au sein des systèmes respiratoires et digestifs (gastro-entérites). Les progrès réalisés ces dernières décennies dans la mise au point des médicaments anti-infection a permis d'améliorer considérablement les conditions d'existence et les chances de survie des individus mongoliens.

Problèmes cardiaques

Dans un cas sur trois ou sur quatre, le développement embryonnaire et fœtal du cœur ne s'est pas effectué normalement chez l'enfant mongolien (Rowe et Uchida, 1961). Il existe une ouverture qui connecte les deux parties latérales du cœur (septum). Si cette ouverture est importante, le fonctionnement de la pompe cardiaque peut être gravement perturbé. Cette malformation peut être détectée assez rapidement après la naissance. Les problèmes cardiaques sont responsables d'à peu près 66 % des décès qui surviennent pendant la première année chez les enfants mongoliens.

Problèmes du tractus digestif

Dans quelques cas (3 à 4 %), le bébé mongolien naît sans que le développement anatomo-physiologique du tractus digestif soit achevé. Le blocage digestif peut survenir au niveau de l'œsophage ou du duodénum. De même, le gros intestin peut être non fonctionnel ou encore l'ouverture anale manquer. Ces troubles peuvent être détectés à la naissance dès après les premiers nourrissements. Dans les cas où il n'y a pas d'autres complications, il est possible d'intervenir chirurgicalement.

Problèmes sensoriels

La coordination binoculaire est relativement lente à se développer chez l'enfant mongolien. Un strabisme marqué peut subsister assez longtemps, voire de façon permanente, encore qu'il y ait souvent amélioration avec l'âge. On peut recourir à la chirurgie oculaire afin de corriger le défaut. Les autres problèmes de vision sont la myopie et l'incidence marquée de la cataracte (obscurcissement du cristallin de l'œil) chez les sujets âgés. L'audition peut aussi faire problème chez l'enfant et l'adulte mongolien. Ceux-ci présentent notamment plus de pertes auditives dues à des atteintes de l'oreille moyenne, de l'oreille interne, et/ou du nerf auditif que les sujets normaux (Brooks, Wooley et Kanjilal, 1972). Il semble que les atteintes de l'oreille moyenne soient secondaires, vraisemblablement les séquelles d'otites répétées et autres infections de l'oreille. Certaines malformations anatomiques congénitales de l'oreille se trouvent chez les sujets mongoliens avec une fréquence largement supérieure à celle de la population normale. C'est le cas pour l'oreille externe et le conduit auditif externe, respectivement plus petit et plus étroit que la normale, les osselets de l'oreille moyenne, malformés, et le limaçon ou la cochlée de l'oreille interne plus courte que la normale (Coleman, Schwartz et Schwartz, 1979).

Problèmes divers

Dans environ 1 % des cas de mongolisme, le sujet est aussi atteint de leucémie. Il n'y a pas de cure actuellement disponible pour cette terrible maladie qui est le plus souvent du type aigu chez l'enfant mongolien. Le risque diminue beaucoup après 3 ans (Fabis et Drolette, 1970; Kucera, 1971). Environ 0,5 à 1 % des enfants mongoliens naissent avec une fissure palatine. Cette anomalie peut être corrigée chirurgicalement. Un très faible pourcentage (moins d'un pour cent) des enfants mongoliens naissent avec un pied placé anormalement par rapport à la jambe. L'immobilisation du pied dans la bonne position pendant un certain temps permet habituellement de corriger le défaut. Une incidence du diabète (environ 17/1.000) légèrement supérieure à la normale a été rapportée également chez les mongoliens (Jeremiah et al., 1973). On observe une incidence relativement élevée d'épilepsie chez les sujets mongoliens à partir de 20 ans d'âge. De 20 à 50 ans, on passe d'environ 5 % à 15 % de cas attestés d'épilepsie dans les populations de sujets mongoliens.

D. Répercussions développementales et éducatives

Parmi les particularités physiques et les problèmes de santé, il en est qui compliquent de façon malencontreuse le développement et l'éducation des enfants mongoliens. Il est évident qu'ils doivent trouver remède, là où la chose est possible, avant que l'éducation de l'enfant mongolien puisse être systématiquement poussée. Il est donc de première importance que les parents soient objectivement prévenus des problèmes majeurs qui menacent leur enfant. Il est tout aussi essentiel que l'information distribuée par les professionnels de la médecine soit *nuancée*. Le praticien scrupuleux se doit d'informer les parents sur l'incidence statistique des problèmes physiques du mongolisme sans pessimisme ou optimisme excessif et sans tenter de persuader telle ou telle famille qu'un investissement affectif dans tel ou tel cas n'est guère rentable, aucune garantie ne pouvant être donnée quant à la santé du jeune enfant mongolien. C'est bien entendu à la famille et à elle seule qu'il convient de décider d'accueillir ou non l'enfant. Terrible liberté !

Même lorsqu'ils sont traitables, les problèmes graves de santé risquent, si l'on n'y prend spécialement garde, de perturber ou au moins de gêner considérablement la solidification des relations familiales et le développement psychologique durant les premières années, si importantes à tous points de vue comme le confirme, recherche après recherche, la psychologie de l'enfant. La relation parent-enfant et plus généralement famille-enfant se construit graduellement pendant les premiers mois et les premières années. Si l'un ou l'autre partenaire est moins disponible pour des raisons de santé, la constitution des liens familiaux peut être retardée voire ne pas se mettre en place aussi harmonieusement de part et d'autre que lorsque les choses se passent normalement. Il est important dans ces cas que les parents soient avertis du problème et redoublent d'attention. Les problèmes de santé mentionnés ci-dessus risquent également d'interférer avec l'intervention éducative précoce et donc d'avoir un effet négatif sur le développement de l'enfant, non seulement en eux-mêmes, mais aussi parce qu'ils retardent et/ou gênent la mise en place des démarches éducatives chez le jeune enfant mongolien.

Bibliographie

BENDA, C., *The child with mongolism*. New York: Grune and Stratton, 1960.
BERG, J.M. Aetiological aspects of mental subnormality: pathological factors. In A.M. CLARKE and A.D.B. CLARKE (Eds.), *Mental deficiency, the changing outlook*. Third edition. London: Methuen, 1975, pp. 82-117.
BROOKS, D., WOOLEY, H. & KANJILAL, G. Hearing loss and middle ear disorders in patients with Down's syndrome (Mongolism). *Journal of Mental Deficiency Research*, 1972, *16*, 21-29.
CARTER, C.O. A life table for mongols with the cause of death. *Journal of Mental Deficiency Research*, 1958, *2*, 64.
COLEMAN, M. SCHWARTZ, R. & SCHWARTZ, D. Otologic manifestations in Down's syndrome. *Down's Syndrome*, 1979, *2*, 1, 1-2.
COLLMAN, R. & STOLLER, A. A life-table for mongols in Victoria Australia. *Journal of Mental Deficiency Research*, 1963, *7*, 59-63.
ERICKSON, J.D. Down's Syndrome and paternal age. *Down's Syndrome*, 1978, *1*, 1-3.
FABIS, J. & DROLETTE, M. Malformation and leukemia in children with Down's syndrome. *Pediatrics* 1970, *45*, 60-70.
GALJAARD, H. & NIERMEIJER. M.F. Prenatal diagnosis of congenital disease. *Research Exchange and Practice in Mental Retardation*, 1975, *1*, 68-78.

GERARD-LEFEBVRE, M., MOLLET, F., LEFEBVRE, R. & BERNARD, F. Enquête sur le mongolisme dans le Nord de la France. Essai d'étude étiopathogénique. *Archives Françaises de Pédiatrie*, 1953, *10*, 834-838.

GUSTAVSON, K.H. *Down's syndrome, a clinical and cytogenetical investigation.* Uppsala, Suède: Almqvist & Wiksells, 1964.

HANSEN, H. Decline of Down's syndrome after abortion reform in New York State. *American Journal of Mental Deficiency*, 1978, *83*, 185-188.

JEREMIAH, O., KEYSHON, G., TERESA ROSE, H., FRANCIS, S. & ELLIOTT, R. Down's syndrome and diabetes. *Psychological Medecine*, 1973, *3*, 455-457.

KÖNIG, K. *Der mongolismus.* Stuttgart: Hippokrates, 1959.

KUCERA, J. Leukaemia and twinning tendency in families of children with Down's syndrome. *Journal of Mental Deficiency Research*, 1971, *15*, 77-80.

LILIENFELD, A. & BENESCH, C. *Epidemiology of mongolism.* Baltimore: The John Hopkins Press, 1969.

LOPEZ, V., OCHS, H., THULINE, H., DAVIS, S. & WEDGWOOD, M. Defective antibody response to bacteriophage OX 174 in Down's syndrome. *The Journal of Pediatrics*, 1975, *86*, 207-211.

NISHIDA, Y., SANO, Y., AKAOKA, I., MARUKI, M., SUZUKI, T. & MARUKI, K. Abnormal serum immunoglobulin levels in Down's syndrome patients. *American Journal of Mental Deficiency*, 1978, *83*, 16-20.

PENROSE, L.S. & SMITH, G.F. *Down's Anomaly.* London: Churchill, 1966.

ROWE, R. & UCHIDA, I. Cardiac malformation in mongolism. *American Journal of Medecine*, 1961, *31*, 726-735.

SIGLER, A., LILIENFELD, A., COHEN, B. & WESTLAKE, J. Radiation exposure in parents of children with mongolism (Down's syndrome). *Bulletin of the John Hopkins' Hospital*, 1965, *117*, 374-376.

SMITH, D. & WILSON, A. *The child with Down's syndrome (Mongolism).* Philadelphie: Saunders, 1973.

THELANDER, H. & PRYOR, H. Abnormal patterns of growth and development in mongolism. An anthropometric study. *Clinical Pediatrics*, 1966, *5*, 493-501.

UCHIDA, I., HOLUNGA, R. & LAWLER, C. Maternal radiations and chromosomal aberrations. *Lancet*, 1968, *2*, 1045-1046.

VEALL, R. The prevalence of epilepsy among mongols related to age. *Journal of Mental Deficiency Research*, 1974, *18*, 99-106.

WUNDERLICH, C. *The mongoloid child.* Tucson, Arizona: The University of Arizona Press, 1977 (originalement publié en allemand sous le titre *Das mongoloide kind* par Enke Verlag, Stuttgart, 1970; traduit en anglais par R. Tinsley, T. Harris et D. Marquart).

ZARFAS, D.E. & WOLF, L.C. Maternal age patterns and the incidence of Down's syndrome. *American Journal of Mental Deficiency*, 1979, *83*, 353-359.

Chapitre 2
Le développement
et le fonctionnement cognitif

Il y a plusieurs façons d'approcher le fonctionnement et le développement cognitif. On peut s'intéresser davantage aux *produits* du fonctionnement cognitif. Le *quotient intellectuel* (Q.I.) mesure un produit composite (réponses à des questions portant sur la connaissance du vocabulaire de la langue, sur les connaissances géographiques, sur les nombres et leurs combinaisons, sur le schéma corporel, l'apparence physique et les propriétés des objets, sur des comportements visant à reproduire des figures au moyen de cubes colorés, etc.). Certes, les produits renvoient aux modes de fonctionnement de la machinerie intellectuelle au sein de laquelle on peut distinguer un certain nombre de mécanismes ou *processus*. Le fonctionnement cognitif considéré dans sa généralité est lui-même un processus général. Il est constitué d'une série de processus particuliers (attention en général, et les mécanismes de l'attention, mémoire à court terme et à long terme, et les mécanismes de la mémorisation, codage, médiation et régulation verbale de la pensée, structuration de la perception et apprentissage de concepts, abstraction et généralisation, fonctionnement opératoire de la pensée à partir d'un certain niveau de développement intellectuel et les différents mécanismes qui y interviennent, etc.).

Nous envisageons les aspects produits et processus du fonctionnement et du développement cognitif des enfants mongoliens dans les pages qui suivent.

1. LE NIVEAU INTELLECTUEL DANS LE MONGOLISME

Un des avantages du Q.I., et celui qui a fait sa renommée, est qu'il est une *donnée quantitative aisément obtenue*. Il est facilement utilisable de façon à comparer les performances intellectuelles des sujets mongoliens selon l'âge, selon la catégorie étiologique, selon le caractère plus ou moins prononcé des stigmates physiques, et selon le sexe, toutes questions qui ont été posées dans la littérature récente.

Est-ce que le fonctionnement intellectuel envisagé en termes de Q.I. est semblable à travers *les différentes catégories étiologiques attestées du mongolisme?* La question est difficile et non résolue. Le niveau intellectuel des mongoliens semble distribué selon une courbe normale avec un quotient intellectuel moyen de 40-45 et un quotient intellectuel maximum de l'ordre de 65-79 (Moor, 1967). La corrélation entre le niveau intellectuel des parents (normaux) et celui de leurs enfants mongoliens est la même (.50 en moyenne) qu'entre parents et enfants normaux. Dès lors, les parents dont le Q.I. est plus élevé auront, le cas échéant, des enfants mongoliens à Q.I. plus élevés (Gibson, 1967; Fraser et Sadovnick, 1976).

Le niveau intellectuel des trisomies 21 en *mosaïques* est variable, comme l'est également l'atteinte somatique. Ces sujets sont parfois décrits comme plus intelligents en moyenne que les autres sujets mongoliens (Rosecrans, 1968; Fishler, 1972), avec exceptionnellement des Q.I. normaux ou proches de la normale, et parfois comme moins intelligents, en moyenne, que les autres sujets mongoliens (par exemple, Moore, 1973). On a signalé également des différences entre les niveaux intellectuels moyens des sujets mongoliens «à translocation» et les trisomiques «réguliers» au bénéfice des premiers (O'Hare, 1966). Il faut signaler, cependant, l'excellente revue critique de Gibson (1973) qui relève de sérieux problèmes méthodologiques dans cette série d'études et conclut qu'à ce stade aucune indication ferme ne peut être avancée sinon qu'*une hétérogénéité phénotypique plus grande, y compris donc intellectuelle, semble associée à une hétérogénéité karyotypique plus grande.*

Une question qui n'est pas sans rapport avec la précédente est celle de savoir s'il existe un rapport entre les caractéristiques somatiques de l'enfant mongolien et le niveau intellectuel. Goldstein (1956) a rapporté des observations selon lesquelles les mongoliens adipeux et de taille relativement inférieure obtiennent en général des Q.I. plus élevés que les mongoliens plus sveltes et de taille supérieure. Tang et Chagnon (1967) ont confirmé cette tendance en précisant bien qu'il ne s'agit que d'une tendance générale dont la fiabilité en tant qu'indicateur de Q.I. individuel ne dépasse pas environ 60 sur une échelle de 0 à 100. Des données rapportées par Gibson et Pozsonyi (1965) indiquent également un rapport entre catégorie étiologique et fréquence des différents stigmas somatiques associés au mongolisme pour les trisomies et les translocations. Dans cette étude, le groupe translocation présente un nombre moyen plus élevé de traits somatiques typiques du mongolisme. Ce groupe a également un Q.I. moyen plus élevé que celui du groupe trisomique. Baumeister et Williams (1967) ont revu une série d'autres études qui semblent indiquer la même tendance laquelle, il faut le noter, paraît être indépendante de l'âge chronologique: plus le sujet présente de caractéristiques typiques du mongolisme et plus son Q.I. tend à être relativement élevé. Cependant, les corrélations restent modérées à faibles (entre .30 et .65 environ) et il existe quelques recherches qui font état de résultats négatifs.

A ce stade, et malgré l'intérêt du problème au point de vue prédictif et éducatif notamment, la réponse à la question de la relation entre nombre de stigmas du mongolisme et Q.I. est équivoque.

On a rapporté également des différences de Q.I. (au test Stanfort-Binet) entre enfants mongoliens non institutionnalisés (âgés de 3 à 13 ans) selon le sexe, à l'avantage des filles (Cléments, Bates, et Hafer, 1976). De même, Melyn et White (1973) signalent des âges moyens plus avancés pour la station assise, la station debout, la marche, et l'émission des premiers mots pour les filles atteintes de mongolisme que pour les garçons. Cependant, Laveck et Laveck (1977), étudiant un échantillon de jeunes enfants mongoliens (entre 12 et 36 mois), à l'aide des Echelles Développementales de Bayley pour les premiers développements intellectuels et moteurs, n'ont pas trouvé de différence selon le sexe pour le fonctionnement intellectuel à ce stade de développement, mais bien pour le fonctionnement moteur et là aussi à l'avantage des filles.

D'autres recherches sont nécessaires de toute évidence de façon à éclairer les relations que le fonctionnement intellectuel envisagé au point de vue du Q.I. entretient éventuellement avec une série de variables étiologiques, somatiques et sexuelles du mongolisme.

2. L'EVOLUTION DU NIVEAU INTELLECTUEL DANS LE MONGOLISME

La mesure de l'évolution intellectuelle évaluée en termes de produits du fonctionnement intellectuel comme le Q.I. pose de délicats problèmes méthodologiques particulièrement dans le cas des sujets handicapés mentaux. On verra notamment Zazzo (1969) pour une discussion des principales questions sur ce point. En admettant que les données dont on dispose ne soient pas trop biaisées par la difficulté qu'il y a dans une entreprise de ce genre à garantir que les différentes épreuves présentées aux enfants selon les âges sont de difficulté équivalente, on rapporte habituellement une progression curvilinéaire chez les sujets mongoliens (Benda, 1969; Ross, 1961). La courbe de l'augmentation en âge mental présente deux sections (figure 7): une progression relativement rapide (mais cependant très ralentie par comparaison avec les enfants normaux) entre la première et la quinzième année environ, une progression lente ensuite se terminant par un plateau.

L'examen de la figure 7 révèle immédiatement un point important: *il y a croissance mentale chez le sujet mongolien au moins jusqu'à 30 ou 35 ans même si cette croissance est très ralentie après 15 ans.* Il n'existe pas à notre connaissance d'études comparatives sur la croissance mentale spécifique des sujets mongoliens selon le niveau intellectuel de «départ». On sait (Lambert, 1978, 1980) que la croissance mentale des sujets handicapés mentaux en général est directement liée au niveau du handicap mental: plus l'individu est handicapé, plus

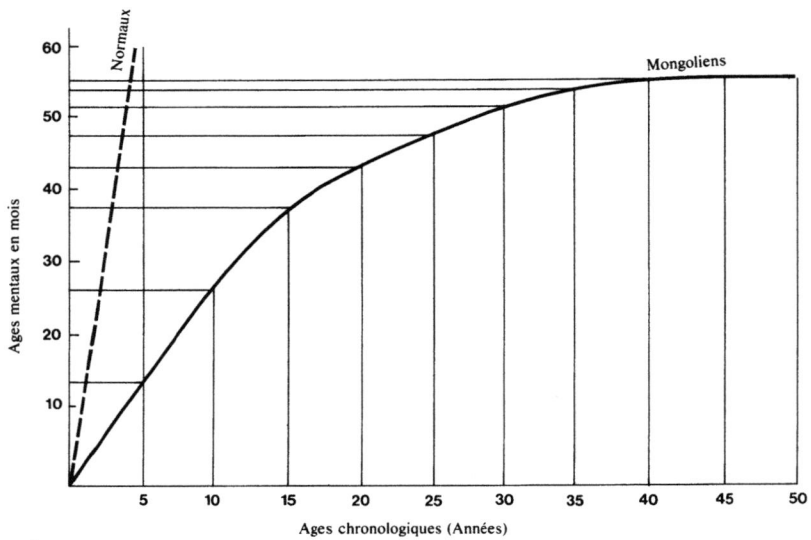

Figure 7. Croissance mentale chez les sujets mongoliens en fonction de l'âge chronologique et comparaison avec les sujets normaux (adapté d'après Benda, 1969, et Ross, 1961).

la croissance mentale est ralentie. De même plus l'individu est handicapé plus la période relativement rapide de croissance mentale est raccourcie et plus vite survient le plateau dans le développement intellectuel. Le même phénomène s'applique à n'en pas douter aux sujets mongoliens.

Le quotient intellectuel étant le rapport de l'âge mental à l'âge chronologique, il est clair, étant donné les indications sur l'évolution de la croissance mentale telles qu'elles apparaissent à la figure 8, que le Q.I. des sujets mongoliens diminue avec l'augmentation en âge chronologique, particulièrement après environ 10 ans en raison du fait que l'âge chronologique augmente proportionnellement plus vite que l'âge mental. Chez les normaux, par contre, les accroissements en âge chronologique et en âge mental vont de pair et le Q.I. reste constant (au moins théoriquement). La baisse du Q.I. avec l'augmentation en âge ne signifie donc NULLEMENT que le fonctionnement intellectuel des individus mongoliens va se dégradant anormalement avec le temps ni que ces sujets sont victimes d'un processus de détérioration mentale précoce. Il n'en est rien. Il s'agit en fait d'un artéfact lié à la mesure du quotient intellectuel. Il est important de mettre les parents au courant de cet aspect de la problématique du Q.I. Ces derniers ont naturellement tendance à se décourager — avec les conséquences négatives que cela peut entraîner pour l'éducation et le développement de l'enfant — lorsqu'on leur signale l'abaissement du Q.I. avec l'élévation en âge sans leur en donner les raisons statistiques. En fait, le même phénomène est responsable de la baisse observée dans le quotient social (Q.S.) des sujets mongoliens avec l'élévation en âge, alors qu'on signale des développements sensibles dans les savoir-faire pratiques des adultes mongoliens (par exemple, se nourrir, s'habiller, se coiffer et faire sa toilette) avec l'âge même en condition relativement peu favorables d'institutionalisation (par exemple, Menolascino, 1974). Le Q.S., dont il sera question ci-dessous, est obtenu en divisant le score obtenu à une échelle qui mesure l'adaptation ou la compétence sociale par l'âge chronologique. La figure 8 illustre la diminution des Q.I. et Q.S. en fonction de l'âge chronologique chez les sujets mongoliens.

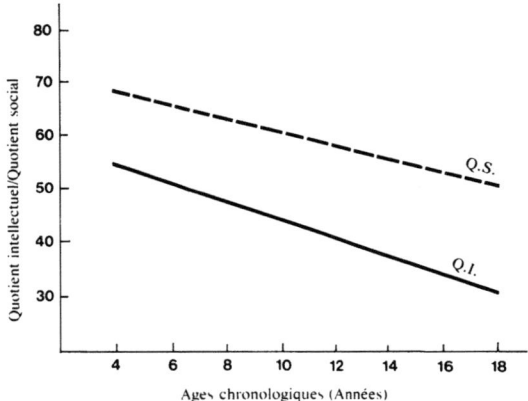

Figure 8. Déclin relatif des quotiens intellectuel (Q.I.) et social (Q.S.) selon l'augmentation en âge chronologique chez les sujets mongoliens (adapté d'après Cornwell et Birch, 1969).

3. L'EVALUATION DU NIVEAU INTELLECTUEL ET DU NIVEAU D'ADAPTATION SOCIALE

Il n'est pas inutile de rappeler comment on procède à l'évaluation du développement et du fonctionnement intellectuel en termes de Q.I. de même que les problèmes que cela pose lorsque l'évaluation porte sur des sujets retardés modérés, sévères et profonds.

Dans la pratique, les quatre tests d'intelligence les plus utilisés avec les individus arriérés mentaux sont: le *Terman-Merrill* (en fait, il s'agit du Stanford-Binet revu par Terman et Merrill), le *Wechsler Preschool and Primary Scale of Intelligence* (WPPSI), le *Wechsler Intelligence Scale for Children* (WISC), et le *Wechsler Adult Intelligence Scale* (WAIS) (Lambert, 1978). Ces tests ont été traduits, adaptés, étalonnés pour l'application à des populations de langue française. Le Terman-Merrill est applicable aux sujets normaux à partir de 2 ans et jusqu'à 18 ans. Le WPPSI de 3 à 6 ans. Le WISC de 5 à 15 ans et le WAIS à partir de 16 ans. Chez les normaux, l'âge mental correspond par définition à l'âge chronologique. Il s'ensuit que le test Terman-Merrill, par exemple, n'est applicable qu'à partir d'un âge mental de deux ans. En dessous de ce niveau, les sujets sont intestables par ce moyen. De même les échelles de Wechsler ne permettent pas de calculer des Q.I. en dessous de 40. On voit le problème en ce qui concerne une partie des individus arriérés mentaux: ceux dits sévères et profonds dont les Q.I. se situent en dessous de 35-40. Il faut se tourner vers d'autres épreuves si on veut obtenir une évaluation chiffrée du fonctionnement intellectuel général chez ces individus. Nous revenons à l'instant sur cette question, le temps de préciser que les Q.I. obtenus aux différents tests par les mêmes individus ne sont pas nécessairement exactement équivalents. Chaque test a ses propres contenus et ses modalités, lesquels affectent les résultats d'une manière particulière. L'équivalence fonctionnelle entre les tests est bonne mais elle n'est pas parfaite ainsi que l'indiquent les corrélations calculées entre les résultats aux différents tests (Silverstein, 1970). Il s'ensuit que les résultats obtenus à un test ne peuvent être simplement généralisés à un autre test. Il importe pour cette raison que le test d'intelligence soit identifié lorsqu'on fournit un quotient intellectuel pour un enfant donné. Par exemple, les Q.I. obtenus au test Terman-Merrill sont généralement inférieurs à ceux obtenus au WISC ou au WAIS. Il n'y a donc pas de Q.I. « tout court ». Il y a des indices quantitatifs d'estimation du niveau de fonctionnement intellectuel obtenus par l'emploi d'instruments de mesure particuliers et qui doivent être identifiés.

Quelles épreuves d'intelligence utiliser avec les arriérés mongoliens et autres en dessous de Q.I. 40 et d'une façon générale avec les individus dont les âges mentaux sont inférieurs à deux ans? Une des épreuves les plus utilisées avec les jeunes enfants retardés et notamment mongoliens est celle des *Echelles Développementales de Gesell* (Gesell Developmental Scales, Gesell et Amatruda, 1941). L'échelle comporte trois sections: une sur le développement moteur, une autre sur le développement du langage, et une troisième sur le développement social. Le nombre d'items varie selon les sections et selon les tranches d'âge. A chaque âge, l'observation de l'enfant et les réponses à des questions précises posées à la mère ou à la personne qui s'occupe régulièrement de l'enfant fournissent un score développemental pour chaque section. Le score global permet le calcul d'un quotient de développement (Q.D.). Les Echelles Développementales sont applicables aux enfants dès les premières semaines de vie. Koch et Share et leur équipe au Children's Hospital de Los Angeles, Californie, ont utilisé ces échelles pour tester des enfants mongoliens âgés de 2 mois et les ont suivis pendant environ 7 ans (Koch, Share, Webb, et Graliker, 1963; Fishler, Share et Koch, 1963). Deux autres épreuves également utilisées avec les jeunes enfants retardés sont le Bayley Developmental Scale et le Denver Developmental Screening Test (DDST). Woolley et ses associés au Children's Hospital of Michigan, Wayne State University, ont modifié le DDST pour en faire une échelle de développement adaptée aux jeunes enfants mongoliens (Developmental Assessment Chart for Non-Institutionalized

Down's Syndrome Children, Wooley, 1979). Nous y reviendrons plus loin. L'épreuve la plus utilisée en langue française avec les jeunes enfants est le *test de Brunet-Lézine*. Ce test, bâti sur le modèle des échelles de Gesell, répartit les items en quatre sections : développement moteur, adaptation, langage, et socialisation. En totalisant les notes obtenues, on dispose également d'un quotient de développement. Lambert (1978) signale un certain nombre de limitations de ce type de test particulièrement avec les jeunes enfants retardés mentaux. L'administration adéquate du test requiert de la part de l'examinateur une longue pratique et une grande habileté avec les jeunes enfants et, de la part de l'enfant, une disponibilité certaine. Enfin, le test est bien discriminatif pour les 12 premiers mois. Après ce temps, les items présentés dans certains secteurs, particulièrement la motricité et le langage, permettent beaucoup moins de discerner finement les progrès effectués par l'enfant.

Quelle est la valeur prédictive de ces tests quant au futur Q.I. de l'enfant? D'une façon générale, et nous parlons ici des enfants normaux, la valeur prédictive des échelles développementales, c'est-à-dire la valeur des prédictions qu'on peut faire à partir des Q.D. quant aux Q.I. que les enfants obtiendront dès qu'on pourra leur appliquer les tests qui permettent d'établir un quotient intellectuel, est médiocre. Les indications obtenues pendant les 6 premiers mois de l'existence sont particulièrement faibles au point de vue prédictif (Smith, Flick, Ferriss, et Sellman, 1972). Qu'en est-il avec les enfants retardés mentaux en général et avec les enfants mongoliens en particulier? Il semble d'une façon générale que la valeur prédictive des tests et des épreuves appliquées aux jeunes enfants retardés mentaux soit meilleure que pour les enfants normaux. Mais il faut rester prudent particulièrement avec les indications qui sont obtenues avec de très jeunes enfants retardés (Robinson et Robinson, 1976). On ne dispose pas d'indications sur la valeur prédictive du Bayley Developmental Scale, du Denver Developmental Screening Test, ni sur celle du test de Brunet-Lézine appliqué aux jeunes enfants retardés pour le développement intellectuel subséquent. Pour les Echelles Développementales de Gesell, on dispose des données longitudinales recueillies par Koch, Share, et leurs collaborateurs. A l'issue d'une première étude, Koch et al. (1963) rapportent une corrélation de .78 (statistiquement significative) entre les Q.D. obtenus par un groupe d'enfants mongoliens âgés de 18 mois à 2 ans et les Q.I. obtenus au test Stanfort-Binet lorsque les mêmes enfants ont atteint 5 ans d'âge chronologique. Dans une autre étude, Fishler et al. (1963) ont obtenu des corrélations s'élevant respectivement à .50, .64, .85, et .82 (toutes statistiquement significatives) entre les Q.D. obtenus respectivement à 1, 2, 3, et 4 ans, et les premiers Q.I. obtenus au test Stanfort-Binet avec les mêmes enfants entre 4 et 5 ans d'âge chronologique. L'étude de Fishler et al. confirme donc celle de Koch et al. en indiquant que les échelles développementales de type Gesell ont une certaine valeur prédictive au moins à partir de 18 ou 24 mois environ, les prédictions ayant une valeur nettement moindre avant ces âges. Il semble, en conclusion, qu'il soit extrêmement malaisé d'évaluer le développement du jeune enfant retardé avant deux ans dans la perspective de son futur développement intellectuel.

Sur le plan descriptif, on dispose cependant d'un certain nombre d'informations sur différents aspects du développement général et notamment intellectuel des enfants mongoliens pendant les premières années. Wooley et ses collaborateurs (Wooley, 1979) ont rassemblé une série de données en utilisant une version modifiée du Denver Developmental Screening Test appelée le Developmental Assessment Chart for Non-Institutionalized Down's Syndrome Children qu'ils ont appliqué à un groupe important d'enfants. Les données sont présentées à la figure 9. Elles fournissent une série d'indications d'un grand intérêt sur le développement des enfants mongoliens entre la naissance et 3 ans avec quelques informations complémentaires pour la période comprise entre 3 et 7 ans. Les secteurs de développement répertoriés couvrent le domaine personnel et social, le langage, la motricité et la fine motricité.

Les échelles développementales traditionnelles se prêtent mal par leurs contenus à *l'évaluation intellectuelle des adolescents et des adultes retardés mentaux sévères et profonds*. En effet, il n'est guère motivant pour un adolescent ou un adulte, même retardé, de se voir proposer des tâches caractéristiques du jeune enfant. Si on ne peut contrôler au moins minimalement la motivation du sujet, il est impossible de garantir la validité des résultats obtenus. Il est donc nécessaire de recourir à d'autres épreuves de façon à pouvoir tester les adolescents et les adultes sévèrement et profondément retardés. Les épreuves utilisables à cette fin sont très rares. Lambert et Vanderlinden (1976, 1979), partant du principe que des épreuves de type cognitif et d'inspiration Piagétienne fournissent une meilleure base pour tester les adolescents et les adultes sévèrement et profondément retardés que les échelles de développement du type Gesell et Brunet-Lézine, ont traduit et adapté en français l'échelle développementale de Uzgiris et Hunt (Infant Psychological Developmental Scale, IDPS, Uzgiris et Hunt, 1975) laquelle constitue une systématisation hiérarchisée des principales acquisitions de la période du développement

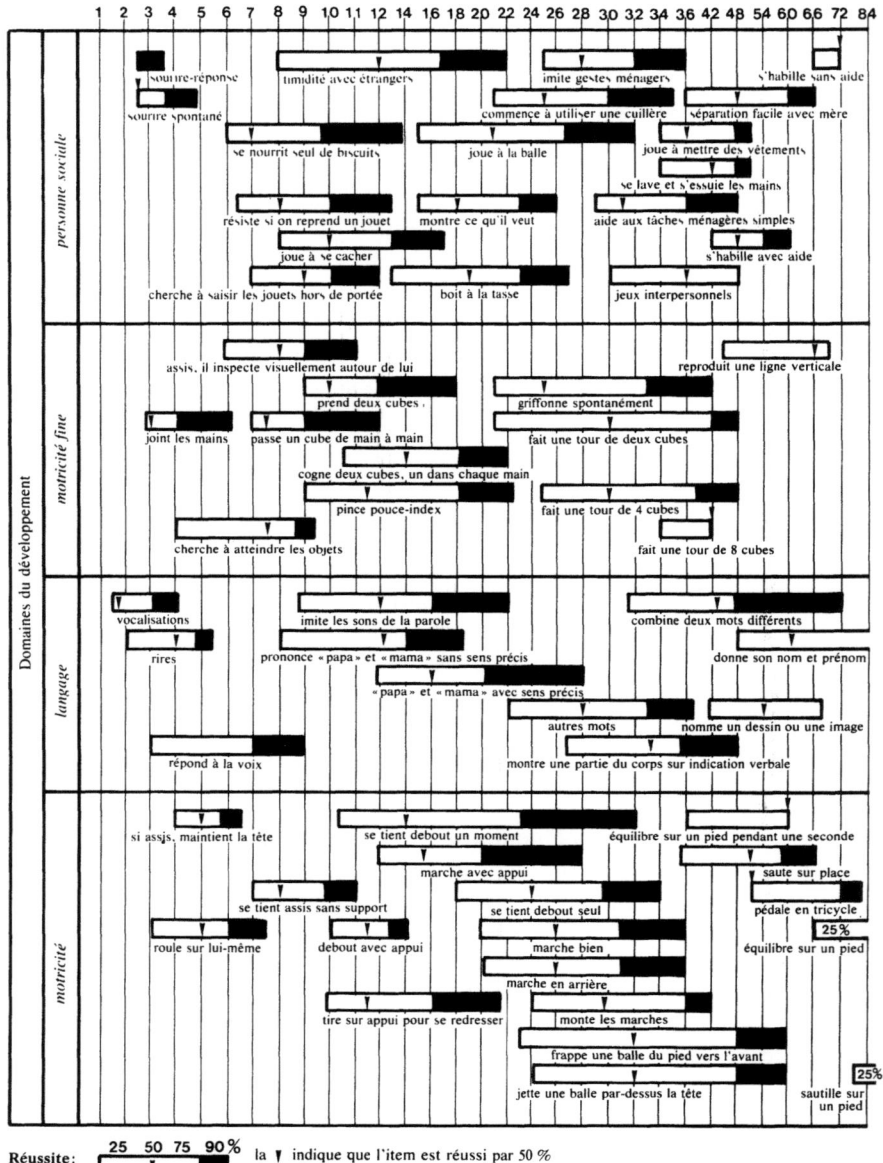

Figure 9. Données sur le développement général des enfants mongoliens non institutionnalisés entre la naissance et 7 ans obtenues par l'application du Development Assessment Chart for Non-Institutionalized Down's Syndrome Children (traduit et reproduit avec quelques modifications avec la permission de la Growth & Development Clinic, Children's Hospital of Michigan, Department of Pediatrics, Wayne State University, Detroit, Michigan 48201). La disposition de la Figure permet de relever les âges auxquels respectivement 25, 50, 75, et 90 % des enfants atteignent le niveau comportemental indiqué.

intellectuel sensori-moteur (de la naissance à 2 ans chez l'enfant normal) selon la théorie de Piaget (Piaget, 1966). L'IDPS comprend 6 sous-échelles composées chacune d'un nombre variable d'items et évaluant la poursuite visuelle et la permanence de l'objet, l'utilisation des objets en tant qu'instruments, l'imitation verbale et gestuelle, l'établissement de relations de cause à effet sur le plan sensori-moteur, les relations spatiales entre les objets, et le développement des schèmes mentaux. Un score global peut être calculé qui chiffre le niveau de développement atteint par le sujet. Lambert et Vanderlinden (1977) ont appliqué à titre expérimental l'IDPS à un petit groupe d'adultes arriérés mentaux sévères et profonds intestables au moyen des tests d'intelligence habituels. L'IDPS est efficace et discriminative dans l'évaluation intellectuelle des adultes arriérés. L'échelle peut également être appliquée aux jeunes enfants arriérés sévères et profonds (Saint-Rémy, 1977; Lambert et Saint-Rémy, 1979). Elle fournit alors, outre une évaluation du niveau de développement intellectuel, une série d'indications d'un grand intérêt sur le plan éducatif, notamment en ce qui concerne l'orientation et l'évaluation des programmes d'intervention avec ces enfants.

Nous n'avons pas considéré directement jusqu'ici *la façon dont l'individu retardé s'adapte à son environnement*, c'est-à-dire y fonctionne de façon relativement indépendante, assume la responsabilité personnelle et sociale de ses comportements et peut effectuer un certain nombre de tâches utiles pour lui-même et pour les autres. Il est clair cependant que les capacités intellectuelles interviennent puissamment dans l'adaptation individuelle. On porte depuis quelques années une attention accrue à cet aspect du fonctionnement des individus retardés et le bien-fondé de cette attention est évident. L'Association Américaine pour la Déficience Mentale (American Association on Mental Deficiency — A.A.M.D.) a inclu dans sa définition du retard mental le déficit du comportement adaptatif concurremment au déficit intellectuel au sens strict (Hebert, 1961; Grossman, 1973). Ce changement a obligé les spécialistes à développer des instruments standardisés de façon à évaluer l'adaptation sociale c'est-à-dire le répertoire des comportements adaptatifs des sujets arriérés. Il existe actuellement deux instruments de mesure : le *Progress Assessment Chart* (PAC) de Gunzburg (1969) et l'*Adaptative Behavior Scale* (ABS) de Nihira et collaborateurs (Nihira, Foster, Shellhaas, et Leland, 1974, dernière révision à date d'un travail commencé avec Hebert en 1961). Les deux épreuves ont été traduites en français (Magerotte et Fontaine, 1972, pour le PAC; Magerotte, 1977, pour l'ABS). Le Progress Assessment Chart établit un inventaire des conduites sociales dans quatre secteurs : l'autonomie personnelle (par exemple, les comportements à table, les habitudes de propreté, et l'autonomie vestimentaire), la communication verbale et non verbale, la socialisation (relations interpersonnelles et participation aux activités de groupe), et les occupations notamment professionnelles ou assimilées. L'échelle comprend des formes applicables au jeune enfant (PPAC ou Premier Inventaire) et aux adolescents et adultes arriérés (PAC-2). L'*Adaptative Behavior Scale* (ABS, 1974) évalue l'autonomie (se nourrir, habitudes de propreté, apparence physique, vestimentation, et sens de la direction dans les déplacements), le développement physique (vision, audition, développement moteur), l'activité économique (aller au magasin, tenir son budget, manipuler de l'argent), le langage, la connaissance des nombres et du temps (heures, jours), les activités professionnelles ou assimilées, la responsabilité personnelle et sociale. Elle comprend en outre un second volet qui évalue les comportements inadaptés (violence et destructions, comportements antisociaux, mauvaises habitudes personnelles et sociales, etc.). L'échelle est applicable depuis le jeune enfant jusqu'à l'adulte, y compris les sujets arriérés sévères et profonds. Magerotte (1976) fournit des données d'étalonnage établies à partir d'un groupe d'environ 400 enfants arriérés mentaux entre 6 et 13 ans. Ces instruments permettent d'évaluer adéquatement les comportements adaptatifs des sujets retardés. Appliqués de période en période, ils fournissent des indications développementales. Les données fournies par les échelles d'évaluation du comportement adaptatif sont corrélées positivement avec les résultats aux principaux tests d'intelligence. Les corrélations varient entre .60 et .90 environ selon les études (Nihira et Foster, 1966 — il s'agit ici de corrélations obtenues avec la version 1961 de l'échelle du comportement adaptatif de l'A.A.M.D. Heber, 1961). Ces corrélations indiquent que les capacités intellectuelles et les comportements adaptatifs ont un certain nombre d'éléments en commun, ce qui ne surprend personne, l'intelligence intervenant évidemment dans l'adaptation, mais aussi que les deux séries d'épreuves, intellectuelles et adaptatives, ne se recouvrent pas complètement c'est-à-dire qu'elles fournissent chacune des informations spécifiques et donc complémentaires sur le fonctionnement et le développement des sujets retardés.

4. LE PREMIER DEVELOPPEMENT PSYCHOMOTEUR DES ENFANTS MONGOLIENS

On manque d'études détaillées sur les différentes phases du développement général, et notamment du développement intellectuel, des enfants et des adolescents mongoliens, qu'il s'agisse d'études dites *transversales*, où on étudie un groupe d'enfants à un moment donné du développement ou mieux encore d'études dites *longitudinales* où on étudie les mêmes enfants « en longueur », c'est-à-dire pendant une longue période de temps.

Une étude récente de Cowie (1970) fournit quantité d'informations sur le premier développement psychomoteur des bébés mongoliens. Elle est d'une importance particulière en elle-même et en raison de l'enracinement, sur lequel Piaget et Wallon ont attiré notre attention, du développement intellectuel dans les fonctions psychomotrices et sensorimotrices.

Cowie (1970) a étudié un groupe d'environ 80 bébés mongoliens entre 6 semaines et 10 mois d'âge. Sur ce total, un caryotype fut obtenu pour 66 enfants. 64 enfants présentaient une trisomie régulière et deux enfants étaient des cas de translocation. Quelques enfants étaient nés prématurément (un des enfants était né deux mois avant terme) et d'autres étaient nés après terme (jusqu'à 20 jours après terme). Indépendamment de la longueur de la période de gestation, les nouveaux-nés mongoliens du groupe étudié étaient d'une taille et d'un poids inférieurs à la moyenne. Douze enfants décédèrent pendant la période de l'étude, les causes étant les causes habituelles de décès chez le jeune enfant mongolien (cfr chapitre 1).

L'étude de Cowie comporte une évaluation neurologique détaillée des bébés mongoliens à 6 semaines, 6 mois, et à 10 mois, et une mise en relation de ces données avec les résultats de l'application répétée d'un test de développement psychologique, le Bayley Developmental Scale.

Sur le plan neurologique, le tonus musculaire a été examiné au niveau du cou, du tronc, et des extrémités supérieures et inférieures. On a examiné également les mouvements spontanés du corps, de la face et des extrémités, la position des yeux au repos, la convergence des axes visuels (on parle de strabisme si cette convergence n'est pas assurée normalement), le réflexe palpébral (fermer la paupière au contact ou à l'anticipation d'un contact), l'éructation, la succion, les réactions auditives, les réflexes palmaire (forte flexion des doigts de la main à la pression de la paume) et plantaire (forte flexion des doigts de pied à la pression ou à la stimulation de la plante du pied) — ces deux réflexes, palmaire et plantaire, sont normalement présents à la naissance et ont disparu (graduellement) au bout de 4 à 6 mois pour le réflexe palmaire et de 5 à environ 10 mois pour le réflexe plantaire, sous l'effet d'une maturation accrue du système nerveux ; la disparition de ces deux réflexes primitifs est en effet nécessaire respectivement pour le développement de la préhension volontaire et de la marche, — le réflexe patellaire (extension de la jambe à la stimulation du ligament du genou), la réponse de traction (le bébé est couché sur le dos, on lui saisit les mains et le tire vers le haut, il résiste à l'extention des avant-bras en contractant les muscles des bras et des épaules), la marche automatique (l'enfant est tenu debout et mis en contact avec le sol, il esquisse alors les mouvements de la marche d'une façon rythmique ; ce réflexe disparaît normalement après les premiers mois), le réflexe dit de Moro (le bébé est couché sur le dos, on le surprend en lui touchant rapidement l'abdomen, ou en lui tirant rapidement les bras ou les jambes avant de les relâcher, ou encore en heurtant violemment la couche sur laquelle repose l'enfant ; la réponse de l'enfant consiste à écarter brusquement les bras et à les ramener vers l'avant dans un mouvement d'embrassement ; le réflexe de Moro disparaît graduellement au cours de la première année), la suspension ventrale (l'enfant est suspendu horizontalement la tête vers le bas ; il relève normalement la tête contractant les muscles du cou et les muscles extenseurs du dos ce qui rend le dos plat), et quelques autres indices neurologiques.

Les données principales de l'étude sont les suivantes : le développement neurologique du jeune enfant mongolien est caractérisé par une incidence importante et massive d'hypotonie généralisée, une disparition retardée des réflexes et des automatismes primitifs (réflexes palmaire, plantaire, de Moro, et marche automatique), une incidence importante du strabisme, et des anomalies dans les réponses de traction, réflexe patellaire, et suspension ventrale (faible réflexe patellaire et absence de réponses toniques ou faibles réponses toniques à la traction et en position de suspension ventrale). L'auteur suggère que ces différentes manifestations sont à mettre directement en relation avec *l'hypotonie* des enfants. Cette dernière est particulièrement impressionnante au moins jusqu'à 6 mois d'âge. Jusqu'à cet âge, les masses musculaires paraissent particulièrement floues et de peu de substance à la palpation, particulièrement chez les enfants d'apparence physique légère et fine. Paine (1963) a noté que même en dehors du mongolisme l'hypotonie généralisée semble souvent (mais pas toujours) associée au retard mental. Cette hypotonie chez les sujets mongoliens est supposée être d'origine cérébelleuse et/ou cérébrale. On ignore tout cependant du détail des relations entre tonus musculaire et fonctionnement neuro-psychologique.

L'application de l'échelle développementale de Bayley aux trois périodes de temps indiquées et la mise en relation de ces données avec les indications neurologiques permet de faire état d'une bonne corrélation positive (entre .64 et .79) entre les variables neurologiques et le premier développement intellectuel tel que mesuré par le test de Bayley, surtout vers la fin de la période de développement observée, c'est-à-dire entre approximativement 6 et 10 mois. L'étude de Cowie confirme donc toute l'importance des relations entre développement neurologique et premier développement psychologique et notamment intellectuel. Il conviendrait de multiplier les études systématiques du même type de façon à couvrir les différentes périodes du développement de l'enfant mongolien et fournir ainsi aux parents, aux éducateurs, et aux spécialistes de l'intervention psychopédagogique une information beaucoup plus fouillée sur laquelle ils pourront adéquatement baser leurs pratiques et leurs interventions éducatives.

5. CARACTERISTIQUES COGNITIVES DES INDIVIDUS MONGOLIENS

Il existe un corps de données et d'indications théoriques dans le domaine du retard mental qui porte sur les caractéristiques cognitives des individus handicapés mentaux. Ces données mettent en lumière un certain nombre de problèmes et de déficits dans certains *processus* spécifiques du fonctionnement intellectuel chez ces individus. Ces déficits spécifiques sont généralement conceptualisés comme se surajoutant au déficit global et général et à la vitesse réduite de développement qui sont associés aux quotients intellectuels inférieurs. Nous parlons d'enfants handicapés mentaux en général parce que la plupart des études qui se rangent dans cette rubrique ont été menées avec des groupes hétérogènes d'enfants retardés, c'est-à-dire des groupes comportant des enfants dont le handicap mental est attribuable à différents facteurs étiologiques et notamment des enfants mongoliens (constituant généralement entre 30 et 50 % des groupes hétérogènes de handicapés mentaux étudiés). Les indications théoriques qui émergent de ces travaux et que nous reprenons ci-dessous sont donc directement applicables aux individus mongoliens, même si les données de départ n'ont pas toujours été recueillies exclusivement avec des sujets de ce type. La littérature en question est importante et nous ne pouvons évidemment prétendre à l'exhaustivité dans la revue rapide qui suit. Le lecteur intéressé se référera pour plus de détails aux sources que nous mentionnerons. Nous nous limitons aux questions relatives aux domaines suivants: 1) les activités perceptives, 2) l'attention, la mémoire à court terme, les activités de catégorisation et de codage, 3) le fonctionnement intellectuel sensori-moteur, pré-opératoire, et opératoire (au sens de Piaget), et 4) la régulation et la médiation verbale du comportement.

Les activités perceptives

Nous disposons dans ces secteurs de données propres aux individus mongoliens (Clausen, 1966, 1968; Gordon, 1944; Hermelin et O'Connor, 1961; O'Connor et Hermelin, 1961; Berkson, 1960, a, b, c). En fait, ces études ont comparé des sujets mongoliens et des sujets retardés mongoliens généralement appariés pour le niveau intellectuel et l'âge chronologique. Certaines de ces études ont également comparé les sujets retardés à des sujets normaux appariés soit pour l'âge mental soit pour l'âge chronologique. Les données et les indications des auteurs quant aux déficiences spécifiques des sujets retardés et des sujets mongoliens en particulier varient quelque peu selon les études, les échantillons de sujets, et les moyens d'investigation particuliers utilisés. Il semble néanmoins qu'on doive retenir avec Clausen (1968) deux domaines dans lesquels les sujets mongoliens semblent particulièrement déficitaires, non seulement lorsqu'on les compare aux normaux, mais également lorsque la comparaison est faite avec des sujets retardés mentaux non mongoliens de niveaux intellectuels généraux comparables. Il s'agit des *fonctions sensorielles* et *discriminatives* et de la *vitesse perceptive*.

La capacité de discriminer visuellement (particulièrement, semble-t-il, en ce qui concerne la discrimination des intensités lumineuses) et auditivement semble davantage atteindre chez les sujets mongoliens que chez les autres retardés mentaux à niveaux intellectuels équivalents. Il en va de même pour la reconnaissance au toucher en général et celle des objets en trois dimensions (stéréognosie en particulier). De même la copie et la reproduction de figures géométriques sont moins bonnes chez les sujets mongoliens. Pour ce qui est de la vitesse perceptive, les chercheurs ont proposé aux sujets des tâches de temps de réaction. Il s'agit, par exemple, de donner le plus rapidement possible le nom d'un objet familier dont l'image est présentée au tachistoscope (un appareil prévu à l'effet des tests de ce genre qui permet d'exposer une image donnée selon certaines modalités d'éclairage, de netteté, et de grandeur pendant un intervalle de temps déterminé). L'interprétation des données obtenues est délicate puisque les tâches font appel en fait à diverses capacités (acuité et discrimination visuelle, mémoire verbale et mobilisation des étiquettes verbales disponibles en mémoire, production des mots en question et donc articulation). De ce fait, la comparaison des sujets mongoliens avec les autres sujets retardés même appariés pour le niveau intellectuel reste imparfaite si on prétend tester séparément l'une de ces composantes. Néanmoins, c'est l'avis de Clausen (1968) que les sujets mongoliens présentent un déficit particulier au niveau de la vitesse de traitement des informations perceptives.

Il conviendrait d'aller beaucoup plus à fond dans l'étude des mécanismes impliqués dans les activités perceptives des enfants mongoliens par comparaison, par exemple, avec les enfants normaux. Malheureusement, les études à cet effet sont encore très rares. Une étude de Miranda et Fantz (1973) à l'Université Case Western Reserve, Cleveland, Ohio, fournit un exemple du type de recherche qu'il faudrait multiplier. Ces chercheurs ont étudié les préférences visuelles d'un groupe d'enfants normaux et mongoliens âgés d'environ 8 mois. Les stimuli présentés au moyen d'un appareil particulier étaient des surfaces carrées disposées par paires et comportant divers dessins abstraits de forme circulaire ou rectiligne dont certains donnaient l'impression d'être en trois dimensions. Une autre paire de stimuli présentait simultanément le positif et le négatif d'une photographie de la face d'une femme, mettant donc en jeu une opposition brillance-contraste lumineux. La mesure portait sur le temps d'observation visuelle consacré à chaque stimulus selon sa composition. Les résultats indiquent plusieurs différences importantes entre les jeunes enfants mongoliens et normaux dans le développement des préférences visuelles: préférence visuelle marquée des enfants normaux pour les dessins représentant des solides, pour les stimuli de forme circulaire par opposition aux stimuli de forme carrée, pour les stimuli dont le patron est plus complexe en termes de tracé et de nombre d'éléments impliqués (nombre d'angles notamment — ce qui indique une capacité d'attention pour la forme du contour), pour les stimuli assimilables de près ou de loin à la face humaine par opposition à des stimuli plus abstraits, et enfin préférence marquée pour la brillance (c'est-à-dire le positif de la photo de la face d'une femme) au détriment du contraste (c'est-à-dire le négatif de la même photo). Les enfants mongoliens exhibent des préférences marquées inverses de celles des normaux dans les oppositions de stimuli présentées. Les préférences visuelles des enfants mongoliens à 8 mois correspondent en fait à celles des enfants normaux plus jeunes placés dans les mêmes situations (Fantz et Nevis, 1967a, 1967b). Cette indication est importante en ce qu'elle suggère que le développement des préférences visuelles chez l'enfant mongolien suit le même «cheminement» que le développement normal mais avec un certain retard. Miranda et Fantz (1973) attribuent les différences observées entre les enfants normaux et mongoliens à la plus grande efficacité de l'expérience visuelle des jeunes enfants normaux quant au développement perceptivo-cognitif, efficacité les amenant à se sensibiliser plus tôt à certaines caractéristiques fonctionnelles des stimuli de leur environnement (comme les faces humaines et les solides).

Attention, mémoire, catégorisation et codage

Zeaman et House (1963) et Furby (1974) ont étudié les mécanismes de *l'attention* chez les enfants retardés. Ils proposent que ces derniers présentent un déficit de l'attention. La théorie est complexe et nous ne pouvons que l'effleurer. Zeaman et House (1959, 1963) expliquent les difficultés des apprentissages discriminatifs chez les retardés mentaux modérés et sévères (il s'agit d'apprendre à distinguer parmi deux ou plusieurs stimuli celui qui est renforcé et d'y conformer sa réponse) en termes d'un échec des retardés à centrer leur attention sur la dimension correcte du stimulus (par exemple, la taille si on compare un grand trait horizontal avec un petit trait horizontal et non la couleur ou la position). Zeaman et House montrent que lorsque le centrage de l'attention du sujet est fait sur la dimension pertinente du stimulus, l'acquisition de la réponse discriminative se fait de la même façon que chez les normaux. Furby (1974) a poussé la recherche empirique et l'élaboration théorique un degré plus loin. Elle indique que la performance des sujets retardés est médiocre dans les apprentissages discriminatifs et la résolution de problèmes principalement pour les deux raisons suivantes: a) *l'habituation des réactions d'orientation* (c'est-à-dire la réaction normale de tout organisme à un stimulus nouvellement présenté aux aspects les plus saillants du stimulus présenté) prend davantage de temps chez ces sujets que chez les sujets normaux; ils ne peuvent, de ce fait, re-mobiliser leur capacité d'attention aussi vite que les normaux et la centrer sur d'autres aspects du stimulus lesquels peuvent être de première importance dans certains apprentissages; et b) les sujets retardés éprouvent de grandes *difficultés à inhiber*, c'est-à-dire à retenir, leur réponse jusqu'après avoir pris le temps d'examiner en détail les aspects plus subtils et/ou les composantes plus abstraites des stimuli, d'où la moindre qualité de leurs réponses et leur plus grande fréquence d'erreur là où une analyse plus fine est requise.

On retiendra donc, avec Zeaman et House, et avec Furby, les problèmes particuliers des enfants retardés en matière d'attention et d'analyse du stimulus, difficultés liées, au moins en partie, selon ces auteurs, à une certaine lenteur dans l'habituation des réactions d'orientation et à une difficulté à inhiber suffisamment longtemps l'émergence motrice de façon à poursuivre une analyse détaillée du stimulus et donc à permettre une réponse plus appropriée.

D'autres chercheurs ont attiré l'attention sur les problèmes liés à la *mémorisation* (mémoire à court terme) chez les sujets retardés. Siegel et Foshee (1960), par exemple, et Ellis (1963) signalent la possibilité que les *traces mésiques persistent moins longtemps* dans les circuits nerveux de la mémoire à court terme chez les sujets retardés mentaux modérés et sévères que chez les sujets normaux. Ils rapportent nombre de données empiriques qui semblent confirmer leur interprétation. Cependant, Spitz (1976) est plutôt de l'avis que les mécanismes de base de l'apprentissage et de la mémorisation sont les mêmes chez les sujets retardés (au moins chez les retardés légers et modérés) que chez les sujets normaux. En gros, les retardés légers et modérés n'oublieraient guère plus que les normaux ce qu'ils ont *effectivement* appris (par exemple, la capacité mémorielle brute pour les séries de chiffres est de 3 à 4 chiffres pour les retardés légers et de 5 à 7 pour les normaux, y compris les étudiants du niveau universitaire — Spitz, 1973 —; c'est là une différence relativement mineure et qui ne peut expliquer les énormes différences observées entre les retardés et les normaux dans les apprentissages et la rétention). La grosse différence entre les deux groupes (et elle s'accentue à mesure qu'on descend dans l'échelle des quotients intellectuels) concerne les *procédés* mis en œuvre par les normaux et par les retardés *pour organiser spontanément leurs apprentissages et leurs mémorisations.* O'Connor et Hermelin (1963) ont également insisté sur les faiblesses des retardés en matière de catégorisation conceptuelle et de codage symbolique de l'information perceptive, ces faiblesses étant selon eux grandement responsables des difficultés et des mauvais résultats obtenus par les retardés en matière d'apprentissage et de mémorisation. Brown (1974) a revu la littérature spécialisée sur les stratégies utilisées par les sujets retardés lors d'épreuves où il fallait mémoriser un certain nombre de choses. Elle a également ajouté un certain nombre de recherches de sa propre composition. Brown confirme que la mémoire de reconnaissance est bonne chez les retardés (c'est-à-dire là où il faut reconnaître une information parmi d'autres présentées). Cette activité mnésique ne nécessite pas (nécessairement) une organisation élaborée des données à reconnaître au moins dans les tâches de reconnaissance élémentaire. Dès qu'il est grandement avantageux d'intervenir activement et spontanément pour organiser le matériel à mémoriser, les retardés se montrent nettement moins efficaces que les sujets normaux. Même l'appariement en termes de niveaux intellectuels entre les groupes n'élimine pas complètement les différences en question. On parle de *déficit spécifique*. Le déficit porte surtout sur le *rappel verbal intérieur* du nom des objets ou des événements à mémoriser, sur *l'organisation économique du matériel à mémoriser* de façon à faciliter la mémorisation, et sur *l'élimination organisée et l'oubli volontaire des éléments non pertinents* du matériel à mémoriser de façon à ne retenir que l'essentiel. Ces stratégies comportementales sont toutes sous contrôle volontaire. Il est possible, semble-t-il, d'amener par entraînement l'enfant retardé à se servir de ces stratégies et donc à améliorer sa performance mnésique. Cependant, l'usage des stratégies de mémorisation ne semble pas se transférer facilement d'une situation à l'autre et d'une tâche à l'autre, au moins dans les limites des études décrites.

On retiendra donc avec ce courant de recherche la possibilité que la rétention mnésique ou la trace mnésique soit moins durable chez le sujet retardé. Il semble cependant que les principaux problèmes chez les sujets retardés en matière de mémorisation soit du côté des stratégies mises en œuvre volontairement de façon à organiser l'activité mémorielle et, ce faisant, à en optimaliser le rendement.

Fonctionnement intellectuel sensori-moteur, pré-opératoire, et opératoire

Dans le cadre de la théorie Piagétienne du développement intellectuel, on décrit l'évolution des sujets retardés comme procédant à *vitesse réduite* et *s'arrêtant finalement à un stade inférieur de l'organisation cognitive*. Le stade d'arrêt du développement intellectuel varie, d'après Inhelder (1969), selon la nature du handicap intellectuel. Ainsi, les *handicapés mentaux profonds et sévères* resteraient fixés aux différents sous-stades de *l'intelligence sensori-motrice*, les *handicapés modérés* se hisseraient au niveau du *fonctionnement intellectuel pré-opératoire* (2 à 7 ans environ, chez l'enfant normal), tandis que les *handicapés légers* atteindraient le *stade des opérations concrètes* (7 à 12 ans environ chez les sujets normaux), aucun handicapé mental n'atteignant toutefois le stade dit des opérations formelles ou propositionnelles (caractérisé, en bref, par la capacité de raisonner sur des données abstraites et verbales et de systématiser le raisonnement en considérant toutes les possibilités et toutes les implications). Selon Inhelder (1969), le développement logique des handicapés mentaux est en outre caractérisé par une certaine « viscosité ». Il semble que l'auteur genevois entende par là que les retardés restent beaucoup plus longtemps aux stades et sous-stades intermédiaires que les normaux dans leur évolution et qu'ils régressent aussi plus facilement d'un sous-stade à un autre. En fait, le raisonnement logique des handicapés serait relativement instable et dominé par des oscillations entre des niveaux différents.

Plusieurs travaux et recherches empiriques confirment les indications d'Inhelder. Woodward (1959) montre que les performances cognitives des sujets handicapés mentaux sévères correspondent aux différents sous-stades de l'intelligence sensori-motrice telle que caractérisés par Piaget. Elle indique également que l'émergence du langage organisé et de la pensée symbolique semble attendre que l'enfant accède aux derniers sous-stades du développement intellectuel sensori-moteur (Woodward et Stern, 1963). Cette indication a été confirmée par Kahn (1975) et plus récemment par Lambert et Saint-Remy (1979). Woodward (1963) et Lovell (1966) rapportent que les handicapés modérés n'atteignent que rarement le stade des opérations concrètes. Ils restent généralement au niveau pré-opératoire caractérisé par la non-réversibilité des processus de pensée et par la prévalence des informations perceptives sur l'intégration logique. Lovell (1966) confirme également Inhelder en rapportant des données qui montrent qu'à 15 ans la grande majorité des arriérés légers n'ont pas atteint les premiers stades des opérations formelles. Wilton et Boersma (1974) ont revu les recherches sur la conservation avec les enfants arriérés mentaux. Les recherches confirment l'indication d'Inhelder concernant la vitesse très réduite du développement logique des sujets retardés. Il semble également qu'à égalité d'âge mental les sujets retardés se situent approximativement aux mêmes niveaux de développement intellectuel que les normaux ce qui peut indiquer que le cheminement même du développement logique est semblable dans ses grandes lignes dans les deux populations de sujets.

D'autres recherches dans la même veine théorique se sont centrées sur d'autres aspects du développement cognitif des sujets handicapés mentaux légers. Stephens et ses associés (Mahaney et Stephens, 1974; Moore et Stephens, 1974) ont étudié longitudinalement *le raisonnement et le jugement moral* chez l'enfant retardé par comparaison avec le développement des normaux. Les sujets retardés étaient âgés de 6 à 18 ans au début de la recherche. Les résultats indiquent que le développement moral chez les retardés est sensiblement plus lent que chez les sujets normaux ce qui était évidemment attendu. Le cheminement semble là aussi correspondre à celui des enfants et des adolescents normaux. Une donnée importante se dégage du travail de Stephens et de son équipe. Elle concerne les observations selon lesquelles le développement des retardés mentaux légers n'est pas fixé irrémédiablement à un stade déterminé relativement tôt dans l'existence. Ces chercheurs ont observé des développements importants dans le jugement moral au-delà de 14 ans. Ils relèvent également vers 18 ans et au-delà l'existence de processus de raisonnement qui semblent pouvoir être classifiés comme *formels*. Certes, d'autres études sont nécessaires de façon à clarifier ces questions et à étendre la base empirique dont on dispose. Elles promettent d'être fructueuses. *Les indications de Stephens et de ses collaborateurs nous amènent à insister* — c'est une constante dans le domaine de l'arriération mentale particulièrement aux niveaux intellectuels plus élevés — *sur le danger qu'il y a* (à de multiples points de vue et notamment au point de vue éducatif) *de considérer trop facilement que le développement des individus retardés est invariablement bloqué à un niveau ou l'autre sans possibilité de développement plus tardif.* Il faut d'ailleurs remarquer d'une façon générale qu'on n'a pas jusqu'ici cherché sérieusement à capitaliser sur l'hypothèse d'un développement intellectuel possible au-delà de 13 ou 14 ans chez les sujets retardés ou au moins chez les retardés modérés et légers.

On retiendra de cette excursion dans le domaine des recherches sur le développement logique des sujets retardés et les développements associés que la trame développementale suggérée par Inhelder (1969) est vérifiée dans ses grandes lignes. En ce qui concerne le développement du jugement moral, les retardés comme les normaux évoluent sur le plan du jugement moral dans la mesure où ils évoluent sur le plan développement logique. On notera, cependant, que les données rapportées ici concernent le développement cognitif « spontané », pour ainsi dire, des enfants handicapés mentaux. Nous ignorons le cours et le timing que pourrait éventuellement prendre leur développement s'ils étaient exposés dès le plus jeune âge à des programmes intensifs de stimulation et d'entraînement cognitif.

Régulation et médiation verbale du comportement

Luria et ses collaborateurs (Luria, 1961) ont attiré l'attention sur les carences des enfants retardés mentaux dans le domaine de *l'organisation verbale du comportement*. Là, où les sujets normaux sont capables dès 3 ou 4 ans d'âge d'utiliser des réponses verbales à voix haute de façon à améliorer leur performance motrice (par exemple, dire «fort» et «faible» lorsqu'il s'agit respectivement de presser un levier fortement ou faiblement), les sujets retardés s'en montrent incapables à moins d'avoir été spécialement entraînés à cet effet. Après 6 ans, environ, l'intervention verbale régulatrice se fait spontanément en langage intérieur. Il n'est pas sûr, selon Luria, que les retardés et particulièrement les retardés modérés et sévères arrivent jamais à ce stade. Luria voit dans l'intervention verbale le moyen par excellence d'organisation de l'activité mentale et du comportement. S'il est vrai que les sujets retardés sont particulièrement déficients dans cette dimension de l'économie mentale, il s'agit alors d'un problème de première importance. Curieusement, on n'a pas cherché à reproduire systématiquement les travaux de Luria ni à les étendre dans le domaine de l'arriération mentale. C'est cependant un secteur de recherche qui mériterait d'être développé.

La régulation verbale du comportement moteur est un cas particulier de *la médiation verbale du comportement*. Les auteurs behavioristes désignent de cette façon les interventions verbales (à voix haute et celles en langage intérieur) qui prennent place entre la stimulation et la réponse, par exemple les verbalisations qui interviennent dans la résolution d'un problème, d'une tâche de mémorisation, d'un apprentissage discriminatif, etc. Borkowski et Wanschura (1974) ont revu la littérature sur les processus médiationnels chez les sujets retardés. Ils indiquent que ces derniers peuvent utiliser avec succès des médiateurs verbaux dans une variété de tâche lorsque ces médiateurs leur sont fournis. Il conviendrait donc de limiter la valeur générale des indications de Luria (1961) sur ce point. Ce qu'on trouve cependant chez les sujets retardés, et de façon marquée chez les retardés aux niveaux intellectuels inférieurs, c'est une certaine incapacité à faire usage *spontanément* des médiateurs verbaux dans les tâches où un tel usage est généralement associé à une meilleure performance. Lorsqu'on provoque un tel usage, en entraînant les retardés à verbaliser dans le courant d'une tâche déterminée, le transfert se fait difficilement ou pas du tout à d'autres tâches même si elles sont relativement proches de celles qui ont servi à l'apprentissage. On retrouve ici le problème général des *stratégies d'apprentissage* chez les retardés dont il a été question dans la section sur les activités de mémorisation.

On remarquera en terminant que si certains des problèmes particuliers des sujets retardés en matière de fonctionnement cognitif commencent à être identifiés et documentés, on n'a consenti jusqu'ici que relativement peu d'efforts pour remédier à ces déficits. Il y a certes des exceptions, par exemple les études de Carlson et Michalson (1973) et celles de Vitello (1973) qui montrent que des variations apportées au niveau des instructions données aux enfants retardés ou dans les tâches cognitives elles-mêmes peuvent améliorer sensiblement la performance, ou les travaux de Lambert (1976, 1978, 1980) montrant qu'il est possible d'améliorer considérablement l'apprentissage discriminatif des sujets handicapés mentaux modérés et sévères en utilisant certaines techniques particulières, comme celle de l'apprentissage dit sans erreur. Il est clair cependant que si l'identification et la description des déficits doit normalement précéder la mise au point des techniques d'intervention éducative ou ré-éducative, il n'est pas souhaitable que cette dernière reste plus longtemps le parent pauvre dans les préoccupations des chercheurs.

Bibliographie

BAUMEISTER, A. & WILLIAMS, J., Relationship of physical stigmata to intellectual functioning in mongolism. *American Journal of Mental Deficiency*, 1967, *71*, 586-592.
BENDA, C., *Down's syndrome*. New York: Grune & Stratton, 1969 (2d edition).
BERKSON, G., An analysis of reaction time in normal and deficient young men. I. Duration treshold experiment. *Journal of Mental Deficiency Research*, 1960, *4*, 51-58 (a).
BERKSON, G., An analysis of reaction time in normal and mentally deficient young men. II. Variation of complexity in reaction time task. *Journal of Mental Deficiency Research*, 1960, *4*, 59-67 (b).
BERKSON, G., An analysis of reaction time in normal and mentally deficient young men. III. Variation of stimulus and of restponse complexity. *Journal of Mental Deficiency Research*, 1960, *4*, 69-77 (c).
BORKOWSKI, J. & WANSCHURA, P., Mediational processes in the retarded. In N. ELLIS (Ed.), *International review of mental retardation* (Vol. 7), New York: Academic Press, 1974, pp. 1-54.
BROWN, A., The role of strategic behavior in retarded memory. In N. ELLIS (Ed.), *International review of research in mental retardation* (Vol. 7). New York: Academic Press, 1974, pp. 55-113.
CARLSON, J. & MICHALSON, L., Methodological study of conservation in retarded adolescents. *American Journal of Mental Deficiency*, 1973, *78*, 348-353.
CLAUSEN, J., *Ability structure and subgroups in mental retardation*. Washington, D.C.: Spartan, 1966.
CLAUSEN, J., Behavioral characteristics of Down's syndrome subjects. *American Journal of Mental Deficiency*, 1968, *73*, 118-126.
CLEMENS, P., BATES, M., & HAFER, M., Variability within Down's syndrome (Trisomy 21): Empirically observed sex differences in IQs. *Mental Retardation*, 1976, *14*, 30-32.
CORNWELL, A. & BIRCH, H., Psychological and social development in home-reared children with Down's syndrome (mongolism). *American Journal of Mental Deficiency*, 1969, *74*, 341-350.
COWIE, V., *A study of the early development of mongols*. Oxford, Pergamon Press, 1970.
ELLIS, N., The stimulus trace and behavioral inadequacy. In N. ELLIS (Ed.), *Handbook of mental deficiency*. New York, McGraw-Hill, 1963, pp. 134-158.

FANTZ, R. & NEVIS, S., Pattern preferences and perceptual-cognitive development in early infancy. *Merril-Palmer Quartely*, 1967, *13*, 77-108 (a).
FANTZ, R. & NEVIS S., The predictive value of changes in visual preferences in early infancy. In J. Helmuth (Ed.), *The exceptional infant* (Vol. 1). Seattle, Special Child Publication, 1967, pp. 349-414 (b).
FISHLER, K., Mental development in mosaic Down's syndrome as compared with Trisomy 21. In KOCH, R. & de la CRUZ, F. (Eds.), *Down's syndrome*. New York: Brunner/Mazel, 1975, pp. 87-98.
FISHLER, K., SHARE, J. & KOCH, R., Adaptation of Gesell Developmental Scales for evaluation of development in children with Down's syndrome (mongolism). *American Journal of Mental Deficiency*, 1963, *68*, 642-646.
FRASER, F. & SADOVNICK, A., Correlation of IQ in subjects with Down syndrome and their parents and sibs. *Journal of Mental Deficiency Research*, 1976, *20*, 179-182.
FURBY, L., Attentional habituation in mental retardation. *Human Development*, 1974, *17*, 118-138.
GESELL, A. & AMATRUDA, C., *Developmental diagnosis*. New York: Hoeber, 1941.
GIBSON, D., Intelligence in the mongoloid and his parent. *American Journal of Mental Deficiency*, 1967, *71*, 1014-1016.
GIBSON, D., Karyotype variation and behavior in Down's syndrome: Methodological review. *American Journal of Mental Deficiency*, 1973, *78*, 128-133.
GIBSON, D. & POZSONYI, J., Morphological and behavioral consequences of chromosome subtype in mongolism. *American Journal of Mental Deficiency*, 1965, *69*, 801-804.
GOLDSTEIN, H., Treatment of congenital acromicria syndrome in children. *Journal of the Archives of Pediatrics*, 1956, *73*, 153-167.
GORDON, A., Some aspects of sensory discrimination in mongolism. *Journal of Comparative and Physiological Psychology*, 1959, *52*, 566-576.
GROSSMAN, H. (Ed.), *Manual on terminology and classification in mental retardation*. Washington, D.C.: American Association on Mental Deficiency, 1973.
GUNZBURG, H., *Progressive assessment chart of social development*. Birmingham, Alabama, 1969.
HEBER, R. (Ed.), *Manual on terminology and classification in mental retardation*. Washington, D.C.: American Association on Mental Deficiency, 1961.
HERMELIN, B. & O'CONNOR, N., Shape perception and reproduction in normal children and mongol and non-mongol imbeciles. *Journal of Mental Deficiency Research*, 1961, *5*, 67-71.
INHELDER, B., *Le diagnostic du raisonnement chez les débiles mentaux*. Neuchatel: Delachaux et Niestlé, 1969.
KAHN, J., Relationship of Piaget's sensorimotor period to language acquisition of profoundly retarded children. *American Journal of Mental Deficiency*, 1975, *79*, 640-643.
KOCH, R., SHARE, J., WEBB, A., & GRALIKER, B., The predictability of Gesell Developmental Scales in mongolism. *The Journal of Pediatrics*, 1963, *62*, 93-97.
LAMBERT, J.L., *Contribution à une analyse behavioriste de l'arriération mentale*. Thèse de doctorat en psychologie. Université de Liège, 1976.
LAMBERT, J.L., *Introduction à l'arriération mentale*. Bruxelles: Mardaga, 1978.
LAMBERT, J.L., Les retards intellectuels. In J.A. RONDAL & M. HURTIG (Eds.), *Manuel de Psychologie de l'enfant*. Bruxelles: Mardaga, 1980, sous presse.
LAMBERT, J.L. & SAINT-REMY, J., Profils cognitifs de jeunes enfants arriérés mentaux profonds obtenus au moyen de l'échelle VI de Uzgiris et Hunt. *Psychologica Belgica*, 1979, sous presse.
LAMBERT, J.L. & VANDERLINDEN, M., *L'Infant Psychological Scale de Uzgiris et Hunt. Traduction française. (Echelle d'Evaluation du Développement des Jeunes Enfants)*. Université de Liège, 1976, 1979.
LAMBERT, J.L. & VANDERLINDEN, M., Utilité d'une échelle cognitive dans l'évaluation des adultes arriérés mentaux. *Revue Suisse de Psychologie Pure et Appliquée*, 1977, *1*, 26-34.

LAVECK, B. & LAVECK, G., Sex differences among young children with Down's syndrome. *The Journal of Pediatrics*, 1977, *91*, 767-769.
LOVELL, K., The developmental approach of Jean Piaget: open discussion. In M. Garrison (Ed.), Cognitive models and development in mental retardation. *American Journal of Mental Deficiency*, 1966, *70*, monograph supplement.
LURIA, A.R., *The role of speech in the regulation of normal and abnormal behaviour*. Londres: Pergamon, 1961.
MAGEROTTE, G., L'évaluation du comportement adaptatif des écoliers arriérés mentaux. *Revue de Neuropsychiatrie Infantile*, 1976, *24*, 127-150.
MAGEROTTE, G., *L'échelle du comportement adaptatif*. Bruxelles: Editest, 1977.
MAGEROTTE, G. & FONTAINE, P., *Premier inventaire des progrès du développement social*. Université de Louvain, 1972.
MAHANEY, E. & STEPHENS, B., Two years gains in moral judgement by normals and retardates. *American Journal of Mental Deficiency*, 1974, *79*, 134-141.
MELYN, M. & WHITE, D., Mental and developmental milestones of non-institutionalized Down's syndrome children. *Pediatrics*, 1973, *52*, 542-545.
MENOLASCINO, F., Developmental attainments in Down's syndrome. *Mental Retardation*, 1974, *12*, 13-17.
MIRANDA, S. & FANTZ, R., Visual preference of Down's syndrome and normal infants. *Child Development*, 1973, *44*, 555-561.
MOOR, L., Le niveau intellectuel dans la trisomie 21. *Annales Médico-Psychologiques*, 1967, *2*, 5, 808-809.
MOORE, B., Some characteristics of institutionalized mongols. *Journal of Mental Deficiency Research*, 1973, *17*, 46-51.
MOORE, G. & STEPHENS, B., Two years gains in moral conduct by normal and retardates. *American Journal of Mental Deficiency*, 1974, *79*, 147-153.
NIHIRA, K. & FOSTER, R., Measurements aspects of adaptive behavior project. In Leland, H., Nihira, K., Foster, R., Shellhaas, M., & Kagin, E., *Competence and measurement of adaptive behavior*. Kansas: Parsons State Hospital, 1966, pp. 16-57.
NIHIRA, K., FOSTER, R., SHELLHAAS, M., & LELAND, H., *Adaptive behavior scale*. Washington, D.C.: American Association on Mental Deficiency, 1969, revu en 1974.
O'CONNOR, N. & HERMELIN, B., Visual and stereognostic shape recognition in normal children and mongol and non-mongol imbeciles. *Journal of Mental Deficiency Research*, 1961, *5*, 63-66.
O'CONNOR, N. & HERMELIN, B., *Speech and thought in severe subnormality*. New York: MacMillan, 1963.
O'HARE, M., *Concept formation in children with Down's syndrome*. Research report N° 8. Fordham University, New York, 1966.
PAINE, R., The future of the «floppy infant»: a follow-up study of 133 patients. *Developmental Medicine and Child Neurology*, 1963, *5*, 115-124.
PIAGET, J., *La naissance de l'intelligence chez l'enfant*. Neuchatel: Delachaux et Niestlé, 1966.
ROBINSON, N. & ROBINSON, H., *The mentally retarded child* (2ᵉ édition). New York: McGraw-Hill, 1976.
ROSECRANS, C., A longitudinal study of exceptional cognitive development in a partial translocation Down's syndrome child. *American Journal of Mental Deficiency*, 1971, *76*, 291-294.
ROSS, R., The mental growth of mongoloid defectives. *American Journal of Mental Deficiency*, 1961, *66*, 736-738.
SAINT-REMY, J., *L'évaluation de jeunes enfants arriérés mentaux sévères et profonds*. Mémoire de licence en psychologie, non publié. Université de Liège, 1977.
SIEGEL, P. & FOSHEE, J., Molar variability in the mentally defective. *Journal of Abnormal Social Psychology*, 1960, *61*, 141-143.
SILVERSTEIN, A., The measurement of intelligence. In N. ELLIS (Ed.), *International review of research in mental retardation* (Vol. 4). New York: Academic Press, 1970.

SMITH, A., FLICK, G., FERRISS, G., et SELLMAN, A., Prediction of developmental outcome at seven years from prenatal, perinatal, and postnatal events. *Child Development*, 1972, *43*, 495-507.

SPITZ, H., Consolidating facts into the schematized learning and memory system of educable retardates. In N. ELLIS (Ed.), *International review of research in mental retardation* (Vol. 6). New York: Academic Press, 1973, pp. 149-169.

SPITZ, H., Toward a relative psychology of mental retardation with special emphasis on evolution. In N. ELLIS (Ed.), *International review of research in mental retardation* (Vol. 8). New York: Academic Press, 1976, pp. 35-56.

UZGIRIS, I. & HUNT J. McV, *Assessment in infancy*. Urbana, Illinois: University of Illinois Press, 1975.

TANG, F. & CHAGNON, M., Body build and intelligence in Down's syndrome. *American Journal of Mental Deficiency*, 1967, *72*, 381-383.

VITELLO, S., Facilitation of class inclusion among mentally retardaded children. *American Journal of Mental Deficiency*, 1973, *78*, 158-162.

WILTON, K. & BOERSMA, F., Conservation research with the mentally retarded. In N. ELLIS (Ed.), *International review of research in mental retardation* (Vol. 7). New York: Academic Press, 1974, pp. 114-144.

WOODWARD, M., The behavior of idiots interpreted by Piaget's theory of sensorimotor development. *British Journal of Educational Psychology*, 1959, *29*, 60-71.

WOODWARD, M., The application of Piaget's theory to research in mental deficiency. In N. ELLIS (Ed.), *Handbook of mental deficiency*. New York: McGraw-Hill, 1963, pp. 297-325.

WOODWARD, M. & STERN, D., Developmental patterns of severely subnormal children. *British Journal of Educational Psychology*, 1963, *33*, 10-21.

WOOLEY, P.V., Jr., *Communication personnelle*. Juin 1979.

ZAZZO, R., La débilité en question. In R. ZAZZO (Ed.), *Les débilités mentales*. Paris: Colin, 1969, pp. 5-40.

ZEAMAN, D. & HOUSE, B., Discrimination learning in retardates. *Training School Bulletin*, 1959, *56*, 62-67.

ZEAMAN, D. & HOUSE, B., The role of attention in retardate discrimination learning. In N. ELLIS (Ed.), *Handbook of mental deficiency*. New York: McGraw-Hill, 1963, pp. 159-223.

# Chapitre 3
La parole et le langage

On ne sait pratiquement rien du langage des adultes mongoliens. On suppose le plus souvent que les mongoliens ne progressent guère au-delà de 12 ou 13 ans dans le domaine de la parole et du langage. Cependant, certaines études dans d'autres domaines signalent des développements chez les mongoliens pendant l'adolescence et même au début de la vie adulte. On a montré, par exemple (voir le chapitre précédent et aussi Lambert, 1978a, 1979) que la croissance de l'âge mental peut s'étendre jusqu'à trente ans chez l'arriéré mental. Sur cette base, il conviendrait d'étudier les développements qui peuvent intervenir dans la parole et le langage des mongoliens adultes avant de s'en remettre à une conclusion qui peut être prématurée.

En l'absence d'autres données, les pages qui suivent couvriront essentiellement le développement et le fonctionnement langagier chez les enfants et les adolescents mongoliens. Un nombre grandissant de recherches sont menées depuis une quinzaine d'années qui ont grandement contribué à enrichir nos connaissances sur la parole et le langage de ces sujets.

Il faut distinguer entre *parole* et *langage*. Sans entrer dans des détails techniques, disons que le langage renvoie au code ou au système linguistique qui est utilisé et matérialisé dans des actes concrets de parole. La parole, ce sont les *sons* et les combinaisons de sons qui servent à construire les syllabes, les syllabes des mots, et les mots des phrases. Le langage, c'est l'activité qui met en branle les *règles* qui président à la combinaison des sons, des syllabes, des mots, et à l'organisation des phrases de façon à pouvoir communiquer du *sens*, c'est-à-dire des idées et des intentions que nous avons en tête, à nos partenaires sociaux. Nous envisagerons d'abord la parole des enfants mongoliens, puis le développement du langage dans ses différents aspects. Nous discuterons de la façon dont les adultes normaux (notamment les parents) et les autres enfants s'adressent aux enfants mongoliens. Nous examinerons également les moyens d'intervention à notre disposition et à la disposition des familles de façon à favoriser et à accélérer le développement du langage chez ces enfants.

Il est important de conserver en mémoire que les données qui seront mentionnées concernant certains aspects du développement linguistique des enfants mongoliens ne doivent pas être prises dans un sens normatif et servir ensuite de points de repères fixes et définitifs pour évaluer le développement de l'enfant et diriger la démarche d'intervention. Rien n'est plus dangereux, non seulement dans le domaine du langage mais aussi dans les autres domaines du développement de l'enfant exceptionnel. S'il y a une indication essentielle dans les données fournies par les recherches récentes sur le handicap mental et particulièrement sur le mongolisme, c'est bien que le développement futur de l'enfant et les niveaux atteints en fin de développement sont très largement dépendants des expériences, de l'environnement, et de l'aide éducative, morale et sociale, reçue par ces enfants et leurs familles. Certains spécialistes se demandent aujourd'hui si le niveau de fin de développement le plus probable pour un grand nombre d'enfants mongoliens n'est pas celui de la débilité mentale au sens strict, c'est-à-dire avec un Q.I. au-delà de 50. Cela peut être vrai à condition de fournir à l'enfant handicapé un environnement riche et stimulant dès le départ et de se fixer pour lui des objectifs éducatifs raisonnables mais ambitieux plutôt que de baisser les bras d'emblée spontanément ou sous l'effet d'un conseil incompétent ou de se pénétrer par une sorte de compensation névrotique de l'idée que l'enfant est normal ou qu'il le sera un jour par miracle ou sous l'effet d'une drogue quelconque, présente ou à venir. D'où l'extrême importance de ne considérer les données de développement actuelles qu'en relation avec l'état d'avancement des procédures d'intervention éducative, lesquelles ne peuvent manquer de progresser considérablement dans le futur immédiat et à terme.

1. LA PAROLE DES ENFANTS MONGOLIENS

On entend parfois dire que le mongolisme affecte plus gravement le langage que les autres étiologies du retard mental. En fait, c'est loin d'être prouvé et c'est vraisemblablement incorrect. Ce qui est vrai cependant c'est que les mongoliens présentent des problèmes particuliers par rapport aux autres retardés mentaux sur le plan de la *parole* et de l'audition. Il n'existe pas de théorie généralement admise expliquant pourquoi il en est ainsi, seulement des hypothèses que nous indiquerons au passage. Dans ce qui suit, nous envisagerons d'abord les diverses caractéristiques de la parole des mongoliens, d'une manière statique ou non développementale, pour ainsi dire, avant de considérer les informations dont on dispose sur le développement de la parole chez ces sujets.

A. Eléments de descriptions

La parole n'est pas un phénomène unitaire. Elle comporte un certain nombre de composantes. Pour parler, il faut de *l'air* en provenance des poumons et forcé vers l'extérieur par l'effet de certaines contractions musculaires (abdominales: le diaphragme, et costales: les muscles intercostaux). Il faut encore un *générateur de vibrations sonores*, le larynx, comportant lui-même une variété de cartilage, muscles et membranes, sans parler de l'appareillage nerveux périphérique et central — c'est-à-dire situé au niveau du système nerveux central — permettant de le faire fonctionner. Il faut enfin un *système de cavités de résonance* (pharynx, nez, bouche) — c'est un grand avantage si ces cavités peuvent modifier leur forme et leur volume, comme dans le cas de la bouche par l'intermédiaire de la langue et des lèvres — de façon à modifier les propriétés acoustiques et donc sonores des sons produits et ainsi disposer d'un plus grand arsenal de sons à partir desquels on pourra composer des unités plus complexes.

On parle de *soufflerie* pour l'étage situé en dessous du larynx, de *phonation* pour ce qui se passe au niveau du larynx et d'*articulation* pour ce qui implique l'étage supra-laryngé, étant entendu que l'articulation implique la phonation et la soufflerie, et que la phonation implique la soufflerie. Un problème anatomique et/ou physiologique à un ou à plusieurs de ces niveaux détermine invariablement une ou plusieurs anomalies de la parole. Au-delà de l'articulation des sons, il y a la *co-articulation*, c'est-à-dire le fait que nous ne prononçons pas la plupart du temps les sons à l'état isolé. Nous les enchaînons les uns aux autres de façon à former des syllabes et des mots. Ce faisant, les sons s'influencent les uns les autres du fait de leur vicinité articulatoire. Une capacité d'organiser les sons en séquences moindre que la normale aboutit à des difficultés dans la combinaison des sons en syllabes complexes et en mots co-articulatoirement complexes, ce qui réduit l'intelligibilité de la parole et rend l'acquisition de certains mots du vocabulaire de la langue plus difficile.

Au-delà de la co-articulation, il y a le *rythme de la parole*, c'est-à-dire la distribution des sons et des groupes de sons selon le temps. Les problèmes majeurs associés à cette dimension sont le bégaiement et le bredouillement.

Pour parler, il faut aussi *entendre*, ainsi que le montre clairement le cas malheureux des sourds profonds de naissance qui, privés d'audition, ne peuvent que très difficilement arriver à une reproduction approximative des sons de la langue. L'oreille guide la phonation et l'articulation. Une déficience auditive, même modérée, peut gêner considérablement la production et l'enchaînement correct des sons.

A.1. La respiration et la voix

Un grand nombre d'enfants handicapés mentaux modérés et sévères organisent mal, ou moins bien qu'ils ne devraient, *l'activité respiratoire* dans la production des sons et du discours. Cela est vrai également d'un nombre important d'enfants normaux qui présentent des retards et des troubles de langage et de parole. Le même tableau se retrouve également chez la grande majorité des enfants mongoliens. Chez ces derniers, le problème est compliqué par un fréquent manque de puissance et de capacité de tenir et de prolonger l'expiration. Benda (1960) attribue ce problème à certaines anormalités anatomiques et physiologiques au niveau de la moelle épinière et à l'hypotonie générale des mongoliens et particulièrement à l'hypotonie des muscles qui entrent dans le contrôle de la fonction respiratoire. On sait que presque tous les sujets mongoliens présentent de l'hypotonie généralisée, c'est-à-dire une insuffisance dans le maintien et l'organisation du tonus musculaire (McIntyre et Dutch, 1964). De ce fait, des problèmes affectant le mécanisme de la soufflerie vocale sont inévitables. Cela ne veut pas dire, cependant, qu'on ne puisse y remédier au moins partiellement par un entraînement approprié. Il en sera question plus loin dans les sections sur l'intervention. Ces sections reprennent les principes de l'intervention, de l'éducation et de la rééducation des enfants mongoliens dans le domaine de la parole, du langage et de la communication en général.

Sur le plan de la phonation, c'est-à-dire de la *voix*, on a rapporté que les mongoliens diffèrent des enfants normaux et des autres sujets handicapés mentaux à plusieurs points de vue. On a décrit une sorte de raucité, une voix plutôt grave à timbre monotone, parfois gutturale. Les facteurs en causes sont sans doute plusieurs. On n'en possède pas de liste établie. On a mentionné: 1) certains problèmes anatomo-physiologiques comme une position du larynx dans la gorge plus élevée que normale et due éventuellement à une traction plus forte de certains muscles qui relient les cartilages du larynx et certains os de la face, traction qui serait elle-même due à certaines modifications anormales dans la conformité des os de la face (Engler, 1949; Benda, 1960), et 2) un épaississement anormal du mucus laryngé et pharyngé (soi-disant myxœdème du laryngo-pharynx, Benda, 1960). Ces indications qui datent quelque peu n'ont jamais été vraiment confirmées ni infirmées. De plus, on ne sait trop si elles s'appliquent à tous ou presque tous les mongoliens ou non. Des études plus récentes ont utilisé les techniques contemporaines de l'analyse oscillographique et spectrographique des sons. Certaines de ces études indiquent une tendance à l'utilisation d'un registre vocal plus aigu que les normaux de même âge chronologique au moins en termes de fréquence fondamentale de parole, bien que les différences ne soient pas très marquées (par exemple, Montague, Brown, et Hollien, 1974; Moran et Gilbert, 1978). L'indication est vraie pour les deux sexes. Elle reste valable pour les mongoliens adultes comme l'indique l'étude de Moran et Gilbert. D'autres études, cependant, ne signalent aucune différence notable entre des groupes de sujets normaux et mongoliens (par exemple, Michel et Garney, 1964; Hollien et Copeland, 1965). Ces diverses études ont utilisé des échantillons limités d'enfants et d'adultes mongoliens (environ une vingtaine de sujets par étude). On ne peut donc conclure sur cette base. Il est vraisemblable qu'une grande variabilité existe d'un mongolien à l'autre et selon l'âge, à ce point de vue. Il convient sans doute d'éviter toute généralisation simpliste dans un sens ou dans l'autre.

Quoi qu'il en soit, les problèmes de voix sont traitables dans certaines limites. De plus, en raison de l'extrême sensibilité et du potentiel discriminatif de l'oreille humaine normale, une déviance modérée sur le plan vocal chez l'interlocuteur ne porte pas à conséquence. Nous sommes même capables de comprendre aisément et quasiment parfaitement la parole de certains sujets ayant subi l'ablation du larynx (laryngectomie) et rééduqués à se servir de l'air qu'ils emmagasinent dans l'œsophage et relâchent ensuite vers l'extérieur de façon à produire des sons (parole dite œsophagienne). Il n'y a donc aucune raison d'exagérer les problèmes vocaux des mongoliens pour ce qui est de la capacité de communiquer.

A.2. *L'audition*

Les enfants et les adultes mongoliens, comme les autres retardés mentaux, et comme un nombre non négligeable d'enfants qui présentent des troubles de développement du langage, ont souvent des capacités auditives qui, sans être gravement altérées, sont inférieures à la normale. Le fait que le handicap auditif (qui n'est pas invariablement présent) soit léger à modéré le rend plus difficile à dépister relativement précocement. Il faut donc être attentif à l'audition de l'enfant mongolien et faire établir une évaluation de l'audition aussi précoce que possible. Les études indiquent une incidence de pertes auditives variant surtout de légères à modérées entre 40 et 70 % chez les sujets mongoliens (par exemple, Glovsky, 1966; Fulton et Lloyd, 1968). Selon certains auteurs (par exemple, Glovsky, 1966), il s'agit surtout de pertes auditives de type sensoriel et nerveux, c'est-à-dire impliquant l'oreille interne, le nerf auditif et/ou le cerveau auditif. Pour Glovsky et d'autres, c'est surtout le cerveau auditif, c'est-à-dire la partie du cerveau qui traite les informations auditives — essentiellement les circonvolutions temporales — qui est en cause. On sait, en effet, que le cerveau des sujets mongoliens est inférieur en poids au cerveau des sujets normaux et présente différents aspects signalant un sous-développement physiologique, et notamment certaines distorsions dans les lobes temporaux (Benda, 1960). Des recherches plus récentes (par exemple, Brooks, Wooley et Kanjilal, 1972), cependant, ont confirmé ce que l'on soupçonnait depuis longtemps et que divers praticiens avaient relevé, à savoir que des pertes auditives dites de conduction, c'est-à-dire imputables à l'oreille moyenne (tympan, chaîne des osselets, muscles associés, et trompe d'Eustache), existent également en nombre. Elles sont dues, semble-t-il, surtout à une grande fréquence d'otites moyennes. Ces troubles et leurs fréquences étant eux-mêmes attribuables à la moindre résistance bien connue des enfants mongoliens aux atteintes infectieuses.

Les troubles auditifs de l'oreille moyenne ont sur les atteintes du cerveau auditif l'immense avantage, pour ainsi dire, d'être beaucoup plus facilement traitables dans l'état d'avancement de nos connaissances. On peut, en ce qui concerne l'oreille moyenne, tenter de prévenir et à défaut d'enrayer aussi rapidement que possible les épisodes infectieux. On peut, lorsqu'un déficit existe, accroître l'intensité du message sonore soit en amplifiant la production du message (parler plus fort), soit en amplifiant sa réception (aide auditive). D'où l'importance d'une évaluation précoce de l'audition de l'enfant mongolien et, en cas de problème, d'une intervention thérapeutique ou prosthétique suivie.

A.3. L'articulation

Les difficultés articulatoires des enfants retardés mentaux sont notoires. Les auteurs (par exemple, Spradlin, 1963) s'accordent sur les indications suivantes : entre 80 et 90 % des enfants arriérés mentaux modérés, sévères et profonds présentent des troubles de la parole dans ses aspects articulatoires, contre environ 8 à 10 % pour les retardés légers et environ 5 % dans la population normale. En se basant sur les données revues par Zisk et Bialer (1967), on peut estimer à environ 75 % le pourcentage de sujets mongoliens qui présentent des problèmes articulatoires plus ou moins importants.

Même lorsqu'on les compare à des enfants plus jeunes mais de même niveau linguistique — si on s'arrange, par exemple, pour étudier un groupe d'enfants normaux et un groupe d'enfants mongoliens dont les énoncés verbaux produits spontanément ont la même longueur moyenne en nombre de mots, par exemple (on parle de longueur moyenne des productions verbales ou *LMPV*. voir plus loin) —, la parole des enfants mongoliens (âgés de 3 à 12 ans par exemple) reste généralement moins aisément intelligible que celle des enfants normaux même plus jeunes (Ryan, 1975; Rondal, 1978a). On ne dispose pas d'informations précises, sur les capacités articulatoires des sujets mongoliens adolescents et adultes. Il se peut que le développement articulatoire continue chez certains sujets au-delà de 12 ans. Il est vraisemblable, cependant, qu'il demeure incomplet après 12 ans d'âge chez un grand nombre de sujets mongoliens.

En quoi consistent les principales difficultés articulatoires des sujets mongoliens ? Elles concernent surtout les *consonnes* et notamment celles, les consonnes constrictives, qui apparaissent plus tardivement dans le développement normal, c'est-à-dire *f, v, j, ch, s, z, l* et *r*. Nous reprenons le problème plus loin dans la perspective plus éclairante du développement des sons propres de la langue (phonèmes), c'est-à-dire du développement phonologique.

Les raisons avancées pour expliquer les problèmes articulatoires des mongoliens sont diverses. Lenneberg (1967) fait état d'un curieux manque d'intérêt pour la prononciation correcte chez les sujets mongoliens. Bien qu'elle s'accorde avec la variabilité souvent relevée entre les mongoliens et chez les mêmes sujets mongoliens à différents moments pour ce qui est de l'articulation, la remarque de Lenneberg ne peut constituer une explication. Elle doit au contraire être expliquée. Zisk et Bialer (1972) retiennent comme facteurs prédisposant les mongoliens aux difficultés articulatoires: les malformations des structures orales. A ce point de vue, on a relevé les faits suivants (Benda, 1960): aplatissement des angles de la mandibule, hypoplasie maxillaire déterminant selon Benda (1960) un prognathisme c'est-à-dire un allongement en avant des mâchoires, alignement anormal de la dentition, palais voûté, taille et volume inférieurs de la cavité orale responsables de l'apparente largeur excessive de la langue, anormalité des muscles du palais. Ces faits anatomiques peuvent gêner l'articulation normale des consonnes. Cependant, on sait par ailleurs qu'on peut trouver une articulation pratiquement normale chez des individus normaux par ailleurs qui présentent des anomalies anatomiques des structures orales lorsque ces individus ont appris à compenser fonctionnellement leurs défectuosités structurales (par exemple, Bloomer, 1957). Dès lors, les problèmes articulatoires des mongoliens peuvent renvoyer davantage (et au moins partiellement) à une insuffisance de compensation fonctionnelle des déficits anatomiques ou peut-être à une rééducation moins efficace qu'elle ne pourrait être à ce point de vue. La coordination des mouvements articulatoires est vraisemblablement rendue plus difficile chez les mongoliens par l'hypotonie généralisée qui les caractérise. Celle-ci affecte doublement le réglage des mouvements: sur le plan du tonus et du clonus (mise en mouvement) d'une part, et sur le plan du feedback kinesthésique (c'est-à-dire de l'information en retour à partir des muscles vers les centres nerveux qui règlent les mouvements), d'autre part. Dodd (1975a, 1975b) a avancé l'hypothèse que les problèmes articulatoires des sujets mongoliens sont dus au moins en partie à une difficulté particulière dans la préprogrammation cérébrale des séquences de mouvements, et de mouvements fins en particulier, difficulté qui ferait partie du tableau général du déficit moteur particulièrement accusé chez ces sujets. Cette hypothèse s'accorde assez bien avec les données de Frith et Frith (1974) sur le fonctionnement moteur des sujets mongoliens. Ces auteurs ont indiqué que les difficultés motrices des mongoliens sont dues à une difficulté particulière dans la mobilisation des programmes moteurs acquis et disponibles pour l'effectuation de séquences prédéterminées de mouvements, ce qui les rend plus dépendants des feedbacks visuels et kinesthésiques que les autres individus. On mentionnera également à de point de vue, les données anatomiques de Crome et Stern (1967) indiquant que les mongoliens ont un cervelet anormalement petit. Certes, la taille d'un organe n'est pas un indice absolu de bon fonctionnement, mais cette donnée peut suggérer, au su de l'important rôle du cervelet dans l'organisation de la motricité et de l'intégration des feedbacks moteurs, que les problèmes articulatoires des sujets mongoliens sont une autre manifestation d'une perturbation anatomo-physiologique dans l'organisation de la motricité fine. Enfin, le problème auditif dont il a été question doit être considéré également. Il est clair qu'un moindre degré d'acuité auditive peut gêner certaines fines discriminations lesquelles entrent dans la guidance auditive de la production de certains contrastes consonantiques (par exemple, le contraste sourd-sonore, *k-g, f-v, ch-j*, etc.).

A.4. *Le bégaiement et le bredouillement*

Le bégaiement est essentiellement un trouble du *rythme* de la parole. On distingue traditionnellement entre deux formes de bégaiements dit *clonique* et le bégaiement dit *tonique*. Dans le bégaiement clonique, l'enfant répète un certain nombre de fois une syllabe ou un son du mot (par exemple, *C...c...c...camion* ou *J...je v...v...veux une gla...glace au...aussi*) avant de parvenir à articuler avec difficulté le reste du mot. Dans le bégaiement tonique, on observe des arrêts et des blocages soit au moment d'attaquer l'énoncé (qui est ensuite prononcé d'un trait), soit au cours de son émission (par exemple, *J...j...euh...j...je veux une glace aussi*, ou *J...j...je veux une glace au ch...ch...ch...chocolat*). En fait, il est difficile de distinguer catégoriquement entre les deux formes de bégaiement. Chaque bègue exhibe, dans les difficultés qu'il éprouve, les deux formes de bégaiement dans une proportion variable.

Le bredouillement est également un trouble du rythme de la parole mais distinct du bégaiement. La manifestation la plus facilement observable du bredouillement est le « parler trop rapide » ou tachylalie. Le bredouilleur est quelqu'un qui parle trop vite et ce faisant raccourcit la durée des sons et des syllabes prononcés, s'arrête, répète ce qu'il vient de dire ou une partie, repart, s'arrête, etc. Le tout donne un parler saccadé et malaisé à comprendre.

On rapporte habituellement une grande fréquence de bégaiement parmi les sujets mongoliens, entre 30 et 45 % selon les études, et davantage, semble-t-il que dans les autres catégories de retard mental (Zisk et Bialer, 1967). Les symptômes secondaires et les manifestations souvent associées aux difficultés expressives du bègue, comme les mouvements de la tête, des mains, ou des bras — dans les cas graves on parle de véritable « faciès » du bègue avec froncement des sourcils, contraction des mâchoires, rougissement, transpiration et blocage respiratoire — sont présents dans la plupart des cas chez les mongoliens qui bégaient. Preus (1972), par exemple, signale environ 35 % de bègues dans un groupe de mongoliens âgés de plus de 7 ans et vivant en institution. Parmi ceux-ci environ 30 % présentent la plupart des symptômes secondaires du bégaiement. Un quart environ des sujets tentaient, à certains moments lors de l'examen de la parole, de cacher leur bégaiement en prétendant tousser ou en changeant de mot au moment où ils bloquaient sur un son, démontrant ainsi qu'ils étaient conscients de leur bégaiement.

Une controverse oppose certains spécialistes sur le point de savoir si les difficultés expressives rythmiques qui affectent la parole d'un certain nombre de sujets mongoliens sont véritablement de l'ordre du bégaiement ou tiennent plutôt du bredouillement ou même de la confusion idéo-verbale. Cabanas (1954) a suggéré le premier que les problèmes rythmiques qui affectent la parole des mongoliens tiennent plus du bredouillement et de la confusion verbale que du bégaiement à proprement parler. Il remarque qu'un certain nombre parmi les mongoliens observés ont un vocabulaire très pauvre, parlent très vite et «manquent d'un bon équilibre idéo-moteur». On notera que la question est essentiellement académique et l'exercice de classification stérile, au sens où il ne nous apprend rien sur le problème de parole lui-même. En outre, on voit mal si confution idéo-verbale il y a chez un certain nombre d'individus mongoliens, et si ce phénomène détermine les problèmes de rythme qui affectent leur parole, pourquoi il n'en est pas de même chez les autres retardés mentaux aux niveaux modérés, sévères, et profonds de l'échelle du handicap intellectuel. Une étude récente de Preus (1972), déjà mentionnée, clarifie le problème. Il existe des cas de bégaiement parmi les mongoliens dans les proportions indiquées ci-dessus. Il existe également une tendance marquée à bredouiller et à parler de façon confuse chez *d'autres* sujets mongoliens, environ 30 % selon Preus. Le bégaiement, d'une part, et le bredouillement et la confusion verbale, d'autre part, semblent donc être des troubles différents qui affectent *séparément* des proportions importantes de sujets mongoliens.

Les causes du bredouillement ne sont pas connues. Celles de la confusion verbale ont à voir avec l'organisation du langage en parole plutôt qu'avec la parole elle-même et son rythme. Les causes du bégaiement ne sont pas clairement établies non plus. On attribue généralement le bégaiement à deux sortes de causes lesquelles interagissent vraisemblablement d'une façon qui défie encore nos connaissances. Il s'agit, d'une part, de facteurs neurologiques et endocriniens et, d'autre part, de facteurs psycho-sociaux: émotionnels, familiaux, éducatifs et sociaux (Johnson, 1961; Van Riper, 1971; Dinville et Ga-

ches, 1975). Nous renvoyons aux sources mentionnées pour plus de
détails.

B. Données développementales

B.1. Pleurs et babillage

Les données sur le développement de la parole chez les enfants
mongoliens sont très insuffisantes.

On rapporte que les pleurs des bébés mongoliens sont moins actifs,
durent moins longtemps, et contiennent en général moins de sons que
ceux de bébés normaux de mêmes âge et sexe (Fisichelli, Haber et
Davis, 1966). De même, les bébés mongoliens produisent des sons
dont le niveau tonique varie davantage que les bébés normaux. Ils
sont également moins homogènes en tant que groupe que les bébés
normaux. Cependant, l'éventail des fréquences des sons est le même
pour les deux groupes de bébés (les sons produits sont compris dans
l'intervalle compris entre 400 et 8.000 cycles par seconde). En d'autres termes, aucune « lacune » spectrale ne semble exister dans les
pleurs et les productions vocales associées des bébés mongoliens (Fisichelli et Karelitz, 1966).

L'évolution du babillage de l'enfant mongolien et des sons qu'on y
reconnaît a été étudiée par Dodd (1972) et par Smith (1977). Ces deux
auteurs s'accordent à reconnaître que le babillage et les sons produits
par les enfants mongoliens et les enfants normaux pendant la première année ne diffèrent pas sensiblement. Le nombre de voyelles,
de consonnes, et de sons produits qui n'appartiennent pas au langage, est comparable pour les enfants normaux et mongoliens. Il en
est de même en ce qui concerne la longueur des voyelles et des
consonnes produites dans le babil de l'enfant et pour le type de
voyelles et de consonnes produites pendant la première année. Les
consonnes vélaires (articulées à l'arrière de la bouche, par exemple,
k et *g*) tendent à dominer pendant les six premiers mois. Elles diminuent ensuite en fréquences tandis que les consonnes alvéolaires
(produites derrière les dents, par exemple, *t, d, n*) deviennent dominantes. Les consonnes labiales (dont l'articulation implique un mouvement des lèvres, par exemple, *p. b, m*) conservent une fréquence
moyenne et relativement constante pendant la première année. Pour
les voyelles, ce sont les voyelles médianes (par exemple, *u, eu, a*) et
les voyelles antérieures (par exemple, *i, é, è*) qui dominent en fréquence dans les deux groupes d'enfants, tandis que les voyelles postérieures (par exemple, *ou* et *o*) sont beaucoup plus rares. Le temps

passé à vocaliser pendant un enregistrement vocal de 15 minutes est également à peu près identique dans les deux groupes d'enfants entre 9 et 13 mois (Dodd, 1972). Cette donnée de Dodd semble donc indiquer que si les pleurs des bébés mongoliens diffèrent des pleurs des enfants normaux en terme de durée, les enfants mongoliens ont rattrapé leur retard quant à la durée des vocalisations à la fin de la première année. De même, Smith (1977) rapporte que le début des redoublements de syllabes (par exemple, «babababa», «mamamamama», etc.) se situe vers 8 mois, aussi bien pour les enfants normaux que pour les enfants mongoliens. Donc même si des différences anatomo-physiologiques existent au niveau des organes phonateurs et articulateurs entre enfants mongoliens et normaux, il y a très peu de différences au niveau du babillage dans le développement de ces enfants, si ce n'est peut-être au niveau de certaines caractéristiques acoustiques des sons produits, lesquelles reflètent évidemment les différences anatomiques et physiologiques mentionnées plus haut.

B.2. *Développement phonologique*

Selon certains théoriciens (par exemple, Jacobson, 1969), il convient de séparer nettement *babillage ou développement phonétique* et *développement phonologique*. Le premier développement couvre à peu près la première année. L'enfant y produit une variété de sons dont une partie importante, surtout à partir de 6 mois, peuvent être facilement reconnus comme étant proches de ceux qui font partie de la langue parlée autour de l'enfant. A ce moment, cependant les sons produits ne sont pas utilisés de façon à former des mots. La plupart du temps, le babillage semble correspondre à une activité de gymnastique vocale, pour ainsi dire, qui contribue grandement à entraîner et à affûter le système phonatoire et articulatoire et à entraîner l'oreille en vue de la production subséquente des mots de la langue. Une exception à ce tableau se situe vraisemblablement vers la fin de la première année lorsque certains patrons vocaux produits par l'enfant avec l'intonation appropriée semblent avoir un sens, lequel ne peut être deviné par l'entourage qu'à partir du contexte car les patrons en question ne correspondent pas aux mots de la langue, c'est-à-dire qu'ils sont des moyens non conventionnels utilisés à certains moments de façon à exprimer une intention signifiante (Halliday, 1975; Rondal, 1978b, 1979a). Le second développement, c'est-à-dire *le développement phonologique*, couvre la période comprise approximativement entre 1 an et 7 ans chez l'enfant normal. A partir de ce moment, l'enfant s'efforce réellement de produire des mots conventionnels au moyen de l'arsenal des sons propres à la langue qu'on appelle les phonèmes (une trentaine en français). Ce développement s'étend sur un intervalle de temps relativement long. Il implique en effet non seulement que les sons en question puissent être produits correctement ou à peu près correctement à l'état isolé mais aussi et surtout qu'ils puissent être combinés de la façon qui convient selon les critères de la langue afin de former des mots.

Le tableau 1 (repris à Rondal, 1979a) fournit une chronologie approximative du développement phonologique dans ses aspects productifs chez l'enfant normal. Le tableau 2 (repris à Rondal, 1979b) illustre l'évolution dans la capacité de discriminer les phonèmes chez l'enfant normal entre 10 et 23 mois.

Comme on peut en juger d'après les tableaux, la production correcte des voyelles et des consonnes occlusives orales et nasales (*p, t, k, b, d, g, m, n, gn*) précède assez largement celles des consonnes

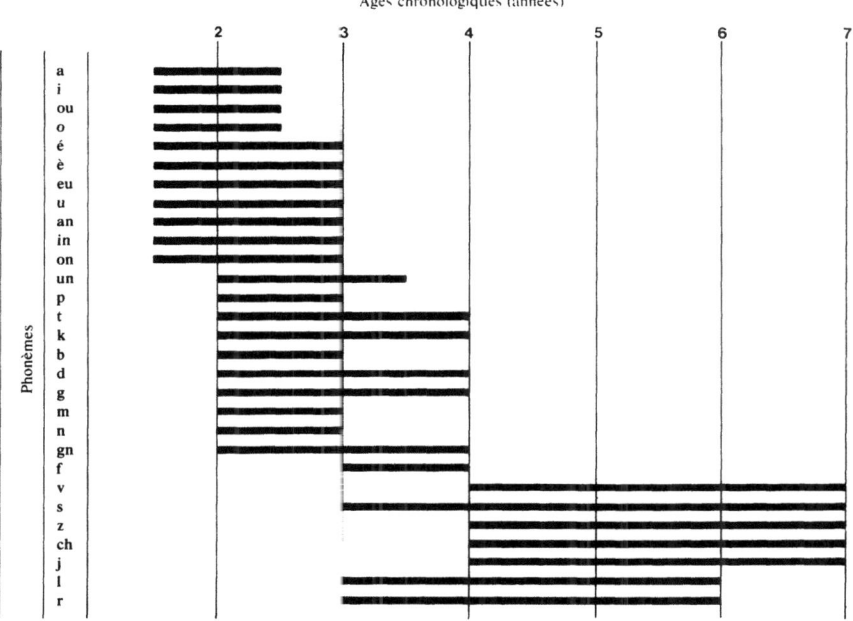

Tableau 1. Chronologie du développement phonologique (aspect productif) chez l'enfant normal. Les traits correspondent en leur point de départ à l'âge auquel environ 50 % des enfants normaux prononcent le phonème correctement et en leur point d'arrivée à l'âge auquel le son est acquis par la très grande majorité des enfants normaux (reproduit d'après Rondal, 1979a).

ORDRE DEVELOPPEMENTAL	CAPACITE DISCRIMINATIVE	EXEMPLE
1	- a est distingué des autres voyelles	
2	- Les voyelles antérieures sont distinguées des voyelles postérieures.	i/ou
3.	- Les voyelles fermées sont distinguées des voyelles mi-ouvertes.	i/è ou/o
4	- Repérage des consonnes.	
5	- Les consonnes nasales sont distinguées des consonnes occlusives orales.	m/b
6	- Les consonnes nasales sont distinguées des liquides (l, r)	m/l m/r
7	- Distinction entre les consonnes nasales	m/n
8	- Les consonnes nasales et les liquides sont distinguées des consonnes constrictives sifflantes.	m/s m/z l/s l/z
9	- Les consonnes articulées avec les lèvres sont distinguées de celles articulées avec la langue.	b/d f/s
10	- Les consonnes dont l'articulation implique la pointe de la langue sont distinguées de celles dont l'articulation implique la partie postérieure de la langue.	d/g t/k
11	- Les consonnes sonores sont distinguées des consonnes sourdes.	z/s v/f ch/j

Tableau 2. Evolution de la capacité de discriminer les différents phonèmes chez l'enfant normal entre 10 et 23 mois (adapté d'après Shvachkin, 1948 et reproduit d'après Rondal, 1979 b).

constrictives (f, v, s, z, ch, j, l, r). Ces dernières sont en effet plus délicates à articuler. Elles ne sont pas produites correctement avant environ 5 ans chez la plupart des enfants normaux. La capacité de discriminer entre les différents phonèmes précède d'assez loin la capacité de les produire ainsi que l'indique une mise en relation des tableaux 1 et 2.

Les raisons pour lesquelles certains théoriciens proposent de séparer nettement développement phonétique et développement phonologique sont les suivantes. Premièrement, comme on l'a indiqué, les sons et les combinaisons de sons produits lors de la première année ne visent à la transmission d'aucune unité conventionnelle de langage tandis que les phonèmes produits à partir d'un an environ entrent dans la composition des mots et soutiennent donc des différences de sens. Deuxièmement, l'ordre dans lequel les phonèmes apparaissent est notoirement plus régulier et donc plus prédictible que l'ordre dans lequel apparaissent les divers sons qui émaillent le babillage de l'enfant au cours de la première année. Enfin, troisièmement, il est des sons qu'on trouve dans le babillage à certains moments (quoique souvent avec une fréquence d'apparition relativement basse) et qui ne font pas partie de la langue parlée autour de l'enfant (par exemple, des dzz, bzz, et des sons produits à l'inspiration et appelés clics) ou qui en font partie mais qui vont disparaître parfois pour plusieurs années avant qu'on les retrouve comme phonèmes, c'est-à-dire comme constituants de certains mots de la langue. On peut, par exemple, entendre parfois quelque chose qui ressemble à un *chhh* ou à un *vvvv* dans le babil du jeune enfant. Cependant, de longs mois et parfois des années vont se passer pendant lesquels les sons en question ne seront plus entendus avant de réapparaître progressivement et parfois laborieusement à titre de phonèmes entrant dans la composition de mots comme *cheval* ou *vélo*.

On ne peut pousser trop loin la séparation entre le développement phonétique et développement phonologique. Il semble cependant qu'il faille invoquer un décalage de ce genre en ce qui concerne les enfants mongoliens. En effet, pour ces derniers, il s'écoule un temps encore plus considérable que pour les normaux entre la production de certains sons au cours de la période du babillage et la production des phonèmes correspondants plus tard dans le développement. On a vu plus haut que le babillage des enfants mongoliens ne diffère guère quant aux types de sons produits et au rythme de développement de celui des enfants normaux pendant la première année. *Il n'en va pas de même pour le développement des phonèmes.* Ceux-ci par définition figurent au sein des mots. Or, les premiers mots conventionnels sont lents à apparaître chez l'enfant mongolien. Ce n'est pas en général avant environ 20 mois ou deux ans, et parfois davantage, qu'on recueille les premiers mots des enfants mongoliens. La suite du développement du vocabulaire est lente, comme on le verra plus loin, en raison de la difficulté à saisir et à retenir la relation entre les mots et leurs référents (les objets, personnes et événements auxquels les mots renvoient), et à produire et à enchaîner correctement les phonèmes voulus de façon à former les mots. Le développement phonologique des enfants mongoliens, comme celui des autres arriérés mentaux, s'étend sur une période de temps nettement plus longue que chez les sujets normaux. Dans une bonne proportion des cas, bien qu'on manque d'information sur ce qui se passe chez les adolescents et les adultes mongoliens, il semble que ce développement reste incomplet, c'est-à-dire que certains sons (surtout parmi les derniers acquis normalement) ne peuvent être produits correctement ou ne peuvent être enchaînés correctement à d'autres sons pour former des mots complexes, même si le sujet peut avec effort et concentration les prononcer correctement ou à peu près correctement à l'état isolé. On recoupe ici les données statistiques fournies plus haut par la fréquence des problèmes articulatoires qui affectent les sujets mongoliens.

Si le développement phonologique des mongoliens est décalé dans le temps par rapport aux anormaux et vraisemblablement incomplet dans un certain nombre de cas, il semble bien que l'ordre dans lequel les phonèmes apparaissent dans le langage de l'enfant et les caractéristiques techniques du développement phonologique sont identiques pour les sujets normaux et mongoliens. Le développement phonologique des enfants mongoliens apparaît donc décalé et incomplet, *mais il semble essentiellement du même type que le développement normal*. Les données qui suggèrent cette conclusion sont les suivantes. Smith (1977) dont nous avons signalé l'étude sur le babillage de l'enfant mongolien a poursuivi ses travaux au-delà de la première année. Il relève l'important retard des enfants mongoliens dans la production des premiers mots conventionnels (et des mots suivants). Il a suivi en détail l'apparition et le développement de trois phonèmes, *k, f* et *th* (il s'agit de l'anglais), dans le parler de plusieurs enfants mongoliens âgés de trois ans et plus. L'ordre d'apparition et de consolidation des phonèmes est le même que celui qui prévaut chez les enfants normaux, à savoir *k, f* et *th*. Pour ce qui est des erreurs articulatoires, les enfants mongoliens comme les normaux tendent à substituer les phonèmes plus faciles aux phonèmes plus difficiles à articuler, par exemple, dans les cas étudiés, *k* à *f* et *th*, et *f* à *th*. De même, Dodd (1975a) a comparé systématiquement les erreurs phonologiques (omissions et substitutions de phonèmes) faites par des enfants mongoliens, des enfants retardés sévères non mongoliens, et des enfants normaux appariés pour l'âge mental (de 2 à 5 ans environ). Les enfants retardés étaient âgés chronologiquement de 6 ans et demi à environ 15 ans. Certains vivaient en institution tandis que d'autres étaient élevés dans leur famille. Les enfants mongoliens font davantage d'erreurs articulatoires que les autres enfants retardés et que les enfants normaux, mais les types d'erreurs sont les mêmes. Dodd rapporte également une grande inconsistance dans la performance articulatoire des enfants mongoliens par comparaison aux enfants normaux. La même caractéristique n'est pas observée chez les enfants retardés non mongoliens. Cette donnée recoupe d'autres rapports dans la littérature indiquant un certain manque de régularité dans la prononciation des enfants mongoliens. Il n'existe actuellement aucune explication pour cet apparent manque de constance articulatoire qui semble propre à ces enfants ou au moins à une partie d'entre eux. Enfin, une étude plus ancienne de Strazzulla (1953) rapporte que l'ordre de difficulté des phonèmes (évalué en comparant la fréquence des erreurs articulatoires pour les différents phonèmes dans un groupe d'enfants) est le même pour les sujets normaux et les sujets mongoliens. Les consonnes constrictives provoquent le plus d'erreurs, suivies des consonnes occlusives, et des voyelles.

C. Principes d'intervention

Que peut-on faire de façon à pallier, ou au moins à minimiser autant que possible, les problèmes de parole des sujets mongoliens ? Dissipons d'emblée toute équivoque Il ne peut être question à l'heure actuelle de remédier aux problèmes phonatoires et surtout articulatoires des enfants mongoliens par une intervention chirurgicale ou l'administration d'une drogue quelconque. Il est vraisemblable que l'avancement des travaux en anatomo-physiologie et en neuro-physiologie nous mettra en meilleure position dans le futur pour attaquer de front les problèmes décrits ci-dessus. Mais ce jour n'est pas encore arrivé. Les possibilités d'intervention éducative et thérapeutique qui sont disponibles à ce jour sont du ressort de l'oto-rhino-laryngologie, de la rééducation orthophonique, et de la psychologie du développement. Nous les envisageons dans ce qui suit.

Il faut faire procéder aussitôt que possible à *l'examen oto-rhino-laryngologique* détaillé de l'enfant mongolien. Les structures de l'audition et celles de l'articulation doivent être examinées. Il est habituellement possible de procéder à cet examen lorsque l'enfant est âgé de 18 à 24 mois. Si le spécialiste consulté détecte un problème auditif particulier et d'une certaine gravité, on pourra alors faire appareiller l'enfant (c'est-à-dire l'équiper d'une aide ou d'une prothèse auditive), dès qu'on pourra procéder aux mesures précises de la capacité auditive nécessaire à la calibration de la prothèse et dès que l'enfant sera en mesure de la supporter. Dans les cas moins graves, et ils sont de loin les plus nombreux, une indication sur le degré d'audition de l'enfant sera d'une grande utilité pour les parents et les éducateurs. Une telle indication permettra en effet à ceux-ci de s'arranger de façon que le message auditif soit amplifié (en parlant plus fort ou en amplifiant mécaniquement la source sonore) et que l'enfant soit ainsi placé dans des conditions normales de réception des messages sonores dans la famille et le contexte éducatif. Même si l'examen auditif ne révèle aucun problème particulier chez le jeune enfant mongolien, il est nécessaire que les parents soient attentifs aux rhumes et aux infections bénignes de façon à les faire traiter énergiquement le cas échéant et à prévenir ainsi les complications et notamment les « otites à répétition » qui finissent invariablement par endommager l'oreille moyenne et, partant, à déterminer une perte auditive.

L'éducation phonatoire et articulatoire de l'enfant mongolien sont du ressort de l'orthophoniste et du psychologue du langage. Les parents avertis peuvent et doivent y jouer un rôle important cependant. Dans le contexte actuel de l'éducation des enfants handicapés mentaux, une éducation ou rééducation de la parole n'intervient dans la plupart des cas qu'avec l'entrée en scolarité obligatoire (c'est-à-dire à partir de 6 ou 7 ans d'âge chronologique). C'est tard. Il conviendrait d'intervenir plus tôt, dès trois ou quatre ans par exemple et d'instituer pour chaque enfant dans la mesure du possible une éducation de la voix et de la prononciation. Lorsque nous avançons les âges de trois ou quatre ans, nous parlons des interventions orthophoniques « traditionnelles » portant sur la parole. Il est clair, et nous y reviendrons plus loin, que, d'une part, un enrichissement sonore et vocal de l'environnement du tout jeune enfant mongolien peut être institué avec profit beaucoup plus tôt, et, d'autre part, qu'un entraînement systématique du jeune enfant mongolien à la communication, au prélangage, et au langage peut prendre place dès la première année au sein du milieu familial.

L'éducation de la voix du jeune enfant mongolien peut emprunter avec fruit à la technique d'éducation et de rééducation de la voix appliquée à l'enfant sourd (on verra Borel-Maisonny, 1975a, pour un résumé de ces techniques). Le jeune enfant mongolien benéficie grandement d'un entraînement à correctement poser la voix. On lui fait prendre conscience des variations de hauteur de son laryngé en se servant soit d'un amplificateur, soit d'un vibrateur. On peut aussi sensibiliser l'enfant à l'intensité des productions vocales et à leur rythme en utilisant l'appareil simple dit des « lampes d'accent » où une lampe ou une série de lampes s'allument, selon l'intensité et/ou le rythme des productions vocales. On peut également travailler le timbre de la voix d'une façon similaire au moyen d'un dispositif qui matérialise en éléments lumineux colorés les différents groupes de fréquences produits. Ces appareils font partie de l'arsenal courant du centre de rééducation orthophonique. Il est important que les parents sachent que des exercices du type de ceux mentionnés ci-dessus peuvent être menés relativement tôt avec l'enfant. Il est important aussi qu'ils sachent en quoi ces exercices consistent dans leurs grandes lignes, de façon à suivre le travail des éducateurs et de façon à assurer prolongement et renforcement à ce travail à domicile dans la mesure du possible.

Il est souhaitable également que les parents s'impliquent dans l'éducation de la prononciation. Une intervention orthophonique devrait être menée très tôt chaque fois que cela est possible. Nous en fournissons les principes ci-dessous avec quelques exemples. Les parents doivent prendre une part active à cette éducation articulatoire pour les mêmes raisons que celles mentionnées ci-dessus à propos de la voix. On verra Borel-Maisonny (1975b) pour un exposé des troubles d'articulation en général et des principes de corrections. Les informations qui y sont fournies sont largement applicables aux enfants mongoliens en raison du parallèle indiqué plus haut entre le développement articulatoire de ces enfants, malgré le retard et le caractère souvent incomplet du développement, et celui des sujets normaux. On trouvera dans l'ouvrage de Roulin (1977) un guide pratique à l'éducation de la parole notamment de l'articulation utilisable par les parents intéressés et avertis. Enfin, ceux qu'un résumé des principales pratiques orthophoniques en matière d'éducation ou de rééducation de la parole intéresse, le trouveront dans la dernière partie de l'ouvrage de Rondal (1979a).

Le rééducateur s'efforcera d'entraîner l'enfant à mieux contrôler sa respiration, particulièrement en parlant. C'est là une première étape et un prérequis indispensable à l'éducation de la voix également. L'entraînement respiratoire procède souvent de la façon suivante : faire souffler l'enfant de façon à déplacer des boules d'ouate ou de papier placées sur la table, respirer lentement et profondément et ensuite souffler, mais en maintenant le débit au lieu d'expirer tout l'air d'un coup. Faire travailler les muscles de l'abdomen. Celui-ci doit se creuser légèrement à l'expiration (c'est-à-dire se contracter de façon à faire pression sur les poumons et assurer ainsi la nécessaire soufflerie pour la formation et l'enchaînement des sons) et se gonfler à l'inspiration. On demandera ensuite à l'enfant de produire certains sons en les faisant durer (par exemple, les voyelles et les consonnes constrictives, c'est-à-dire des sons qu'on peut tenir). Ces exercices visent à renforcer les masses musculaires qui interviennent dans la respiration et à améliorer les coordinations qui assurent un bon réglage de la respiration et de la parole. Il convient ensuite de sensibiliser l'enfant aux *caractéristiques des sons*, c'est-à-dire, l'intensité, la durée, la hauteur tonale, le timbre et le rythme. Ces caractéristiques sont généralement mal perçues par les enfants qui présentent un retard ou un trouble de parole. Appliqué aux productions vocales de l'enfant lui-même, cet entraînement vise l'éducation de la voix et nous en avons parlé. Appliqué aux sons produits par autrui, le même entraînement vise à sensibiliser l'enfant aux sons produits autour de lui et à renforcer la capacité discriminative auditive et la mémoire auditive avant de passer à l'entraînement articulatoire proprement dit. Pour l'*intensité*, on fait prendre conscience à l'enfant des différences d'intensité en parlant à voix faible, à voix forte, en jouant d'un instrument de musique avec douceur et avec force, en frappant un objet ou une surface avec douceur, avec force, etc. L'enfant répète ensuite ces mouvements. On sensibilise de même aux différences de *durée* en utilisant des bruits et des sons susceptibles d'être prolongés. Pour la *hauteur*, il s'agit de faire prendre conscience de ce que certains sons sont aigus (hauts) et d'autres graves (bas). Les instruments de musique (flûte, xylophone, piano, etc.) et les diapasons conviennent bien pour ce genre d'exercice. Pour sensibiliser aux différences de *timbre*, on comparera les « mêmes » sons produits au moyen des différents instruments de musique (piano et xylophone, par exemple). On peut certes avoir recours aux appareils mentionnés ci-dessus pour l'éducation de la voix à condition d'avoir ces appareils à sa disposition.

Le rythme est également très important. La capacité de percevoir et de reproduire un rythme donné est presque toujours faible chez l'enfant normal ou retardé qui présente un trouble de parole. Il y a maintes façons d'exercer le sens rythmique. On partira d'exercices élémentaires selon le niveau de l'enfant. On fera marcher l'enfant selon un rythme donné, scandé verbalement ou battu dans les mains. On varie les rythmes. On passe ensuite au rythme perçu auditivement et reproduit. On propose graduellement à l'enfant de reproduire des séquences plus complexes. On peut varier à l'infini les exercices de rythme et les combiner avec des exercices d'intensité, de hauteur et de durée.

On sensibilisera également l'enfant à l'ordre des bruits et des sons non vocaux et vocaux de façon à renforcer l'attention et la mémoire auditive pour les bruits et les sons et pour les séquences de bruits et de sons.

Au cours de l'étape suivante dans l'éducation de la parole, on se centre sur *les phonèmes*. On sensibilise systématiquement l'enfant aux principales propriétés des phonèmes. Les voyelles qui «chantent» et font «vibrer le petit moteur qui est dans la gorge». Les consonnes qui font des bruits. Certaines consonnes (sonores) font aussi vibrer le petit moteur dans la gorge. D'autres consonnes (sourdes) ne font pas vibrer le petit moteur. Certaines consonnes (occlusives) font un bruit d'explosion. L'explosion a lieu soit au niveau des lèvres (*p, b*), soit au niveau des dents (*t, d*), soit encore vers le fond de la bouche (*k, g*). Certaines voyelles et consonnes (nasales) occasionnent le passage d'un léger courant d'air par le nez (*an, in, on, un, m, n, gn*), etc. On passe ensuite aux syllabes et aux mots en procédant toujours du plus simple au plus complexe. On entraîne l'enfant à répéter d'abord avant de susciter graduellement des productions plus «spontanées».

Le rôle des parents dans cette éducation est, il faut le souligner, tout à fait central. Il importe grandement que les parents soient mis ou se tiennent au courant de ce qui se passe lors des séances éducatives, s'ils n'y participent pas directement, de façon à pouvoir prolonger et amplifier l'entraînement et la guidance à domicile. C'est là évidemment que le jeune enfant passe le plus clair de son temps. C'est aussi pour qu'il s'exprime mieux en milieu naturel qu'on l'éduque à la parole et non pour qu'il s'exprime plus facilement uniquement dans le contexte restreint du local de rééducation. Il est essentiel pour les mêmes raisons que les parents se fassent expliquer les principes de l'éducation ou de la rééducation de la parole.

Nous avons surtout envisagé jusqu'ici le cas des enfants mongoliens âgés de trois ou quatre ans et plus. Il importe d'intervenir également avec *le tout jeune enfant* si possible dès les premiers mois de façon à *sensibiliser au monde sonore et vocal*, d'une part, et à *stimuler les vocalisations*, d'autre part. Une variété de moyens sont à la disposition des parents avisés de façon à enrichir le monde sonore et vocal du jeune enfant. On fera bien également d'amplifier sensiblement les sources sonores. Celles-ci incluent les bruits de la maisonnée, la parole des parents et des autres familiers, les sources musicales, le son des jouets de l'enfant. On les choisira bien sonores, clairs, et agréables à l'oreille. C'est par la sensibilisation au monde des bruits et des divers sons musicaux et autres que passe le développement de l'intérêt pour les sons et les bruits de la parole, la réalisation que la parole est liée directement aux relations interpersonnelles, qu'elle y joue un rôle central, et donc qu'il est « payant » de s'y intéresser. On ne saurait trop conseiller aux parents d'accorder l'attention qui convient aux antécédents du développement de la communication, de la parole et du langage pendant les deux ou trois premières années chez l'enfant mongolien. La même chose est vraie de l'enfant normal pendant les deux premières années (Rondal, 1979a). En ce qui concerne la stimulation des vocalisations du jeune mongolien, il existe une technique simple, facilement applicable. Elle met en jeu les principes de conditionnement operant. On a démontré l'efficacité avec de jeunes enfants en retard de développement, âgés de 11 à 22 mois (Wiegerinck, Harris, Simeonsson, and Pearson, 1974). Il n'y a aucune raison de penser qu'elle ne soit pas également applicable aux tout jeunes enfants mongoliens. La technique consiste à renforcer systématiquement les vocalisations et les ébauches de vocalisations de l'enfant pendant une période de temps donnée chaque jour au moyen d'un sourire, d'un attouchement de la face ou du corps et de productions verbales à l'intonation bienveillante comme « gentil bébé », etc. On peut de cette façon déterminer une augmentation de la fréquence des vocalisations de l'enfant. Après quoi il est tout aussi faisable en utilisant la même technique d'accroître la fréquence des vocalisations dirigées vers le partenaire social et d'amener ensuite l'enfant mongolien plus tôt qu'il n'y arriverait spontanément à la très importante *fonction instrumentale* de la parole (qui prélude celle du langage) c'est-à-dire à l'utilisation de la parole (des vocalisations à ce stade) pour obtenir quelque chose dans l'environnement par l'intermédiaire du partenaire social (présence, soin, nourriture, objet, contact, jeu, etc.). On verra Rondal (1978c) pour plus de détails sur la procédure technique indiquée ici.

2. LANGAGE ET COMMUNICATION

Le langage, moins encore que la parole, n'est pas un phénomène unitaire. L'activité langagière s'inscrit dans le contexte de la communication interpersonnelle. Celle-ci procède simultanément à d'autres niveaux que linguistique (gestes, mimiques, intelligence de situation, etc.). La communication interpersonnelle implique un ou plusieurs émetteurs et récepteurs et des règles de procédure indépendantes du code ou du médium utilisé (par exemple, une langue donnée). Certaines de ces règles ont à voir avec les séquences de tours de conversation (prendre la parole à son tour, accuser réception, répondre, fournir l'information demandée, etc.) sans lesquelles l'ordre et l'organisation nécessaires pour la communication ne pourraient exister. La langue, médium de communication langagière, comprend simultanément plusieurs niveaux avec leurs caractéristiques propres et leur complexité particulière : *le lexique* (les mots de la langue tels qu'ils figurent au dictionnaire avec leur organisation propre dans le fonctionnement mental du sujet), *les éléments morphologiques à fonction grammaticale* (les marqueurs du genre et du nombre, les flexions verbales qui interviennent dans les conjugaisons, les prépositions, les articles, les auxiliaires, etc.), *les règles syntaxiques* qui permettent l'organisation des énoncés en phrases simples et complexes et ce faisant l'expression de contenus sémantiques simples et complexes. Tout le mécanisme linguistique fonctionne simultanément d'une double et symétrique façon : de l'énoncé aux idées, c'est la démarche de compréhension, et inversement des idées aux énoncés, c'est la démarche de production. Les activités langagières peuvent concerner le sujet seul, on peut se parler à soi-même, ou être publique et s'inscrire dans le contexte de la conversation. Ce contexte interactif est particulièrement important à considérer dans la perspective de l'acquisition du langage. L'enfant normal apprend le langage de sa culture à travers les cinq ou six millions d'échanges verbaux qui interviennent avec les proches pendant la dizaine d'années qui voit l'essentiel du développement du langage prendre place. Il est donc essentiel de considérer le langage adressé à l'enfant par ses familiers et les processus éducatifs implicites qui sont déployés par ces derniers à l'effet de faciliter le développement linguistique chez l'enfant dont ils ont la charge. Nous envisageons ces différents sujets dans le cas des enfants mongoliens avant de nous centrer plus particulièrement sur les moyens d'intervention à disposition de façon à favoriser le développement de la communication et du langage chez ces enfants.

A. Données développementales

A.1. *Communication et pré-conversation*

Si l'évolution du babillage pendant la première année est sensiblement la même pour l'enfant mongolien et l'enfant normal, comme on l'a indiqué plus haut, cela ne signifie pas toutefois que le jeune enfant mongolien soit un bon « communicateur » avec l'entourage et avec la mère en particulier. On décrit souvent le jeune enfant mongolien comme répondant beaucoup moins bien, moins vite, et de façon moins soutenue aux manifestations vocales et non vocales de l'entourage. Une recherche d'Olwen Jones (1977) mérite d'être mentionnée dans ce contexte, non seulement pour l'information qu'elle apporte, mais aussi à titre d'exemple du genre d'étude qu'il conviendrait de multiplier sur les premières années de l'enfant mongolien si on veut être rapidement en mesure d'intervenir efficacement dès le plus jeune âge chez ces enfants, afin de « normaliser » au maximum leur développement. Jones a comparé un petit groupe d'enfants normaux et d'enfants mongoliens âgés entre 8 et 18 mois en interaction libre avec leurs mères respectives à la maison. L'étude s'est prolongée pendant environ 6 mois. Elle rapporte que par comparaison aux enfants normaux les jeunes enfants mongoliens montrent *moins de réactivité* et *moins d'initiative* dans les interactions avec la mère. Les mères des enfants mongoliens sont souvent obligées, devant l'échec répété de leurs invitations et incitations dirigées vers l'enfant, à prendre activement la direction de l'épisode interactif. Aux mêmes âges, les mères d'enfants normaux concèdent beaucoup plus souvent le « leadership » à l'enfant dans la relation dyadique. Les jeunes enfants mongoliens ont moins de contacts oculaires avec la mère que les enfants normaux de mêmes âges. Ils sont aussi moins capables que les normaux de poser le regard sur le même objet ou la même personne que la mère pendant un moment, ce qu'on pourrait appeler *la référence oculaire*. Or celle-ci est essentielle pour le développement futur du vocabulaire. C'est en posant les yeux sur l'objet référé verbalement par la mère et le partenaire social en général, au moment précis où ce dernier parle, que l'enfant est progressivement capable d'associer certains contours intonatoires à certaines situations, personnes et objets, et ensuite à associer le nom à la personne, l'objet ou l'événement. Le moyen terme dans ce développement est la direction du regard du partenaire social. La corrélation est forte en effet entre la référence verbale et la pose du regard. Une utilisation réduite de la référence oculaire par le jeune enfant mongolien retarde évidemment le développement de la compréhension et partant de la production verbale. C'est un élément important à considérer dans une perspective d'intervention.

Jones rapporte également que *l'organisation* des vocalisations de l'enfant mongolien diffère de celles des enfants normaux de mêmes âges en ce qu'elle tient beaucoup moins compte apparemment de l'interlocuteur. Alors qu'en maintes occasions les enfants normaux tendent à raccourcir sensiblement leurs vocalisations et à les espacer largement, apparemment pour permettre à l'interlocuteur (la mère dans ce cas) d'intervenir et de « placer son mot » (pré-conversation), les enfants mongoliens tendent le plus souvent à vocaliser in extenso, à répéter leurs vocalisations assez souvent dans un court intervalle de temps, et à réduire l'espacement entre les vocalisations à une seconde ou deux à peine, ce qui rend évidemment beaucoup plus difficile l'intervention verbale maternelle et défavorise la communication vocale entre les deux partenaires. Le même phénomène est également responsable des « collisions vocales » observées beaucoup plus souvent entre les vocalisations de l'enfant et les verbalisations de la mère chez les enfants mongoliens que chez les enfants normaux.

On retiendra donc, sur la base de l'information limitée dont nous disposons pour ce qui est des débuts de la communication chez l'enfant mongolien, qu'au moins trois domaines particuliers de l'organisation comportementale sont déficitaires dans le secteur qui nous intéresse, à savoir la réactivité et l'initiative de l'enfant dans l'interaction avec le partenaire social, la référence oculaire, et l'organisation préconversationnelle en prise de tours dans l'interaction vocale. Ces domaines se présentent donc comme des cibles obligées d'un programme compréhensif d'intervention précoce chez l'enfant mongolien.

A.2. *Le développement du vocabulaire*

Le développement du vocabulaire est extrêmement lent chez l'enfant mongolien. On sait que chez l'enfant normal, les premiers mots prononcés un à la fois apparaissent entre 9 et 15 mois et que vers 6 ans, l'enfant dispose d'un vocabulaire de compréhension d'environ 2.500 mots et d'un vocabulaire actif de production d'environ 1.250 mots (Rondal, 1979a). On distingue dans le développement lexical normal une phase lente qui s'étend à peu près d'un an à 20 mois ou deux ans, pendant laquelle l'acquisition des nouveaux mots se fait lentement, et une phase rapide, après deux ans, pendant laquelle le rythme d'acquisition est beaucoup plus rapide.

On rapporte environ un an de retard, par rapport aux indications moyennes pour les enfants normaux, dans l'apparition des premiers mots et/ou des mots comme *papa* et *mama(n)* chez l'enfant mongolien (Fishler, Share et Koch, 1964; Share, 1975). Smith (1977) rapporte qu'à 14 mois, environ 13 % des productions verbales recueillies dans un petit groupe d'enfants normaux pris individuellement présentent une signification conventionnelle, c'est-à-dire est faite de mots ou de morphèmes (parties de mots) qui appartiennent à la langue. Par comparaison, la proportion correspondante de productions conventionnellement signifiantes chez les enfants mongoliens étudiés était seulement de 2 % en moyenne à 21 mois. Et dans l'année qui suivit, on ne put noter qu'une légère augmentation des productions signifiantes. Donc le rythme du développement lexical est beaucoup plus lent que le rythme normal. On ignore si le développement lexical des sujets mongoliens présente également une phase (très) lente et une phase (plus) rapide, comme c'est le cas pour les normaux, même si les deux phases sont étalées sur une période de temps beaucoup plus longue.

L'âge mental semble une variable importante dans le développement du vocabulaire. En effet, si on apparie les sujets retardés, mongoliens et non mongoliens, pour l'âge mental avec les enfants normaux — ces derniers seront alors chronologiquement plus jeunes —, les imposantes différences observées dans le nombre de mots compris et utilisés par les normaux et les retardés tendent à s'atténuer considérablement. A âges mentaux équivalents, les enfants normaux et les enfants retardés (mongoliens et non mongoliens) sont capables de définir correctement et de comprendre à peu près autant de mots que les normaux (Waters, 1956; Lyle, 1961; Matkin et Malloy, 1970; Bartel, Bryen, et Keehn, 1973). De même, le vocabulaire de base utilisé par les sujets retardés est relativement similaire à celui des normaux (Mein et O'Connor, 1960; Mein, 1961). Les associations de mots (on fournit un mot, il faut répondre de suite par un autre mot) semblent également du même type chez les enfants normaux et mongoliens appariés pour l'âge mental (Sersen, Astrup, Floidstad et Wortis, 1970). On verra Rondal (1975a) pour un exposé détaillé et une discussion de ces données.

Les théories récentes en matière de développement lexical (par exemple, Clarck, 1973) présentent ce développement principalement comme un processus cognitif consistant en l'addition de traits sémantiques, sèmes, ou encore éléments de sens, avec réorganisation subséquente du champ lexical. Une recherche de Cook (1977) montre que les enfants mongoliens acquièrent le sens des mots de la même façon que les enfants normaux. Cet auteur a étudié le développement de la compréhension des adjectifs *gros* et *grand* et des prépositions spatiales *dans, sur* et *dessous* ou *en dessous*, dans un contexte expérimental. Les données indiquent que l'ordre d'acquisition des deux adjectifs et des trois prépositions est le même pour les enfants normaux et les enfants mongoliens étudiés. Les premiers étaient âgés de 2 à 7 ans et les seconds de 3 à 6 ans en âge chronologique. L'ordre d'acquisition est le suivant: *gros* avant *grand*, pour les adjectifs, et *dans*, avant *sur*, lui-même précédant *dessous* ou *en dessous* pour les prépositions spatiales, ce qui correspond à l'ordre stipulé par la théorie de Clark. (Note 1 - Fin de bibliographie.)

Il semble donc bien que le développement du vocabulaire chez les enfants mongoliens procède d'une façon fort similaire à celle des normaux. Cependant, ce développement est beaucoup plus lent et il reste incomplet dans ses aspects quantitatifs chez les premiers. L'âge mental est sans doute le meilleur prédicteur isolé du niveau de développement lexical atteint par l'enfant retardé lorsqu'on le compare à l'enfant normal. Le problème avec ce type d'indication est que l'âge mental n'offre guère de «piste» pour la démarche d'intervention. L'âge mental est lui-même un composé d'un ensemble de facteurs appréhendés par le test mental. Il ne fournit pas les raisons du retard développemental et ne peut donc servir de cadre de référence pour l'intervention. L'information fournie par l'âge mental est la suivante: elle permet de ramener comparativement le niveau atteint par l'enfant retardé à celui d'un enfant normal plus jeune. La comparaison semble avoir un sens dans le cas du développement lexical parce que celui-ci, comme on l'a vu, procède pour l'essentiel de la même façon pour les normaux et les retardés si l'on néglige la distribution temporelle du développement. Le problème de la comparaison des enfants retardés avec des normaux plus jeunes est complexe cependant et délicat pour certaines autres composantes du système linguistique.

Quelles causes peut-on invoquer pour expliquer la lenteur du développement lexical chez l'enfant mongolien au-delà de la lenteur et des problèmes du développement intellectuel *général*? Il faut s'arrêter un instant ici et s'interroger sur les dimensions du développement lexical en général. De quoi est fait un mot de vocabulaire et comment s'acquiert-il? Voici les deux questions auxquelles il nous faut d'abord répondre. Le mot de vocabulaire, en réalité le monème (voir plus loin), est une combinaison de phonèmes dans un ordre déterminé qui symbolise un «morceau de la réalité» (objet, personne, situation, événement), ou plus exactement l'idée que nous en avons. Le sens d'un mot ou d'un monème, c'est-à-dire l'idée derrière ce mot qui reçoit une couverture phonologique, est une entité complexe qu'on peut décomposer en un certain nombre de traits sémantiques, ou sèmes, lesquels sont acquis graduellement par l'enfant sur la base de ses expériences avec l'univers qui l'entoure. Par exemple, le mot *père* comporte les traits sémantiques suivants (présentés ici sans souci de hiérarchie): animé, mâle, qui a contribué à créer un enfant par le processus de la reproduction, qui vit sous le même toit que la mère et l'enfant (facultatif), qui est l'époux de la mère (facultatif). L'enfant n'adjoint à son concept de père le trait de la paternité biologique et ne relativise les notions de cohabitation et de mariage que relativement tard dans son développement.

Dès lors, les causes du retard dans le développement lexical peuvent tenir isolément ou (plus probablement) en combinaison aux facteurs suivants: déficit dans la saisie de la relation entre les objets, personnes, situations et événements, et les mots ou les moyens qui les symbolisent, déficit dans la rétention de ces mêmes relations même si elles ont été appréhendées, déficit dans la composition phonologique du mot de façon à symboliser le référent, déficit dans l'appréhension du référent, c'est-à-dire dans l'appréhension de l'objet, de la personne, de la situation ou de l'événement, l'attribution à ce référent d'un statut notionnel stable et permanent (dans certaines limites), c'est-à-dire l'insertion de l'objet, de la personne, de la situation, ou de l'événement dans un cadre spatio-temporal au moins relativement déterminé.

Nous avons discuté plus haut des difficultés phonologiques de l'enfant mongolien et du problème qui semble exister dans le cours de la première année dans la référence oculaire. Les capacités et l'organisation mnésique des sujets retardés est également reconnue comme déficitaire (Spitz, 1966; Brown, 1974 et chapitre précédent). Ces problèmes ont certainement une incidence majeure sur le développement lexical. Il nous faut envisager également le dernier point soulevé ci-dessus, à savoir l'organisation cognitive qui sous-tend l'acquisition du vocabulaire.

Un certain nombre de données corrélatives indiquent que ce n'est pas avant d'avoir accédé aux sous-stades 5 et 6 dans le développement cognitif sensori-moteur selon la caractérisation de Piaget (1966) que l'enfant normal et l'enfant retardé accroissent sensiblement leur répertoire lexical et aussi, semble-t-il passent à la combinaison de deux ou plusieurs mots dans le même énoncé (Kahn, 1975; Dale, 1977; Lambert et Saint-Remi, 1979). Certes, il peut s'agir d'une coïncidence. Il est vraisemblable cependant, mais aucune relation causale n'a encore été fermement établie, que le développement intellectuel sensori-moteur tel que conceptualisé par Piaget fournit l'assise cognitive nécessaire pour le développement linguistique à partir de 18 ou 20 mois chez l'enfant normal. Le développement intellectuel sensori-moteur consiste en l'acquisition graduelle par l'enfant pendant la première année et demi de la notion de l'objet y compris la notion de permanence de l'objet, c'est-à-dire l'insertion de l'objet dans un cadrage spatio-temporel rudimentaire. Le tout procède à partir des réflexes vers les premières adaptations acquises, la coordination des schèmes développés, et l'invention de moyens nouveaux par combinaison mentale. Il est possible que ce développement cognitif qui est lui-même très ralenti chez l'enfant retardé (Woodward, 1959) soit responsable en partie des lenteurs du développement lexical. C'est là une hypothèse de travail qu'il convient de prendre au sérieux dans la perspective de l'intervention précoce.

A.3. Relations sémantiques, morpho-syntaxe et communication langagière

Relations sémantiques

Le but poursuivi en utilisant le code linguistique est le transfert de significations de personne à personne. Bien que les contenus spécifiques des significations varient d'une communication à l'autre et d'une personne à l'autre, la structure sémantique qui sous-tend la communication linguistique est commune aux différents utilisateurs du code et sans doute, au-delà des codes particuliers, aux êtres humains en général. La structure sémantique du langage renvoie en effet aux connaissances fonctionnelles que nous avons de l'univers physique et social autour de nous. En ce sens, la structure sémantique du langage est vraisemblablement universelle et universellement apprise sur la base de nos expériences de vie. On a beaucoup progressé récemment dans l'étude et la caractérisation formelle de cette structure. Dans ce secteur, le travail le plus complet est sans conteste celui du linguiste américain W. Chafe (Chafe, 1970). A titre illustratif, disons simplement qu'on distingue dans la base sémantique du discours des états, des actions, et des processus au niveau du verbe, et des relations diverses (possession, location, temporalisation, bénéfaction — une action est menée au bénéfice de quelqu'un —, agent-action, action-objet, attribution — une qualité ou une quantité est attribuée à un objet —, etc.) qui fondent les rapports entre les verbes et les noms qui gravitent autour du verbe ou entre les noms entre eux.

Il est important de se demander en présence d'un développement linguistique perturbé si les retards et les problèmes existants portent à la fois sur la structure sémantique et sur la réalisation morpho-syntaxique du discours ou plus électivement sur l'une de ces deux composantes. Quelques travaux récents ont analysé le langage des enfants mongoliens du point de vue de *la structure sémantique de base* de façon à voir si cette structure est comparable à celle des sujets normaux à niveau de développement linguistique équivalent. Les résultats indiquent très clairement que la structure sémantique de base est dans ses grandes lignes similaires à niveau de développement linguistique comparable pour les sujets mongoliens et pour les sujets normaux Rondal (1978a) a recueilli les productions verbales de 21 enfants mongoliens âgés de 3 à 12 ans en âges chronologiques et de 21 enfants normaux âgés de 20 à 32 mois appariés pour la Longueur Moyenne de Production Verbale (*LMPV*) — un indice valable de développement syntaxique (Brown, 1973) — à 3 niveaux

LMPV, soit LMPV 1.00 - 1.50, 1.75 - 2.25 et 2.50 - 3.00. Ces productions furent analysées selon le modèle sémantique de Chafe (Chafe, 1970) et comparées pour les deux groupes d'enfants aux différents niveaux syntaxiques. Les résultats des analyses indiquent que les enfants mongoliens utilisent le même éventail de relations sémantiques de base que les enfants normaux lorsqu'ils sont au même niveau de développement syntaxique appréhendé en termes de longueur moyenne des productions verbales. De même les fréquences d'usage des différentes relations sémantiques semblent similaires dans les deux groupes d'enfants à niveau syntaxique comparable. Ces données sont confirmées par une étude récente de Layton et Sharifi (1979). Ces auteurs ont comparé le langage obtenu chez des enfants normaux et mongoliens âgés de 2 à 5 ans. La Longueur Moyenne des Productions Verbales des enfants était comparable pour les deux groupes. Les auteurs ont analysé une partie des phrases recueillies en utilisant le modèle analytique de Chafe. Ils n'observent pas de différences qualitatives entre les deux groupes d'enfants quant à l'utilisation des différents types sémantiques de verbes et des relations sémantiques de base. Les auteurs rapportent cependant des différences quantitatives entre les deux groupes d'enfants, par exemple une fréquence d'utilisation plus importante des verbes d'état et d'action chez les enfants mongoliens et une fréquence d'utilisation plus élevée des verbes de processus (par exemple, « Le bois sèche », « La forêt brûle »), sémantiquement plus complexes, chez les enfants normaux. D'autres recherches (Buium, Rynders et Turnure, 1974a; Coggins, 1976; Michaelis, 1976) aboutissent également à la conclusion que la structure sémantique de base qui sous-tend les productions linguistiques des enfants mongoliens est essentiellement similaire à celle qui sous-tend le langage des enfants normaux à niveau de développement linguistique comparable. Il semble donc que *le développement sémantique structural des enfants mongoliens procède de la même façon et aboutit au même type d'organisation sémantique que celui des enfants normaux*. Il reste évidemment que le développement est *lent* et qu'il couvre un intervalle de temps beaucoup plus long chez les enfants mongoliens que chez les enfants normaux. C'est donc sur la *distribution temporelle* du développement sémantique que doit porter électivement la démarche d'intervention.

Morpho-syntaxe

On dispose de données sur l'allongement progressif des énoncés avec le développement chez les enfants mongoliens. Cet allongement reflète directement la complexification syntaxique qui intervient dans les énoncés des enfants et indirectement la complexification des contenus sémantiques. Le tableau 3 reprend les données recueillies par Rondal (1978a) sur ce point à partir d'un groupe de 21 enfants mongoliens (et 21 enfants normaux).

LMPV	LONGUEUR MAXIMALE DES ENONCES		AGES CHRONOLOGIQUES (mois) Enfants	
	Mongoliens	Normaux	Mongoliens	Normaux
1.00 - 1.50	2.86	3.57	49 (9)	23 (2)
1.75 - 2.25	6.14	6.29	78 (25)	27 (2)
2.50 - 3.00	11.00	10.57	117 (21)	30 (3)

Tableau 3. Evolution de la Longueur Moyenne des Productions Verbales (LMPV) et des longueurs maximales moyennes des énoncés des enfants mongoliens et des jeunes enfants normaux selon l'âge chronologique. Les âges fournis sont des âges moyens. Les indications entre parenthèses fournissent les déviations standards par rapport aux âges moyens (c'est-à-dire les écarts moyens des sujets dans chaque groupe par rapport aux âges moyens). LMPV et les longueurs maximales sont calculées en monèmes.

La Longueur Moyenne des Productions Verbales est obtenue en comptant le nombre de monèmes présents dans l'échantillon de langage étudié et en le divisant par le nombre d'énoncés. Un LMPV de 1.00 signifie que l'enfant ne produit que des énoncés comportant un seul monème. Un *monème* est l'unité linguistique minimale à laquelle est attachée une signification. Le mot *fermier*, par exemple, comporte deux monèmes : ferm- et -ier. De même, *mangeons* comporte deux monèmes : *mang*- et -*ons*. On distingue encore parmi les monèmes les *lexèmes* c'est-à-dire les monèmes qui servent à former les mots du vocabulaire (par exemple, *ferm-*, *-ier*, *mang-*, etc.) et les *morphèmes* c'est-à-dire les monèmes qui ont une fonction grammaticale (par exemple, *-ons*) (Martinet, 1970). Le LMPV peut être calculé en nombre de mots au lieu de monèmes. Pour les jeunes enfants, il y a peu de différences si on procède de l'une ou de l'autre façon (Seitz et Stewart, 1975). On constate, en examinant le tableau 3, que l'élévation en LMPV est très lente pour les enfants mongoliens, particulièrement si on les compare aux enfants normaux. Les enfants mongoliens produisent une majorité d'énoncés comportant entre 1 et 2 monèmes aux alentours de 4 ans. Ils n'atteignent deux monèmes et plus en moyenne qu'aux alentours de 6 ans et demi et plus tard. Le même développement est effectué par les enfants normaux entre 23 et 30 mois, approximativement. Voilà qui justifie bien l'opinion souvent émise que le développement du langage est le domaine où les enfants mongoliens semblent éprouver le plus de retard et le plus de difficulté (Fishler, Share et Koch, 1963). Trois remarques s'imposent cependant. Premièrement, comme l'indiquent les écarts types (qui figurent entre parenthèses au tableau 3), la dispersion des sujets mongoliens autour des âges moyens est importante, ce qui signifie que certains enfants se développent plus vite (et d'autres malheureusement encore moins vite) que les indications moyennes. Deuxièmement, si les données recueillies reflètent (évidemment) les limitations qui existent dans les capacités linguistiques des enfants mongoliens, il est vraisemblable qu'elles reflètent aussi la carence des interventions éducatives précoces et notamment linguistiques avec ces enfants. Nous reviendrons plus loin sur la question de l'intervention. Les spécialistes sont généralement d'avis qu'une intervention précoce et suivie permettrait d'accélérer notablement le développement des enfants mongoliens. On commence à concevoir le type d'intervention précoce qu'il conviendrait d'utiliser et dans certains cas des essais expérimentaux ont été faits ou sont en cours de réalisation. Il n'existe rien cependant au niveau de la généralisation des programmes d'intervention précoce. Troisièmement, le LMPV est une donnée « sévère ». Il donne l'impression que les sujets s'expriment surtout au moyen d'énoncés courts. En fait, il n'en est rien. Le LMPV est « conservateur ». Pensez au nombre de réponses du genre *oui, non, comment?, très bien, pour moi*, etc., qui se trouvent normalement dans toute conversation. Ce sont des énoncés courts qui font baisser les moyennes. On complète souvent l'information fournie par LMPV par une indication sur la longueur (en nombre de mots ou de monèmes) des énoncés les plus longs produits par les sujets. Cette information figure également au tableau 1. Elle permet de voir qu'entre LMPV 2.50 et 3.00, les enfants normaux comme les enfants mongoliens peuvent produire des énoncés qui contiennent une dizaine de monèmes.

Lorsqu'ils sont appariés avec les enfants normaux sur la base du LMPV, les enfants mongoliens présentent les mêmes proportions d'énoncés sans verbes et les mêmes proportions d'emploi des adjectifs et des adverbes (Rondal, 1978a). Les pourcentages d'utilisation des différents types de phrases (déclaratives affirmatives, négatives, interrogatives, impératives, et parmi les interrogatives celles qui exigent une réponse par oui ou non — par exemple, *Avez-vous déjeuné ce matin?* — et celles qui exigent une réponse plus élaborée — par exemple, *Qu'avez-vous mangé ce matin ?*) — correspondent à niveau de développement linguistique égal chez les enfants normaux et chez les enfants mongoliens (Rondal, 1978 d). Ces données indiquent selon toute vraisemblance que pour ces aspects le développement du langage chez les enfants mongoliens procède de la même façon que chez les enfants normaux, si on fait abstraction du rythme de développement.

L'acquisition et l'usage des différents *morphèmes* (marquage du pluriel, du féminin, flexions verbales de la conjugaison, auxiliaires, etc.) posent des problèmes délicats aux enfants retardés mentaux en général (cfr Rondal, 1975 a, pour une revue de la littérature). L'essentiel des morphèmes est acquis par les enfants normaux entre 3 et 7 ans (Rondal, 1978 b). Les enfants handicapés mentaux sont notablement en retard dans ce secteur et leur retard dépasse ce qu'on pourrait attendre sur la base de l'âge mental (Newfield et Schlanger, 1968; Ogland, 1972). Il est vraisemblable, en ce qui concerne les retardés modérés et sévères, que le développement morphologique reste incomplet, particulièrement dans le domaine des flexions verbales. On manque cependant d'informations détaillées sur ce développement. D'une façon générale, notons-le en passant, on ne sait pratiquement rien de l'expression du temps chez les sujets retardés mentaux. Toute la psycho-linguistique (et la cognition) du temps sont à faire chez ces individus. Les études en langue anglaise qui ont utilisé le test Illinois Test of Psycholinguistic Abilities (ITPA) confirment également les difficultés spécifiques des sujets retardés mentaux légers, modérés, et sévères en ce qui concerne les usages morphologiques (Rondal, 1977 a, pour une revue de cette littérature). Quelques-unes de ces études ont été menées avec des enfants mongoliens (Bilovsky et Share, 1965; McCarthy, 1965) y compris des enfants mongoliens de race noire (Caccamo et Yater, 1972). Elles font état du même déficit au sous-test dit « Auditory Vocal Automatic » ou encore « Grammatical Closure » où il s'agit de mettre en pratique les connaissances morphologiques. Le sous-test en question comprend des propositions dans le genre « Here is a hat. Here are two... (hats) » ou « This box is big. This box is even ... (bigger) ». La tâche du sujet est de compléter l'énoncé tandis qu'on lui montre les images correspondantes. Michaelis (1976) a étudié en profondeur le langage d'un enfant mongolien (une fille âgée de 6 ans) en interaction avec sa mère ou avec l'examinateur à la maison. La Longueur Moyenne des Productions Verbales de l'enfant de 6 ans d'âge chronologique était de 3.07 en nombre de monèmes. A ce stade, l'enfant n'utilisait régulièrement aucun des morphèmes courants de la langue anglaise (marquage du pluriel, passé simple, articles, auxiliaires, copule, prépositions *dans, sur*, etc.) bien que certains d'entre eux apparaissaient de temps à autre dans son langage. On doit rester prudent, cependant. Dale (1977), étudiant le développement morphologique chez deux enfants mongoliens, rapporte l'utilisation régulière vers 6 ans d'âge chronologique chez l'un des enfants, mais non chez l'autre, de plusieurs morphèmes là où ils doivent être employés selon les règles de la langue, comme le marquage du pluriel, l'utilisation des prépositions les plus courantes, et l'utilisation de la copule et des auxiliaires, ces derniers dans des énoncés simples du type (*C'est un marteau; Il a mangé; Qui est-ce?*), où on ne peut exclure une production par simple mémorisation. Il faut sans doute convenir que le développement morphologique semble procéder à un rythme particulièrement lent chez les enfants retardés et notamment chez les enfants mongoliens ou au moins chez certains d'entre eux. On doit se demander si ce développement procède de la même façon que celui des normaux, toute question de rythme mise à part. Ceci nous amène à un problème général que nous avons touché à diverses reprises dans les pages qui précèdent et que nous devons traiter plus systématiquement maintenant. Il s'agit de savoir si le développement linguistique des enfants retardés et notamment des enfants mongoliens est « simplement » *retardé* et finalement *incomplet*, mais procède de la même façon que le développement normal dans tous ses aspects, ou s'il *diffère* de ce dernier dans son processus général ou au moins en ce qui concerne certains aspects du développement.

C'est le problème connu sous le nom «*délai ou différence* » dans la littérature spécialisée. La question n'est pas simplement académique. Elle a une grande importance en matière d'intervention, d'éducation ou de rééducation du langage chez les retardés. Supposons, en effet, qu'il soit démontré que l'enfant retardé mental se développe linguistiquement de la même façon que l'enfant normal. Se trouverait alors validée une pratique éducative qui s'efforce de faire passer le handicapé mental par les stades et les sous-stades mis en évidence dans le développement linguistique des normaux en tentant d'accélérer autant que possible le développement retardé. C'est la position « délai ». Supposons, au contraire, qu'il soit démontré que le développement linguistique des retardés mentaux ou de certaines catégories de retardés procède d'une façon différente de celle observée chez les normaux. On se trouverait alors confronté avec un problème plus difficile en ce qui concerne la définition d'une approche éducative ou rééducative susceptible d'avoir une efficacité maximale. Il conviendrait, dans cette hypothèse, d'identifier les aspects du processus de développement qui seraient spécifiques aux retardés mentaux avant de définir une approche éducative appropriée.

Nous avons discuté le problème en détail ailleurs (Rondal, 1977b, 1978e, 1979c). Disons simplement ici, et les recherches sont largement basées sur des échantillons constitués en tout ou en partie d'enfants mongoliens, que pour ce qui est des *aspects lexicaux et sémantiques structuraux* du développement linguistique, les enfants retardés se développent de la même façon que les normaux. Il en a été question dans les pages précédentes. Il est vraisemblable que le développement des enfants retardés en ce qui concerne ces aspects reste incomplet. Mais nous ne disposons pas des données nécessaires pour répondre à cette sous-question. D'une façon générale, il y a une grande paucité de données sur les périodes avancées et terminales du développement linguistique chez les retardés adolescents (et adultes). En ce qui concerne le *développement phonologique*, nous avons signalé également dans la première partie de ce chapitre qu'il semblait se conformer pour l'essentiel au schéma du développement phonologique normal. On a signalé les difficultés particulières des enfants mongoliens dans ce secteur. Mais il semble bien que ces difficultés tiennent plus aux problèmes particuliers de ces enfants dans l'organisation motrice et à l'hypotonie généralisée qui les handicapent qu'à un cheminement différent dans l'acquisition des phonèmes.

Il en va de même en ce qui concerne ce qu'on pourrait appeler la *syntaxe de base*. L'allongement progressif et la complexification syntaxique des énoncés suit avec l'augmentation en âge mental. De même, l'usage progressif des phrases impératives, déclaratives et négatives simples, et interrogatives simples suit avec l'augmentation en âge mental de la même façon approximativement aux mêmes âges mentaux que celui des normaux. Nous avons mentionné ci-dessus également que lorsqu'ils sont appariés avec les enfants normaux pour la Longueur Moyenne de Production Verbale les enfants mongoliens utilisent les différents types de phrase avec une fréquence comparable à celle des normaux et cela aux premiers niveaux du développement linguistique étudiés. De plus, les sujets mongoliens sont capables comme les normaux de mêmes âges mentaux d'imiter et de comprendre des phrases construites à partir de leur propre vocabulaire et correspondant au niveau de compétence syntaxique exprimé dans leurs productions spontanées; mais ils ne peuvent comprendre ou reproduire correctement des phrases d'un type syntaxiquement plus avancé (Lenneberg, Nichols, et Rosenberger, 1964). L'ordre des mots dans les énoncés déclaratifs des enfants mongoliens correspond à celui en vigueur dans la langue (Dale, 1977). Les mêmes relations qui existent chez les sujets normaux entre les capacités à imiter, à comprendre et à produire un matériel verbal se retrouvent également, et de la même façon, chez les sujets retardés (en général, Imitation-Compréhension-Production spontanée). Les retardés, comme les normaux en viennent d'abord et généralement à comprendre un mot, une tournure grammaticale, un énoncé avant de les produire spontanément dans leur discours.

Il semble donc qu'on soit habilité à conclure que pour ces différents aspects du développement du langage, les retardés, et notamment les sujets mongoliens, procèdent de la même façon que les sujets normaux (Yoder et Miller, 1972). L'hypothèse «délai» correspond le mieux aux données disponibles. C'est d'ailleurs sur une hypothèse de ce type que sont basés tous les programmes d'intervention langagière à date avec les enfants retardés mentaux. Ces programmes considèrent en effet que la correspondance est suffisante avec le développement linguistique normal pour justifier une stratégie générale d'intervention qui utilise les données existantes sur le développement linguistique normal en s'efforçant de hâter la promotion des enfants handicapés à travers les mêmes étapes de développement. En d'autres termes, la stratégie consiste à localiser l'enfant retardé sur la «carte développementale du langage» (démarche d'évaluation) et ensuite à le faire progresser aussi rapidement que possible vers les étapes suivantes du trajet développemental (intervention proprement dite). Il s'agit d'une façon de procéder qui est parfaitement adaptée et tout à fait satisfaisante en ce qui concerne *les aspects fondamentaux* du développement linguistique chez les enfants handicapés mentaux.

Le problème est plus complexe, cependant, dès qu'on considère *les aspects morpho-syntaxiques plus avancés du développement et du fonctionnement linguistique*. Nous avons déjà abordé *l'utilisation des morphèmes* par les enfants retardés et notamment mongoliens. Pour le *fonctionnement morpho-syntaxique avancé*, on dispose de données pour les enfants mongoliens sur le développement et l'utilisation des articles, des pronoms personnels et indéfinis, des constructions verbales complexes, de l'inversion du sujet de la phrase et du premier élément verbal de façon à former certains types de question (par exemple, «Est-il venu dîner?»), sur l'utilisation des auxiliaires, et sur l'utilisation des conjonctions de coordination par opposition à la subordination laquelle signale évidemment une expression linguistique plus élaborée (Dale, 1977; Layton et Sharifi, 1979; Rondal, 1978f). A LMPV ou à âge mental égal, les enfants mongoliens utilisent les articles définis et indéfinis comme les normaux mais ils les omettent plus souvent que ces derniers, là où l'utilisation de l'article est obligatoire. De même, les enfants mongoliens utilisent moins fréquemment les pronoms et particulièrement les pronoms indéfinis (*certains, tous, quelques-uns, plusieurs*, etc.), sauf parfois dans des constructions simples ne comportant que quelques mots et qui pourraient avoir été mémorisées telles quelles à partir du langage entendu. Willis (1978) a rapporté une difficulté du même ordre dans une étude sur les aspects syntaxiques du langage d'un groupe important de retardés mentaux légers. Les sujets mongoliens tendent également à utiliser des constructions verbales plus simples qui impliquent seulement la présence du verbe principal (par exemple, *Je te vois, Il vient, C'est rouge*) et beaucoup moins de constructions plus complexes mettant en présence plusieurs éléments verbaux (par exemple, *Je vais venir voir, J'ai trouvé le jouet cassé*, etc.). Dale (1977) signale que les jeunes enfants mongoliens semblent prendre moins de « risques », pour ainsi dire avec les formes verbales. Par exemple, les jeunes enfants normaux font davantage d'erreurs « progressives » (c'est-à-dire des erreurs qui vont mener au progrès linguistique lorsque « le tir aura été ajusté ») comme celles qui consistent à régulariser une forme verbale irrégulière (« *good* » au lieu de « *went* », en anglais; il s'agit de quelque chose de similaire aux productions « *Je faiserai* » pour « *Je ferai* », « *Il a dort* » au lieu de « *Il a dormi* », etc., en français). Dale (1977) signale à juste titre que la rapidité du développement linguistique chez l'enfant normal a probablement quelque chose à voir avec les risques que ce dernier accepte de prendre en termes de production verbale. Il vaut mieux en effet « se jeter » à l'eau à certains moments quant à certaines structures nouvelles et les pratiquer même imparfaitement (on sera de toute façon corrigé ou repris d'où une information supplémentaire précieuse sur l'emploi de la structure en question) que de se restreindre à des formes plus sûres mais plus simples. Ce type de dynamisme développemental semble faire défaut chez les enfants mongoliens. La suggestion de Dale trouve un écho dans les données de Rondal (1978f). Ces données indiquent qu'à LMPV équivalent, les enfants mongoliens produisent dans l'ensemble davantage de phrases grammaticalement correctes *à tous points de vue* que leurs pairs normaux et ceci est d'autant plus vrai que l'on descend dans l'échelle des LMPV, mais c'est le nombre de phrases simples et stéréotypées qui fait pencher la balance en faveur des enfants mongoliens à ce point de vue.

Les enfants mongoliens inversent beaucoup moins souvent que les anormaux l'ordre normal du sujet et du premier élément verbal dans les questions. Ils préfèrent poser des questions en recourant à des moyens syntaxiquement plus simples comme l'emploi de l'intonation montante sur la dernière partie d'une phrase qui par ailleurs à la structure d'une déclarative affirmative (par exemple, *Tu viens chez moi* ?) ou l'emploi de locution interrogative suivie d'une proposition qui maintient l'ordre normal du sujet et du premier élément verbal (par exemple, *Est-ce que tu viens chez moi* ?), ou simplement l'emploi d'un adverbe interrogatif suivi de la proposition déclarative (*Quand tu viens chez moi* ? au lieu de *Quand viens-tu chez moi* ?). On notera, cependant, que le renversement de l'ordre normal du sujet et du premier élément verbal dans les questions du type *Viens-tu chez moi* ?, *Est-il venu* ?, *Pierre est-il venu* ?, etc., apparaît et se stabilise relativement tardivement chez l'enfant normal (Rondal, 1978b). Il ne faut donc pas s'attendre à voir ces constructions apparaître avant longtemps chez les sujets mongoliens, si toutefois elles apparaissent. On notera encore que le langage familier remplace normalement les expressions du type *Viens-tu chez moi* ? par des questions de forme *Tu viens chez moi* ? sans inversion de l'ordre du sujet et de l'élément verbal, ce qui ne favorise pas l'acquisition de l'inversion là où elle est possible.

On signale également un moindre usage des auxiliaires par les enfants mongoliens à âge mental égal à celui des sujets normaux. Layton et Sharifi (1979), du rapport desquels nous tirons cette information, ajoutent que les fréquences d'utilisation des phrases négatives chez les enfants mongoliens (entre 7 et 12 ans d'âges chronologiques) sont nettement moindres que celles des enfants normaux de mêmes âges mentaux. Ce qui contredit les données de Rondal, (1978d), rapportées plus haut. On signale enfin la tendance marquée des enfants mongoliens à recourir davantage que les normaux, à âge mental ou à LMPV égaux, à la coordination des propositions plutôt qu'à la subordination (emploi des subordonnées relatives, complétives et circonstancielles, par exemple).

Prises ensemble, les données rapportées ci-dessus indiquent *une moindre fréquence d'utilisation de toute une série de structures syntaxiques* parmi les plus avancées développementalement et *une moindre stabilisation de ces structures dans la performance linguistique* des individus mongoliens et retardés mentaux modérés et sévères en général. Il semble également qu'une importante variabilité inter-individuelle existe dès qu'on considère les aspects plus avancés du fonctionnement linguistique. Ryan (1975) insiste également sur ce point. Enfin, les indications convergent vers la description du langage utilisé par les enfants mongoliens comme étant *un langage plus simple* (ce qui ne veut pas dire mal formé, comme on l'a vu) *sur le plan syntaxique* que celui des enfants normaux à longueur moyenne de production équivalente.

Qu'en est-il de *la compréhension du langage* et surtout de la compréhension d'un langage syntaxiquement élaboré par les enfants retardés et notamment les enfants mongoliens ? Nous avons surtout envisagé jusqu'ici les aspects *production* du fonctionnement et du développement linguistique. L'évaluation de la compréhension est notoirement plus difficile à mener que celle de la production. Il faut en effet trouver des moyens indirects, et cependant fiables, de tester un processus purement interne. On utilisera des évidences comportementales (gestes ou réponses verbales) comme témoins de ce que la compréhension du matériel verbal présenté est intervenue dans la tête du sujet. Cette démarche est plus délicate qu'il n'y paraît. Le sujet peut donner la bonne réponse simplement en analysant la situation et non le matériel verbal proposé. Si, par exemple, on demande à quelqu'un de fermer la porte dans un local où la porte est effectivement ouverte et qu'en prononçant *Fermez donc la porte s'il vous plaît*, on se tourne légèrement vers la porte ou qu'on la fixe du regard, il n'est nul besoin à l'interlocuteur de comprendre le français pour accéder à notre requête. Même avec moins d'indices à sa disposition, l'interlocuteur a seulement besoin de connaître la signification du mot *porte* dans la situation qui précède pour avoir de bonnes chances de se comporter comme nous le souhaitons et donc faire preuve de « compréhension », mais de compréhension lexicale dans ce cas et non de compréhension de la phrase en tant qu'entité lexico-syntaxique. L'évaluation de la compréhension du langage est pleine de traquenards de ce type. Malgré ces difficultés, il existe nombres d'études sur la compréhension du langage chez l'enfant normal (cfr Rondal, 1978b). Quelques études ont été menées avec des enfants retardés mentaux et notamment mongoliens (Bartel, Bryen et Keehn, 1973; Semmel et Dolley, 1971; Lambert, 1978b). Ces études indiquent que les enfants retardés mentaux ont des difficultés particulières, et qui dépassent ce qu'on attendrait sur la base de l'âge mental, avec les pronoms en général, les auxiliaires, les temps de la conjugaison, les phrases à la voix passive, les accords en genre et en nombre, les accords entre le sujet et le verbe de la phrase, et en anglais avec des constructions syntaxiques particulières (et plus difficiles à comprendre), comme la construction dite du « double objet » (par exemple, *She gave the lady the baby* [*Elle a donné le bébé à la dame*] au lieu de la construction plus explicite, et généralement plus fréquente, *She gave the baby to the lady*). Certaines données semblent indiquer également une difficulté des enfants retardés et des enfants mongoliens dans la compréhension des phrases négatives. D'une façon générale, la compréhension des phrases par les sujets retardés aux différents âges est très notablement inférieure à celle des enfants normaux de mêmes âges mentaux même lorsqu'il s'agit de phrases déclaratives actives transitives et intransitives, particulièrement si on allonge un peu l'énoncé (Lambert, 1978b). On peut, certes, comprendre que les enfants retardés aient des difficultés avec les phrases plus longues. Il est plus difficile de comprendre pourquoi ils semblent avoir plus de difficultés que leurs pairs normaux dans des phrases négatives de longueur moyenne comme le rapportent Semmel et Dolley (1971) pour des enfants mongoliens âgés de 6 à 15 ans et ainsi que l'indiquent également les données de Lambert. C'est étonnant dans la mesure où on sait que les enfants mongoliens utilisent dans leur langage spontané les phrases négatives sans parler évidemment des déclaratives affirmatives transitives et intransitives (Rondal, 1978a). Il y a là un curieux paradoxe. Il existe aussi des données contradictoires. Wheldall (1976) a apparié un groupe d'enfants normaux âgés de 12 ans environ pour le niveau de compréhension lexicale mesuré au moyen de l'English Peabody Picture Vocabulary Test (EPPVT). Il leur administra ensuite un test de compréhension de phrases. La liste des phrases utilisées comprenait des phrases déclaratives affirmatives et négatives, et des phrases passives simples et moins simples. Wheldall n'a relevé aucune différence notoire entre les deux groupes de sujets pour le nombre et les types d'erreurs observés au test de compréhension. Berry (1972) a également apparié ses sujets normaux (âgés de 5 ans) et ses sujets retardés (âgés de 9 à 14 ans) au moyen de l'EPPVT. Il n'observe non plus aucune différence notoire entre eux quant à la compréhension d'une série de phrases déclaratives affirmatives (actives) utilisant soit la tournure anglaise dite du présent progressif (par exemple, *The boys are eating* [*Les garçons sont en train de manger*] et celle dite possessive (par exemple, *The boys' fishes are here* [*Les poissons des garçons sont ici*]).

Les données sur les aspects avancés et moins avancés de la compréhension linguistique des enfants retardés ne concordent donc pas entièrement et ces apparentes contradictions doivent nous inciter à la prudence dans toute forme de généralisation. Notre connaissance des mécanismes de la compréhension linguistique est encore très insuffisante en général. En ce qui concerne les sujets retardés, comme le note Lambert (1978b), nous en savons moins encore et nous ignorons à peu près tout de la façon dont les retardés abordent les tâches de compréhension verbale. Le font-ils comme la plupart des sujets normaux? Si oui, les données recueillies sont valides. Sinon, il nous faudra raffiner considérablement notre approche méthodologique du problème. Il reste un aspect à signaler: l'impact de *l'intonation* sur la compréhension et sur les résultats aux épreuves de compréhension. Wheldall et Swann (1976) ont suggéré qu'avec les jeunes enfants normaux et les enfants retardés modérés et sévères une prononciation trop marquée par l'examinateur des éléments négatifs dans les phrases négatives peut aboutir à bloquer l'enfant. Celui-ci se centre sur la négation et en infère qu'il ne peut effectivement faire quelque chose. Mais ce centrage l'amène à ne pas faire assez attention au reste de la phrase. Il échoue dès lors au test de compréhension. Il s'agit seulement d'une hypothèse. Cependant, les études mentionnées qui ont rapporté des difficultés chez les enfants retardés dans la compréhension des phrases négatives n'ont pas effectué de contrôle quant à la façon dont les phrases-tests étaient prononcées sur le plan de l'intonation. Il est donc possible qu'il y ait un problème méthodologique sur ce point. D'une façon générale, le rôle de l'intonation dans la compréhension du langage par les enfants retardés devrait être systématiquement investigué de même que les autres facteurs qui interviennent dans la démarche de compréhension.

Concluant sur la question « délai-différence », nous dirons que le développement du langage chez les enfants retardés modérés et sévères, et notamment les enfants mongoliens, semble bien suivre le cours du développement normal, avec un retard considérable, pour ce qui est *des aspects fondamentaux* du fonctionnement linguistique. Pour les *aspects morpho-syntaxiques plus avancés*, cependant, les choses sont plus compliquées. Un certain nombre de *déficits sérieux* semblent exister à la fois en ce qui concerne le volet production et le volet compréhension du langage. Faut-il y voir l'indice d'un développement linguistique qui commence à stagner et qui n'ira pas beaucoup plus loin. Une telle hypothèse est compatible avec les données existantes. Elle correspond également à la position *délai*. Faut-il y voir au contraire une indication de ce que le développement morphosyntaxique des enfants retardés mentaux modérés et sévères est organisé et procède *différemment dans ses aspects avancés*, sans exclure cependant la réalité du plateau terminal (stagnation finale à un niveau de développement incomplet). D'autres études sont nécessaires. Elles nous aideront à mieux calibrer les programmes d'intervention langagière pour les enfants retardés, dès le moment où ces programmes vont se donner pour cibles des aspects plus avancés du fonctionnement linguistique, ce qui n'a guère été le cas jusqu'à présent.

Communication langagière

Il n'existe à notre connaissance que quelques études sur la façon dont les enfants mongoliens communiquent avec leurs pairs retardés et non retardés et avec des adultes normaux non familiers. Nous ne considérons pas ici les études sur les communications linguistiques entre les mères et leurs enfants mongoliens. Il en sera question plus loin dans la section qui porte sur la valeur de l'environnement linguistique familial des enfants mongoliens. Il s'agit d'une part des études de Siegel et de ses associés (Siegel, 1967) et de celle de Spradlin et Rosenberg (1964) mettant en présence, dans des situations de laboratoire, des adultes normaux avec des enfants et des adolescents retardés mentaux et d'autre part, des études de Guralnick et Brown (Guralnick, 1978; Guralnick et Brown, 1977) observant la façon dont les enfants normaux et les enfants retardés interagissent verbalement dans un milieu préscolaire intégré aux Etats-Unis (c'est-à-dire une école maternelle où on éduque dans les mêmes classes les enfants normaux et exceptionnels). Les études de Siegel et de Spradlin et Rosenberg montrent clairement que les adultes normaux simplifient leur langage aux points de vue lexical et syntaxique, lorsqu'ils interagissent avec des enfants et des adolescents retardés. Il faut y voir une *adaptation positive* qui permet à la communication de se perpétuer. Siegel (1967) s'est demandé si des simplifications de ce type ne contribuent pas à maintenir le retard langagier des sujets retardés plutôt que de favoriser leur développement. C'est une question importante à laquelle nous pensons devoir répondre par la négative. Mais nous reprendrons le problème dans une section suivante à propos de l'environnement linguistique familial des enfants mongoliens car le même problème se pose également, et même surtout pourrait-on dire, dans ce contexte. Guralnick et Brown rapportent des données du même ordre qui montrent que placés en conditions naturelles d'interaction avec des pairs retardés mentaux (dans des activités de jeux verbaux dirigés et également en situations de jeux libres là où l'enseignant n'intervient pas), les enfants normaux (âgés d'environ 4 ans) adaptent leur langage au niveau linguistique et cognitif des interlocuteurs retardés. Leur langage est plus fourni, plus complexe et plus diversifié lorsqu'ils s'adressent à des enfants retardés moins handicapés (par exemple, retardés légers) que lorsqu'ils s'adressent à des pairs davantage handicapés. Shatz et Gelman (1973) ont rapporté des modifications du même ordre dans le langage d'enfants normaux âgés de 4 à 5 ans selon qu'ils s'adressent à d'autres enfants (normaux) plus jeunes ou plus âgés. Guralnick (1978) interprète ses données comme indiquant une adaptation positive des systèmes de communications des enfants normaux et retardés qui favorise la communication. Il y voit la garantie d'une communication verbale satisfaisante dans les classes intégrées et la possibilité d'utiliser les enfants normaux comme agents thérapeutiques pour les enfants retardés dans ces contextes, sans que les normaux soient bloqués à des niveaux de communication élémentaires pour autant qu'ils aient également à leur disposition des partenaires de niveaux linguistiques suffisamment avancés. Deux études *expérimentales* ont été menées sur la capacité des sujets retardés de communiquer avec leurs pairs. Il s'agit des études de Longhurst (1972, 1974) avec des adolescents retardés légers et modérés. Dans ces études, l'expérimentateur a placé à chacun des deux côtés d'une table, séparés par un écran, deux sujets. La tâche du locuteur consistait à décrire verbalement un dessin de forme géométrique bizarre à choisir parmi une série de dessins. Le récepteur à l'autre bout de la table ne pouvait voir le dessin-modèle décrit par le locuteur. Il disposait par contre de la série des dessins et devait choisir le bon dessin d'après les indications verbales du locuteur. Les adolescents retardés sont de piètres communicateurs dans une situation de ce genre. Plus on descend dans l'échelle des capacités intellectuelles et moins les résultats sont bons. Par contre, il n'y a pas de différences selon le sexe des partenaires dans les échanges. Longhurst a utilisé tour à tour des locuteurs normaux et retardés et des récepteurs normaux et retardés de façon à pouvoir mieux analyser les aspects productifs et réceptifs des échanges verbaux. Il rapporte que les principaux problèmes qui existent dans les communications des sujets retardés dans une situation de ce type se trouvent à l'encodage, c'est-à-dire au niveau de la description verbale des stimuli. Les retardés sont peu précis dans leurs descriptions verbales des stimuli. Ils omettent de transmettre les indices pertinents et compliquent donc considérablement la tâche du récepteur. Les mêmes retardés, par contre, exposés à des messages clairs et explicites sont souvent capables de sélectionner le dessin correct, ce qui indique une bonne compréhension des messages en situation réelle de communication.

Il conviendrait de développer ce type de travail et, plus encore, d'étudier plus en détails la façon dont les sujets retardés communiquent en *conditions naturelles* : en classe, à la maison, au travail, à l'atelier ou ailleurs, dans les centres d'hébergement et les homes pour adulte, la façon dont ils communiquent en fonction des caractéristiques des environnements dans lesquels ils vivent : nombre de personnes avec qui ils sont en contact, personnes retardées ou normales, âges et statuts sociaux de ces personnes, milieux physiques, etc. De telles données sont indispensables pour se faire une idée précise sur la façon dont ces sujets communiquent dans la réalité et le cas échéant pour les aider à communiquer mieux.

B. Problèmes particuliers liés au développement du langage chez les enfants mongoliens

B.1. Période critique de développement du langage

Existe-t-il une période de l'existence particulièrement favorable ou critique pour le développement du langage et au-delà de laquelle le développement linguistique n'est plus possible ou est fortement ralenti s'il n'est déjà terminé? Eric Lenneberg (Lenneberg, 1967) le pensait. Il situait cette *période critique* pour l'acquisition d'une première langue entre environ 18 mois et 12 ou 13 ans, c'est-à-dire la puberté. D'après Lenneberg, lorsque survient la puberté, tout se passe comme si le cerveau atteignait sa structure neurophysiologique définitive. On trouve des indices de ces changements structuraux dans les modifications morphologiques, biochimiques et électro-encéphalographiques qui se produisent à ce moment, et surtout dans le fait que c'est à ce moment qu'est réalisée la dominance de l'hémisphère cérébral gauche (chez la plupart des gens) pour ces fonctions langagières. Une fois ce niveau de développement atteint, il s'ensuit une diminution de la plasticité fonctionnelle du cerveau dont la conséquence, en ce qui nous intéresse ici, est que les acquisitions linguistiques de base non effectuées alors ne peuvent plus intervenir par la suite ou seulement avec beaucoup de difficultés. Lenneberg et d'autres auteurs ont appliqué l'hypothèse de la période critique au développement du langage chez les retardés mentaux en raisonnant de la façon suivante: le développement du langage chez les retardés mentaux, et particulièrement chez les retardés modérés et sévères, est très lent. A la puberté, ces sujets n'ont pas atteint des stades très avancés de fonctionnement linguistique. En raison de la perte de plasticité qui intervient au niveau des structures cérébrales à ces âges, ils ne pourront progresser davantage sur le plan du langage. De là, à concevoir qu'il n'est guère «payant» d'investir du temps et des efforts dans l'entraînement linguistique des adolescents retardés, il n'y a qu'un pas que beaucoup ont franchi (on verra Rondal, 1975a, pour une discussion détaillée de la position de Lenneberg et des données qui s'y rapportent). Il convient d'effectuer une mise à jour en ce qui concerne le problème de la période critique pour l'acquisition de la langue maternelle et ses implications pour le développement du langage et les interventions langagières chez les sujets retardés mentaux, car de nouveaux développements sont intervenus dans ce secteur depuis le travail de Lenneberg qui modifient considérablement le tableau.

On sait maintenant (cfr, par exemple, Seron, 1977, 1979) que la spécialisation hémisphérique pour les fonctions langagières intervient bien plus tôt que Lenneberg ne le pensait. Elle est déjà bien en train vers 4 et 5 ans sur la base de prédispositions héritées et n'est pas loin d'être complètement établie vers 7 ou 8 ans sans doute, comme l'indiquent les données récentes. Or, on sait qu'un apprentissage linguistique important intervient encore chez l'enfant normal au-delà de 7 ans (Rondal, 1978b). Dès lors, le concept d'une période critique qui serait principalement associée avec le processus de la spécialisation hémisphérique pour les fonctions langagières n'a plus guère de sens. Il est d'ailleurs permis de se demander s'il existe une période critique *au sens propre* pour le développement du langage (pour une vue favorable à l'hypothèse d'une période critique dans le développement du langage, on verra Krashen, 1975). Il existe une recherche sur le développement de la spécialisation hémisphérique chez les enfants et les adolescents mongoliens entre 7 et 19 ans (Sommers et Starkey, 1977). Cette étude utilise la technique dite de l'écoute dichotique. On envoie simultanément un son différent dans chaque oreille — par exemple, *gan* dans l'oreille droite et *ban* dans l'oreille gauche au moyen d'écouteurs spécialement aménagés à cet effet — et on demande au sujet de dire ce qu'il a entendu. S'il rapporte avoir entendu *gan*, c'est un indice de ce que l'oreille droite, c'est-à-dire l'hémisphère cérébral gauche, domine (les voies de projection sensorielle et de commande motrice à partir des deux côtés du corps et vers le corps sont en effet croisées dans l'organisation nerveuse). Les auteurs n'observent qu'une faible dominance cérébrale gauche chez les sujets mongoliens par rapport à un groupe de jeunes enfants normaux. Il faut ajouter que parmi les enfants mongoliens, ceux qui avaient un langage plus développé tendaient à être davantage localisés cérébralement à gauche pour la perception des sons. En partant d'observations de ce genre, on pourrait soutenir que, s'il existe en fait une période critique pour le développement du langage qui soit liée à la spécialisation hémisphérique pour la commande et l'organisation langagière, l'hypothèse la plus probable en ce qui concerne les sujets mongoliens est que cette période s'étend sur un intervalle de temps nettement plus long que pour les sujets normaux voire qu'elle est potentiellement infinie (au moins jusqu'au moment où une détérioration physiologique se manifeste) — ce qui revient à dire qu'elle n'existerait pas pour ces sujets — puisque la spécialisation hémisphérique semble s'établir très lentement chez les mongoliens et qu'elle n'atteint peut-être jamais une valeur comparable à celle des normaux. Il s'agit simplement d'une spéculation.

En l'absence de données plus définitives sur cette question, il convient d'adopter une attitude ouverte en matière d'intervention. L'intervention précoce est évidemment préférable de loin avec les enfants retardés. Nous y avons insisté et nous y revenons plus loin. Cependant, il n'y a, à ce stade, aucune raison sérieuse de penser que des progrès substantiels ne peuvent être accomplis par les adolescents retardés en matière de développement linguistique si on se donne la peine d'intervenir systématiquement pour favoriser leurs progrès. Il conviendrait certes de commencer par évaluer les capacités linguistiques des adolescents mongoliens, de voir où ils en sont à ces âges sur le plan fonctionnement linguistique et de la communication, avant de tenter de pousser plus loin leurs capacités au moyen d'interventions appropriées.

B.2. *L'environnement linguistique familial des enfants mongoliens*

Qu'en est-il de l'environnement linguistique familial des enfants mongoliens en voie d'acquisition du langage? En d'autres termes, comment les parents s'adressent-ils à leurs enfants retardés modérés et sévères, et notamment mongoliens, compte tenu du fait que le développement du langage est notablement retardé chez ces enfants? Plusieurs études, menées aux Etats-Unis, se sont centrées sur cette question.

Kogan, Wimberger, et Bobitt (1969), Marshall, Hegrenes et Goldstein (1973), et Buium, Rynders et Turnure (1974b) ont comparé le langage maternel adressé à des enfants normaux et retardés âgés de 2 à 7 ans et appariés pour l'âge chronologique. Les enfants interagissaient verbalement avec leurs mères, en laboratoire, dans une situation de jeu libre ou dirigé par la mère. Les résultats des trois études furent identiques. Premièrement, les mères des enfants retardés mentaux s'adressent à leur enfant en utilisant un langage moins complexe, sémantiquement et syntaxiquement, que celui utilisé par les mères des enfants normaux. Deuxièmement, les mères des enfants retardés utilisent un langage davantage centré sur un contrôle direct de l'enfant (un tel langage fait un usage immodéré du mode impératif, par exemple). Ces mêmes mères offrent à l'enfant moins d'occasions de prendre l'initiative dans l'échange verbal. Kogan et al., Marshall et al., et Buium et al. interprètent leurs données comme démontrant que l'environnement linguistique maternel des enfants retardés mentaux est appauvri et déficient, ce qui est susceptible de contribuer à retarder encore le développement linguistique de ces enfants. Ces conclusions ont été largement citées dans la littérature. On les a souvent accompagnés d'un avis sur la nécessité d'agir sans délai de façon à transformer l'environnement linguistique des enfants retardés (par exemple, Seitz, 1975).

Bien que reposant sur des données objectives, l'interprétation présentée par ces auteurs est incorrecte. Cela est d'autant plus regrettable qu'une opinion non fondée de ce type peut contribuer à intensifier inutilement les sentiments de culpabilité fréquents chez les parents d'enfants handicapés mentaux. Du constat que l'environnement linguistique maternel des enfants retardés est moins complexe que celui des enfants normaux de mêmes âges chronologiques il ne découle nullement, en effet, que le premier est moins favorable au développement du langage des retardés. On sait que le développement du langage et de la communication chez les enfants handicapés mentaux est retardé dans tous ses aspects. A égalité d'âge chronologique, la complexité formelle et de contenu du langage produit par les retardés est loin d'équivaloir celle des normaux. Il est absurde de supposer que les mères des enfants retardés puissent ne tenir aucun compte de cette différence et s'adresser à leur enfant sur la base de l'âge chronologique (à supposer qu'on puisse jamais se comporter de la sorte) et non du niveau de développement linguistique de l'enfant. Il est arbitraire de supposer que les simplifications qui interviennent dans le langage maternel adressé aux enfants retardés ont nécessairement des effets négatifs sur le développement du langage chez ces enfants. Le même point de vue aboutirait à considérer que le langage des mères à leurs enfants normaux plus jeunes est appauvri et donc moins favorable au développement linguistique que le langage des mêmes mères à leurs enfants plus âgés. Les études de Kogan et al., Marshall et al., et Buium et al. paraissent avoir privilégié une perspective unidirectionnelle (de la mère à l'enfant) dans la recherche en matière d'interaction mère-enfant, alors que la nature de cette interaction est évidemment bidirectionnelle (de la mère à l'enfant et simultanément de l'enfant à la mère). Ces mêmes études ont également confondu deux types d'effets possibles sur le langage maternel; l'effet, d'une part, de la variable *type* d'enfant (normal par opposition à retardé mental) et, d'autre part, de la variable *niveau de développement linguistique de l'enfant* tel qu'il s'exprime dans les productions spontanées de celui-ci au cours des épisodes interactifs avec la mère.

Une meilleure façon d'approcher le problème de l'évaluation de la qualité de l'environnement linguistique maternel des enfants retardés mentaux consiste à se demander si les différences qui existent entre le langage des mères à leurs enfants normaux et retardés correspondent aux différences qui existent dans le langage maternel adressé à des enfants normaux à différents stades du développement linguistique. Il est possible de reformuler la même question de la façon suivante : est-ce que les environnements linguistiques maternels des enfants normaux et des enfants retardés sont similaires lorsque ces enfants sont aux mêmes stades de développement linguistique ? Si oui, on sera forcé de conclure que l'environnement linguistique des enfants retardés ne diffère pas de celui des enfants normaux de niveaux linguistiques correspondants. Sinon, il s'agira d'une indication indiscutable de ce que l'environnement linguistique maternel des enfants retardés est réellement différent de celui des normaux.

Rondal (1978 a) entreprit de comparer l'environnement linguistique maternel de 21 enfants normaux et de 21 enfants mongoliens, issus de la classe sociale moyenne, appariés pour la Longueur Moyenne de Production Verbale à chacun des trois niveaux LMPV suivants : 1.00-1.50, 1.75-2.25 et 2.50-3.00. Une heure d'échange verbal en situation de jeu libre fut enregistrée, à domicile, pour chaque couple mère-enfant. Le langage maternel fut ensuite analysé à différents points de vue : lexical (diversité du vocabulaire utilisé), syntaxique (complexité formelle des énoncés et type de phrases utilisées), sémantique-structural (fréquence et type des relations sémantiques sous-tendant les énoncés), sémantique-pragmatique (fréquence et type des requêtes formulées en rapport avec le comportement de l'enfant), et fonctionnel (proportions d'approbations et de désapprobations des propos de l'enfant, redondance du langage maternel, proportions d'expansions et de corrections explicites du langage de l'enfant), etc. Aucune des mesures ne révéla de différence significative entre le langage des mères à leur enfant normal et celui des mères à leur enfant retardé, à chacun des trois niveaux de développement linguistique envisagés. Les échantillons de langage obtenus étaient en fait remarquablement comparables pour les deux catégories de mères. Par contre, et comme on s'y attendait, le langage maternel variait significativement en complexité, pratiquement pour toutes les mesures faites, selon le niveau de développement linguistique des enfants et ce, *aussi bien et dans la même proportion*, pour les enfants normaux et pour les enfants retardés. Il apparaît donc que l'environnement linguistique maternel des enfants mongoliens (de la classe sociale moyenne) entre LMPV 1.00 et 3.00 (c'est-à-dire entre 3 et 12 ans d'âge chronologique dans l'échantillon étudié) n'est nullement différent, tant dans ses aspects purement linguistiques que dans ses aspects pragmatiques ou de contrôle, de l'environnement linguistique maternel des enfants normaux issus de milieux sociaux similaires et se trouvant aux mêmes niveaux de développement linguistique.

Loin d'être inadapté, comme le supposaient les auteurs mentionnés plus haut, *l'environnement linguistique maternel des enfants mongoliens est normalement adapté au développement du langage chez ces enfants*, si par normal on entend le type d'environnement qui est celui des enfants normaux aux mêmes stades de développement linguistique que les retardés. Les données obtenues par Rondal ont été récemment confirmées par Lombardino (1979) et par Gutmann et Rondal (1979) — ce dernier travail consistant en une réanalyse des données originales de Rondal (1978a) au moyen d'une autre technique d'analyse psycho-linguistique. Cette adaptation du langage maternel au langage de l'enfant retardé est remarquable, particulièrement si l'on considère que l'enfant retardé modéré et sévère est, dès le plus jeune âge, un pauvre interlocuteur comme l'indique l'étude de Jones (1977) mentionné plus haut. Les jeunes enfants mongoliens vocalisent sans interruption ou répètent les mêmes vocalisations en ne laissant, dans les deux cas, que peu de temps à la mère pour répondre. Par contraste, les enfants normaux aux mêmes âges pausent régulièrement et plus longuement entre deux vocalisations, apparemment de façon à permettre à la mère d'intervenir dans ce qui devient alors un véritable dialogue à un niveau infralinguistique (Jones, 1977). Malgré ces difficultés, comme le note Jones, les mères d'enfants mongoliens s'arrangent pour glisser aussi souvent que possible une réponse, un commentaire, ou au moins un accusé de réception (« hmm hmm », « oui ») dans les courtes pauses laissées par l'enfant entre ses vocalisations. Malheureusement, la brièveté des pauses ne permet que rarement d'y intercaler des commentaires linguistiquement plus élaborés (auquel cas mère et enfant vocalisent souvent à l'unisson plutôt qu'en succession, ce qui ne constitue pas à proprement parler un dialogue), ce qui tend à diminuer la richesse de l'épisode interactif vocal par comparaison avec celui des mères avec leurs enfants normaux. Cette apparente volonté des mères d'enfants retardés de profiter de toutes les occasions pour *normaliser* en quelque sorte la relation verbale (et probablement non verbale) avec l'enfant, volonté qui se retrouve tout au long du développement linguistique de ces enfants ainsi que l'a montré Rondal (1978a), *nous semble extraordinairement remarquable*. Elle est étonnante si on garde en mémoire la somme incroyable de difficultés, obstacles, rejets et découragements de toutes sortes que rencontrent les parents des enfants handicapés mentaux modérés et sévères dès la naissance de l'enfant.

Il semble donc que l'environnement linguistique maternel des enfants mongoliens est normalement adapté à l'acquisition et au développement du langage chez ces enfants. En d'autres termes, le milieu linguistique familial des enfants mongoliens est *sain*. Cela ne signifie évidemment pas que le langage et les pratiques éducatives linguistiques des parents des enfants mongoliens ne peuvent pas être encore «améliorées», c'est-à-dire être rendues plus efficaces pour le développement du langage chez ces enfants (Rondal, 1977c). C'est une question importante et elle peut être posée à propos de l'environnement linguistique des enfants normaux. *La réponse est positive*. On peut amener les parents à accroître l'efficacité de leurs pratiques éducatives linguistiques et ainsi à accélérer le développement du langage chez leurs enfants retardés mentaux par divers moyens dont il sera question à la section sur l'intervention langagière.

B.3. L'imitation du langage par les enfants mongoliens

L'imitation et la répétition exacte ou sélective sont à n'en pas douter un des aspects essentiels du processus d'acquisition du langage par l'enfant. Nous n'en connaissons pas encore exactement le mécanisme chez l'enfant normal mais nous en savons assez pour apprécier l'importance de cette composante centrale du processus de développement linguistique. Jenkins et Palermo (1964) voient dans l'imitation verbale le moyen par lequel le développement du langage commence et, lorsqu'il est commencé, le moyen par lequel une partie importante du matériel linguistique appris par l'enfant au contact de l'adulte ou d'autres enfants est d'abord «essayé». L'enfant imite, précisent-ils, parce que l'imitation est une propriété fonctionnelle du système nerveux, parce qu'elle est renforcée directement par les partenaires sociaux, parce que le fait de parler comme les adultes est renforçant pour l'enfant (renforcement secondaire), et parce que très tôt les comportements verbaux imités prennent une valeur instrumentale, c'est-à-dire qu'utilisés d'une façon non imitative, ils permettent d'obtenir des services de la part des adultes.

On a parfois décrit l'enfant mongolien comme très doué pour l'imitation, surtout pour l'imitation motrice. Il s'agit d'un «mythe simiesque» du mongolisme (cfr le chapitre 6). En fait, selon les rares données disponibles, l'enfant mongolien n'est pas plus «doué» pour l'imitation que l'enfant normal. Il le serait même moins, semble-t-il. En ce qui concerne l'imitation verbale spontanée exacte ou partielle d'énoncés verbaux entendus immédiatement avant dans le cours de conversations familières avec la mère, Rondal (1978 a) et Gutman et Rondal (1979) ont rapporté des différences dans la fréquence avec laquelle les enfants normaux et les enfants mongoliens imitent, même lorsqu'ils sont appariés pour la longueur moyenne des productions verbales. Les différences en question n'étaient pas significatives dans le travail de Rondal. Elles l'étaient cependant dans celui de Gutmann et Rondal, utilisant une technique d'analyse différente. Aux différents niveaux linguistiques envisagés dans ces études, les enfants normaux tendaient systématiquement à imiter plus fréquemment que les enfants mongoliens. A partir de là, et compte tenu de l'importance de l'imitation pour le développement linguistique, nous nous sommes demandés si au-delà des simples fréquences d'imitation verbale, il existe des différences entre les enfants normaux et mongoliens dans *ce qu'ils imitent à partir des énoncés maternels* auxquels ils sont exposés en situation d'interaction naturelle. Nous avons pour ce faire réanalysé à ce point de vue une partie de nos données originales (Rondal, 1978a). Les résultats de ces analyses (Rondal, 1979d) indiquent qu'à LMPV égal les enfants mongoliens imitent les mêmes portions des énoncés maternels que les normaux (entre LMPV 1.00 et 3.00, c'est la portion terminale de l'énoncé modèle qui a la plus grande probabilité d'être répétée spontanément), que les énoncés maternels imités par les enfants normaux et par les enfants mongoliens ne sont pas significativement différents sur le plan de la longueur, du type syntaxique, et de la complexité syntaxique, que les répétitions des enfants mongoliens et des enfants normaux ont la même longueur (LMPV) à niveau de développement linguistique correspondant et contiennent les mêmes classes de mots (substantifs, verbes, adjectifs, etc.), et que les fréquences d'apparition de ces classes sont comparables pour les deux catégories d'enfant. Enfin, les éléments verbaux délibérément supprimés ou rajoutés par les enfants dans leurs imitations (par rapport aux énoncés maternels originaux) sont également du même type grammatical, et les suppressions et les ajouts ont les mêmes fréquences chez les normaux et chez les mongoliens à niveau linguistique équivalent. Ces données suggèrent que le processus de l'imitation verbale spontanée à l'œuvre chez les enfants normaux et chez les enfants mongoliens est de même nature. Il convient donc, du point de vue de l'intervention, de faire en sorte que l'enfant mongolien *imite davantage* le langage entendu autour de lui (sans toutefois tomber dans le psittacisme). La technique operante (consistant à renforcer d'une façon ou d'une autre les imitations de l'enfant mongolien juste après leur survenue) paraît facilement applicable à cet effet à condition d'en expliquer et d'en montrer d'abord l'usage aux parents et aux familiers de l'enfant.

C. Principes d'intervention

L'intervention langagière avec les enfants retardés mentaux modérés et sévères, et notamment avec les enfants mongoliens, doit ou devrait être basée sur les principes suivants : 1) *commencer très tôt et continuer ensuite* à un rythme régulier, 2) *impliquer largement la famille* de l'enfant, et 3) *être de type développemental*, c'est-à-dire faire usage des données disponibles sur le développement du langage chez l'enfant normal. En ce qui concerne le premier point, il y a un large consensus parmi les spécialistes sur le point de l'efficacité de l'intervention précoce. Nous pensons qu'elle doit être très précoce et organisée. Nous disposons actuellement des connaissances et de la technologie nécessaire à cet effet. Ce point sera développé plus loin en nous basant sur un document publié ailleurs (Rondal, 1978c) qu'on consultera pour plus de détails. En ce qui concerne le second point, il est devenu clair dans les dernières années que les résultats des interventions sont meilleurs et plus durables lorsque les parents sont impliqués dès le départ, prennent une part active dans la démarche d'intervention, et la prolonge à domicile. Nous reviendrons également sur ce point. Enfin, l'intervention doit être développementale. En effet, et nous y avons consacré quelques pages, les données disponibles sur le développement linguistique de base des enfants mongoliens indiquent clairement que le cheminement de ces enfants ressemble assez à celui des enfants normaux, au moins en ce qui concerne les aspects fondamentaux du développement, toute différence de rythme de développement mise à part, pour qu'il soit utile de prendre le développement linguistique normal comme guide pour les objectifs de l'intervention.

C.1. Intervention précoce

Nous pensons qu'une intervention prélinguistique et linguistique très précoce est possible et indiquée avec les enfants mongoliens et leurs familles. *Par « très précoce », nous entendons dès les premiers mois de l'existence et en continuité pendant plusieurs années.* Les coûts d'un tel programme pour la communauté seraient moins élevés qu'il peut paraître à première vue. Il s'agirait, en effet, surtout d'informer les parents sur les moyens à utiliser, leur donner une information de base sur le développement du langage chez l'enfant normal et chez l'enfant mongolien, et les aider à mettre connaissances et moyens techniques à domicile. Un petit groupe de spécialistes pourraient animer de cette façon le travail éducatif d'un groupe respectable de parents. Les bénéfices à retirer de programmes d'intervention précoce sont considérables. Nous pensons que c'est seulement par des interventions précoces relativement massives qu'on a les meilleures chances de minimiser les délais impressionnants qui interviennent dans le développement linguistique des enfants mongoliens.

Les recherches des dix dernières années ont attiré l'attention sur les développements cognitifs et communicatifs, prélangagiers et langagiers qui interviennent chez l'enfant normal au cours des deux premières années et paraissent avoir une importance toute particulière pour le développement linguistique subséquent. *Les capacités de réception et de discrimination auditive* du jeune enfant sont plus puissantes qu'on le pensait précédemment. Les aspects visuels, vocaux et gestuels des interactions entre la mère et le jeune enfant se structurent en *épisodes de véritable conversation à un niveau préverbal* (avec prise de tours, arrêts et reprises) lorsque les enfants ont entre 6 et 12 ou 14 mois (Bateson, 1975). La trame de la conversation est donc mise en place pendant la première année. Diverses *activités et jeux du bébé* avec son entourage (comme tenir et relâcher les objets, frapper les choses pour produire des bruits, jeter les objets, utiliser les objets comme instrument — par exemple, un objet de forme allongée pour atteindre un autre objet —, etc.) paraissent avoir une importance particulière pour le développement du langage en tant que moyens de connaître l'environnement (c'est de lui qu'on parlera plus tard) et de communiquer non verbalement avec l'entourage. En d'autres termes, le langage ne « sort » pas simplement du babillage et des premiers mots. Il est bâti sur une infrastructure cognitive et communicative générale qui est mise en place au cours des deux premières années. Il apparaît également de plus en plus que *les relations entre le babillage et le développement des sons pour former les mots de la langue* (développement phonologique), au cours de la deuxième année d'existence et ensuite, sont plus étroites qu'on le pensait généralement. Enfin, *les développements intellectuels du jeune enfant* pendant les deux premières années sont tout à fait impressionnants. Certains aspects de ce développement ont une importance particulière pour le développement du langage comme la réalisation progressive que les êtres et les objets ont une certaine permanence (et donc qu'il peut être utile de pouvoir les nommer), la première organisation de l'espace immédiat (les personnes et les choses sont localisées en certains endroits), et la première saisie des relations de base qui existent entre les personnes et les choses (les choses sont possédées par les personnes, les personnes agissent sur les choses et sur d'autres personnes, les personnes éprouvent certaines sensations et sentiments — voir, entendre, vouloir, etc.). Ce réseau de relations est directement traduit dans les énoncés à deux et à trois mots des enfants normaux aux alentours de 24 mois. Il semble bien que l'organisation des connaissances de ce type est une première étape indispensable pour l'émergence des énoncés à plusieurs mots.

Quels seraient *les principes d'une intervention précoce prélinguistique et linguistique?* Nous voyons trois étapes. Il s'agirait, *premièrement*, d'obtenir autant de données que possible sur les développements prélinguistique et linguistique des jeunes enfants mongoliens. Il s'agirait alors, et *secondement*, de comparer systématiquement les développements prélinguistiques et linguistiques des enfants normaux et des enfants mongoliens de façon à détecter *quand, à quels points de vue,* et *dans quelle mesure,* le développement de l'enfant mongolien diffère de celui de l'enfant normal. *Troisièmement,* en possession de cette information, on pourrait mettre au point une intervention décidée portant sur les principaux déficits ainsi documentés dans le développement de l'enfant mongolien.

Quels sont les domaines et les aspects du développement pour lesquels nous voyons la nécessité d'une intervention systématique sur la base des connaissances actuelles et comment pourrait-on intervenir?

Les sections précédentes du chapitre nous ont familiarisés avec certains des problèmes du développement linguistique et prélinguistique des enfants mongoliens. Que peut-on faire à ce sujet?

Comme les données disponibles l'indiquent, il ne semble pas y avoir de besoin particulier de modifier le babillage de l'enfant mongolien en ce qui concerne la quantité du babillage, le timing général de l'apparition des principaux types de sons dans le babillage, et les aspects phonologiques du babillage de l'enfant mongolien. L'accent, à ce niveau, doit être placé sur les aspects communicatifs, pré-conversationnels et référentiels (mère et enfant portent leur regard sur le même objet, personne, événement, et la mère verbalise le nom du référent — nous avons parlé plus haut de « référence oculaire ») de façon à accroître la fréquence des vocalisations adressées au socius, à faire apprendre au jeune enfant mongolien à prendre ses tours dans la pré-conversation et à centrer son attention sur les référents fixés par la mère ou le partenaire dans l'échange social. La technique du *conditionnement operant* (cfr Richelle, 1972, pour une introduction accessible aux principes du conditionnement operant, et Lambert, 1978, pour une illustration de l'application de ces principes dans des situations d'apprentissage spécialement conçues pour les sujets retardés mentaux modérés, sévères et profonds) apparaît particulièrement utile ici. Nous avons rapporté plus haut la technique operante mise au point par Wiegerink, Harris, Simsonsson, et Pearson (1974) pour accroître la fréquence des vocalisations « sociales » c'est-à-dire adressées à un socius, chez le jeune enfant. Cette technique est utilisable, vraisemblablement sans modification, avec des enfants retardés. On pourrait s'en servir à domicile pour accroître la fréquence des vocalisations sociales assez tôt dans le développement de l'enfant mongolien, ce qui, simultanément, préparerait le terrain pour la suite des interventions. On pourrait ensuite, utilisant la même technique, faire apprendre aux jeunes enfants mongoliens à prendre des tours dans la pré-conversation en renforçant toute interruption du débit vocal dans laquelle l'adulte serait en mesure d'intercaler du matériel verbal, et ensuite à favoriser la référence oculaire et l'action conjointe avec le partenaire sociale.

On sait que l'enfant mongolien est particulièrement en retard en ce qui concerne *l'apparition des premiers mots* et *le développement du premier vocabulaire*. On sait également, et nous en avons parlé, que le développement du concept d'objet permanent et les débuts des représentations mentales constituent des pré-requis importants pour le développement du vocabulaire, et d'une façon générale pour les premiers développements linguistiques. Piaget (1963, 1966) a décrit les développements intellectuels qui surviennent chez l'enfant normal pendant les deux premières années sous forme de stades de développement. Le développement de la notion d'objet permanent suit pareillement un cheminement en stade. Dans le courant de la seconde année, apparaît également le jeu symbolique (l'enfant s'emparant d'un linge, par exemple, le place sous sa tête et fait mine de dormir) chez l'enfant normal. L'organisation du développement de la notion d'objet en stades successifs rend ce développement passible, nous semble-t-il, d'un apprentissage planifié qui devrait pouvoir hâter l'émergence de ces notions chez l'enfant retardé. De même, le jeu symbolique pourrait être favorisé systématiquement en adaptant à cet effet la technique de Wiegerink. Une fois ces pré-requis installés, l'apprentissage intensif d'un vocabulaire de réception (compréhension d'un répertoire de mots de base) serait indiqué en ayant recours aux techniques disponibles à cet effet. Par exemple, les Bricker (Bricker et Bricker, 1971) ont réussi à apprendre nombre de mots fonctionnels comme *pomme, lait, autobus, chaussettes, verre*, etc., à un groupe d'enfants retardés mentaux sévères âgés d'environ dix ans. Ils ont utilisé une procédure dite de choix discriminatif dans laquelle le nom de l'objet sert à indiquer quel stimulus, parmi les deux stimuli présentés, est accompagné du renforcement. Les Bricker ont suggéré que le fait d'amplifier acoustiquement la présentation du nom de l'objet (c'est-à-dire le fait de prononcer le nom plus fort) aide l'enfant retardé (dont l'audition est normale) à apprendre les mots plus rapidement. Diane Bricker (1972) a expérimenté avec succès une autre procédure pour faciliter l'apprentissage d'un vocabulaire passif avec les enfants retardés. Elle a demandé aux enfants d'abord d'imiter et ensuite de produire spontanément un geste chaque fois qu'on leur faisait entendre le mot. Le geste utilisé dans chaque cas était sémantiquement en rapport avec le mot appris (par exemple, le mouvement consistant à abattre un arbre, pour le mot *hache*, le geste de verser pour le mot *cafetière*, etc.). Les enfants étaient âgés d'environ 10 ans. Les techniques démontrées sont en principe applicables à des enfants retardés plus jeunes.

La combinaison des mots en énoncés et en phrases est tardive chez l'enfant mongolien. Il importe donc de faire porter également l'intervention sur *les aspects syntaxiques du comportement verbal*. La tâche qui consiste à faciliter le langage combinatoire chez les enfants retardés peut être divisée en deux sous-tâches : premièrement, attirer l'attention de l'enfant sur *les relations* entre les personnes, et entre les personnes et les choses dans l'environnement; et, deuxièmement, entraîner l'enfant à produire d'abord des *combinaisons élémentaires* comportant deux mots de façon à rendre compte des relations sémantiques observées, avant d'allonger progressivement ces constructions en y incorporant d'autres mots. La sous-tâche un devrait pouvoir être menée à bien par les parents avec un minimum d'information. Il s'agit d'utiliser les nombreuses possibilités qu'offrent les séances de jeu dirigé avec l'enfant pour sensibiliser ce dernier aux relations entre les éléments qui composent l'environnement. De telles activités incluent : pointer du doigt vers les objets familiers et les nommer, indiquer et nommer leur localisation habituelle, leur propriétaire ou utilisateur habituel, sensibiliser l'enfant aux propriétés et aux principaux attributs des objets (*chaud, froid,* etc.) selon son niveau perceptif, faire observer à l'enfant et verbaliser pour lui les effets des actions sur les objets (par exemple, faire tomber l'objet, le frapper de la main ou avec un autre objet) de même que la façon d'utiliser certains objets comme instruments de façon à atteindre d'autres objets ou de façon à produire certains résultats. En ce qui concerne la sous-tâche deux, il existe des rapports dans la littérature sur la façon d'amener les enfants retardés (Jeffree, Wheldall, et Mittler, 1973; William Bricker, 1972) et les enfants intellectuellement normaux mais présentant un retard de langage (Willbrand, 1977), à produire des constructions à deux mots. La bonne intervention doit, semble-t-il, procéder de la façon suivante :

- *Attendre* jusqu'à ce que l'enfant ait un vocabulaire actif qui comporte une vingtaine de mots.
- Etre basée sur *l'imitation* (on présente la construction à deux mots à l'enfant de façon à ce qu'il l'imite) et procéder à *l'expansion* des énoncés à un mot de l'enfant en énoncés à plusieurs mots (par exemple, si l'enfant produit spontanément *biscuit* ou quelque chose d'approchant, on allongera cette production en quelque chose comme *Tu vois le biscuit !*) le tout couplé avec forces manipulations de l'objet.
- Sélectionner un petit groupe de *mots de base* (dits « mots-pivots ») comme certains verbes (*vois, regarde, veux, donne,* etc.), certains noms (se rapportant aux objets et aux personnes avec qui l'enfant joue le plus souvent ou est en relation), certains adverbes, prépositions ou participes (par exemple, *encore, a plus, parti, voilà*), etc. Etre prêt à exploiter tout mot-pivot produit spontanément par l'enfant.
- Amener l'enfant à *imiter* des combinaisons de deux mots incluant un mot-pivot autour duquel on fait varier l'autre mot : par exemple, *vois nounours, vois auto, vois maman, vois papa; veux nounours, veux biscuit, veut maman, veut auto; voilà papa, voilà maman, voilà bébé; parti papa, parti bébé, parti biscuit; encore biscuit, encore promener, encore courir, encore bébé;* etc. *Renforcer* toute production imitée ou spontanée de ce type avec un morceau de biscuit ou tout autre renforcement alimentaire, au début, au moyen d'un sourire et/ou d'une tape sur le ventre ou sur le dos, ensuite, enfin passer au renforcement intermittent des productions à deux mots, mais cesser pendant tout ce temps de renforcer spécifiquement les productions qui ne comportent qu'un seul mot.
- Lorsque les productions spontanées à deux mots deviennent plus fréquentes, on reprend la même procédure mais en assurant, cette fois, la promotion des énoncés à trois et à quatre mots.

On peut *pousser le programme plus loin* en s'inspirant des mêmes principes. Bricker, Ruder, et Vincent (1976) présentent un programme d'entraînement progressif à l'utilisation de petites phrases (donc comportant obligatoirement sujet et verbe) pour les enfants retardés modérés et sévères. On part des relations sémantiques de base de façon à favoriser par imitation et renforcement la production par l'enfant de phrases du type Sujet-Verbe-Objet. Ces productions sont ensuite progressivement raffinées jusqu'à inclure d'autres éléments (négation, adjectif, etc.) et à permettre les modifications morphologiques nécessaires (conjugaison, accords divers qui interviennent dans les phrases). On avance ainsi étape par étape vers des formes d'expressions verbales plus élaborées.

Il importe évidemment de ne pas perdre de vue *la dimension fonctionnelle de la rééducation* au profit d'un formalisme grammatical illusoire. Les mots, les expressions et les phrases apprises aux enfants doivent avoir une utilité dans l'environnement de l'enfant.

Le développement du langage ne s'arrête évidemment pas avec la production des phrases de type Sujet-Verbe-Objet et leur complexification. Il existe d'autres types de phrases comme les phrases négatives et interrogatives (et les divers sous-types de phrases interrogatives, par exemple, *Pierre vient?, Pierre vient-il?, Est-ce que Pierre vient?, Sais-tu si Pierre vient?, Quand est-ce que Pierre vient?, Quand Pierre vient-il?, Où est Pierre?, Que fait Pierre?, Que fait-il?,* etc.). Ces structures peuvent être apprises par modelage et imitation en utilisant les techniques operantes décrites ci-dessus. Sur le plan de la morpho-syntaxe, il existe des tentatives expérimentales d'entraînement linguistique avec des sujets retardés mentaux modérés et sévères basées sur l'emploi des techniques operantes et qui ont rencontré le succès. Par exemple, Baer et ses collaborateurs (Baer, Peterson, et Sherman, 1967; Guess, 1969; Guess, Sailor, Rutherford, et Baer, 1968) ont établi avec succès des comportements imitatifs verbaux chez des enfants retardés et s'en sont servi pour leur apprendre à marquer le pluriel des mots dans le langage spontané. Wheeler et Sulzer (1970) ont pareillement établi l'usage de certains morphèmes dans le langage d'un enfant retardé âgé de 8 ans. L'enfant qui n'utilisait aucun article, auxiliaire et participe, au début, apprit ensuite à utiliser ces éléments et donc à enrichir son expression verbale, à la rendre plus précise et plus adaptée à la communication. Certes, de nombreux problèmes restent non résolus dans cette approche. Il n'est pas facile, par exemple, d'assurer la généralisation des formes apprises au cours de la rééducation au contexte du langage spontané en situation naturelle. La généralisation peut être entraînée cependant selon les mêmes principes que l'apprentissage et il est possible (et souhaitable) d'associer les parents à l'intervention de façon à favoriser le transfert des apprentissages aux situations de vie et à assurer le maintien des contingences de renforcement en dehors des séances spécifiques d'entraînement.

C.2. Les parents comme thérapeutes

Nous avons indiqué plus haut qu'on a toutes les raisons de penser aujourd'hui que l'environnement linguistique des enfants retardés mentaux modérés et sévères, et notamment des enfants mongoliens, est un environnement sain et adapté aux possibilités linguistiques de l'enfant. Il faut en rendre justice aux parents. Cela ne signifie pas, cependant, qu'on ne puisse essayer d'améliorer encore cet environnement, c'est-à-dire la façon dont les parents parlent à leur enfant retardé, de façon à tenter de réduire au maximum les délais importants qui se manifestent dans le développement linguistique des enfants retardés. Diverses tentatives ont été menées en ce sens sur une base expérimentale.

MacDonald, Blott, Gordon, Spiegel et Hartman (1974), Seitz et Hoekenga (1974), et Rynders et Horrobin (1975) ont proposé et évalué différentes techniques d'intervention impliquant l'enfant retardé mental et sa mère. Le but était d'apprendre aux mères des jeunes enfants retardés mentaux, au cours de séances d'instruction et de guidance, comment accroître l'efficacité de leur interaction verbale avec l'enfant pour le développement du langage chez celui-ci.

Seitz et Hoekenga (1974) demandèrent aux mères des enfants retardés d'observer pendant un certain temps le rééducateur en situation d'interaction verbale avec l'enfant. Les mères devaient ensuite se substituer au rééducateur pendant la dernière partie du programme d'intervention. Aucun objectif linguistique ne leur était imposé à aucun moment durant l'étude. Rynders et Horrobin (1975) procurèrent aux mères de jeunes enfants mongoliens une série de jouets et une série de mots à utiliser durant les activités de jeu sensori-moteur et les routines de nourrissage et de toilettage de l'enfant. MacDonald et al. (1974) tentèrent d'améliorer le langage d'enfants mongoliens âgés de 3 à 5 ans, et ne produisant jusque-là que des énoncés à un mot en demandant à leurs mères d'observer et d'assister le rééducateur pendant la première partie de l'étude avant de continuer les mêmes pratiques, à domicile et selon les instructions du rééducateur, pendant la seconde partie de l'étude. Contrairement à Seitz et Hoekenga, Rynders et Horrobin, et MacDonald et al. informèrent les mères d'une façon détaillée quant aux objectifs poursuivis et leur fournirent des instructions spécifiques sur la manière dont le programme d'entraînement au langage devait être mené. On verra MacDonald et Blott (1974), et particulièrement MacDonald (1975) pour une discussion de quelques programmes d'entraînement et pour une série d'information sur plusieurs travaux récents au Nisonger Center et Communication Department, Ohio State University, Columbus, Ohio. Les trois séries d'études rapportèrent des résultats positifs. Il fut possible et relativement aisé de procéder à l'entraînement des mères en tant que rééducateur adjoint et puis rééducateur indépendant. Les enfants ayant participé aux expériences démontrèrent de notables et durables progrès dans le domaine du développement du langage à la différence des sujets contrôle lesquels ne firent aucun progrès comparable pendant le même intervalle de temps. Une étude récente de Cheseldine et MacConkey (1979) fournit quelques précieuses indications complémentaires. Ces auteurs ont travaillé avec un groupe de parents d'enfants mongoliens âgés d'environ 5 ans et se trouvant essentiellement au stade des productions à un mot. Les parents se virent donner l'objectif de tenter d'amener l'enfant à utiliser un maximum d'énoncés à deux mots impliquant un verbe ou un élément verbal (en préparation pour le passage à la phrase et à l'énoncé plus complexe centré comme il se doit autour du verbe). Les chercheurs ne fournirent aucune indication aux parents sur la façon de procéder (à domicile), seuls les objectifs de l'action parentale étant précisés. Certains parents atteignirent les objectifs fixés au bout d'une période de deux semaines à raison d'au moins une séance intensive d'intervention tous les trois jours. D'autres parents échouèrent dans leurs tentatives. Les parents «efficaces» modifièrent sensiblement leur langage pour le rendre plus simple et plus adapté à l'objectif fixé. Ils n'hésitèrent pas à modeler directement les verbes en question. Les parents moins efficaces procédèrent surtout par des questions posées à l'enfant ou tentèrent d'amener l'enfant à répéter *directement* et *fidèlement* les productions verbales parentales. Il semble donc que les stratégies efficaces consistent dans ce cas à modeler clairement les mots-cibles dans des phrases simples et clairement articulées sans imposer à l'enfant qu'il les répète immédiatement et exactement. Les questions ne donnèrent guère de résultats non plus. Elles aboutissaient à ce que l'enfant réponde au moyen d'énoncés ne comportant le plus souvent qu'un seul mot. Les auteurs entreprirent ensuite d'amener les parents «moins efficaces» à utiliser les stratégies des parents «plus efficaces». Les premiers purent alors atteindre les objectifs fixés. Cette recherche indique que les interventions parentales sont plus efficace en général si on indique aux parents comment procéder (bien que certains parents peuvent arriver à la bonne pratique spontanément ou par essai et erreur). Cela nécessite évidemment qu'on sache à l'avance quelles sont les stratégies d'intervention les plus efficaces avec les enfants retardés. Heureusement, la littérature sur le langage parental adressé aux enfants normaux en voie d'acquisition du langage fournit un nombre important de suggestions sur ce point (cfr par exemple, Rondal, 1978b).

Nous entrons donc dans une période nouvelle en matière d'intervention, une période au cours de laquelle les parents vont, avec l'aide et le support des spécialistes, prendre en main de plus en plus la démarche d'intervention avec leurs propres enfants; une période au cours de laquelle des informations de plus en plus précises sur les techniques et les formes d'intervention les plus efficaces seront disponibles permettant d'aider davantage les parents et d'assurer à leur démarche un effet marqué et proportionnel aux efforts consentis. Il faudra s'efforcer de rendre l'information et les services spécialisés de guidance et d'assistance dans les interventions accessibles à tous les parents d'enfants retardés.

C.3. Communication gestuelle

Que faire cependant avec les sujets déficients mentaux profonds pour lesquels l'apprentissage linguistique reste extrêmement difficile et les résultats médiocres lorsqu'on utilise les techniques d'intervention habituelles ? Cette catégorie de sujets a traditionnellement été considérée comme trop retardée pour qu'on puisse songer à mettre en place une intervention langagière susceptible d'avoir beaucoup d'effets. Les choses sont en train de changer dans ce secteur par le recours à des systèmes de communication gestuelle du type (toute proportion gardée) de celles utilisées par les sujets sourds profonds. L'idée des spécialistes qui commencent à employer ces systèmes (surtout sur une base expérimentale, à ce stade) n'est pas d'amener les enfants retardés à se développer uniquement en tant que communicateurs gestuels. Certes, si l'enfant retardé profond ne dépasse pas ce stade, il pourra au moins communiquer par geste avec son entourage, ce qui est déjà mieux que pas de communication du tout. Mais il se trouve que, dans la plupart des cas, la communication gestuelle facilite le démarrage verbal et l'apprentissage des mots et des expressions verbales fonctionnelles. Cet effet de facilitation du système verbal par le système symbolique gestuel témoigne sans doute des relations d'activation réciproque dans lesquelles se situent les deux systèmes (Rondal, 1975b). Il n'est pas question évidemment, de chercher à apprendre aux individus retardés profonds même une partie des complexités du langage gestuel organisé et grammatical employé par les sourds (par exemple, l'American Sign Language, cfr Moores, 1978). Cela est très largement au-delà des possibilités mentales de ces sujets. Les tentatives d'enseigner l'usage des gestes symboliques à des arriérés mentaux et de se servir ensuite de cette base pour les amener à produire et à échanger quelques mots et expressions utiles ont obtenu, semble-t-il, un succès considérable dans les dernières années (on verra Hobson et Duncan, 1979, pour une revue partielle de la littérature et l'exposé de la technique utilisée ainsi que des résultats obtenus avec un groupe de sujets mongoliens retardés sévères et profonds, âgés de 17 à 57 ans, et vivant en institution; de même, Lambert, 1978, a revu quelques systèmes de communication non verbale utilisables avec les sujets arriérés sévères et profonds, ou au moins modifiables de façon à pouvoir être utilisés avec les arriérés profonds). Il est clair que ces recherches et applications fournissent une nouvelle et importante approche des problèmes de la communication chez les sujets retardés profonds, colloqués en institution et ne communiquant que minimalement ou pas du tout avec l'entourage hospitalier. Il reste à pousser ces recherches plus loin et surtout à en généraliser les applications sur une large échelle.

En ce qui concerne les sujets retardés mentaux modérés (et sévères), Rondal et Hoffmeister (1975) ont suggéré l'intérêt qu'il y aurait à utiliser également les gestes et le langage gestuel dans la promotion de la communication verbale (surtout aux premiers stades du développement linguistique) chez ces enfants. La suggestion concerne l'usage simultané des gestes et des mots (*communication totale*) de façon à favoriser le développement symbolique et verbal. On sait en effet, à l'heure actuelle, que loin d'être dans une relation d'opposition les deux systèmes (parole et gestes) s'activent mutuellement et réciproquement. Il est vraisemblable qu'on puisse obtenir d'intéressants bénéfices éducatifs en exploitant cette possibilité dans le premier développement communicatif et verbal des enfants retardés.

Bibliographie

BAER, D., PETERSON, R., & SHERMAN, J., The development of imitation by reinforcing behavioral similarity to a model. *Journal of the Experimental Analysis of Behavior*, 1967, *10*, 405-416.

BARTEL, N., BRYEN, D. & KEEHN, S., Language comprehension in the mentally retarded child. *Exceptional Children*, 1973, *39*, 375-382.

BATESON, M., Mother-infant exchanges: The epigenesis of conversational interaction. In D. AARONSON & R. RIEBER (Eds.), *Developmental psycholinguistics and communication disorders*. New York: The New York Academy of Science, 1975, vol. 263, pp. 101-113.

BENDA, C., *The child with mongolism*. New York: Grune and Stratton, 1960.

BERRY, P., Comprehension of possessive and present continuous sentences by non-retarded, mildly retarded and severely retarded children. *American Journal of Mental Deficiency*, 1972, 76, 540-544.

BILOVSKY, D. & SHARE, J., The ITPA and Down's syndrome: an exploratory study. *American Journal of Mental Deficiency*, 1965, *70*, 78-83.

BLOOMER, H., Speech defects associated with dental abnormalities and malocclusions. In L. TRAVIS (Ed.), *Handbook of speech pathology*. New York: Appleton-Century, 1957, pp. 608-652.

BOREL-MAISONNY, S., Principes de l'éducation des enfants déficients auditifs. In C. LAUNAY & S. BOREL-MAISONNY (Eds.), *Les troubles du langage, de la parole, et de la voix chez l'enfant.* Paris, Masson, 1975. (a)
BOREL-MAISONNY, S., Troubles d'articulation. In C. LAUNAY & S. BOREL-MAISONNY (Eds.), *Les troubles du langage, de la parole, et de la voix chez l'enfant.* Paris: Masson, 1975. (b)
BRICKER, D., Imitative sign training as facilitator of word-object association with low-functioning children. *American Journal of Mental Deficiency*, 1972, 76, 509-516.
BRICKER, D., RUDER, K. & VINCENT, L., An intervention strategy for language-deficient children. In N. HARING & R. SCHIEFELBUSCH (Eds.), *Teaching special children.* New York: McGraw-Hill, 1976.
BRICKER, W., A systematic approach to language training. In R. SCHIEFELBUSCH (Ed.), *Language of the mentally retarded.* Baltimore: University Park Press, 1972.
BRICKER, W. & BRICKER, D., Development of receptive vocabulary in severely retarded children. *American Journal of Mental Deficiency*, 1971, 75, 599-605.
BROOKS, D., WOOLEY, H. & KANJILAL, G., Hearing loss and middle ear disorders in patients with Down's syndrome (Mongolism). *Journal of Mental Deficiency Research*, 1972, 16, 21-29.
BROWN, A., The role of strategic behavior in retardate memory. In N. ELLIS (Ed.), *International Review of Research in Mental Retardation.* New York: Academic Press, 1974, pp. 55-112.
BROWN, R., *A first language.* Cambridge, Massachusetts: Harvard University Press, 1973.
BUIUM, N., RYNDERS, J. & TURNURE, J., *A semantic-relational-concept based theory of language acquisition as applied to Down's syndrome children: Implication for a language enhancement program* (Research report N° 62). Minneapolis, Minnesota: University of Minnesota, Research and Development Center in Education of Handicapped Children, 1974. (a)
BUIUM, N., RYNDERS, J. & TURNURE, J., Early maternal linguistic environment of normal and Down's syndrome language-learning children. *American Journal of Mental Deficiency*, 1974, 79, 52-58. (b)
CABANAS, R., Some findings in speech and voice therapy among mentally deficient children. *Folia Phoniatrica*, 1954, 6, 34-37.
CACCAMO, J. & YATER, A., The ITPA and negro children with Down's syndrome. *Exceptional Children*, 1972, 38, 642-643.
CHESELDINE, S. & McCONKEY, R., Parental speech to young Down's syndrome children: An intervention study. *American Journal of Mental Deficiency*, 1979, 83, 612-620.
CLARK, E., What's in a word? On the child's acquisition of semantics in his first language. In T. MOORE (Ed.), *Cognitive development and the acquisition of language.* New York: Academic Press, 1973.
COGGINS, T.E., *The classification of relational meaning expressed in the early two-word utterances of Down's syndrome children.* Manuscrit non publié, University of Wisconsin, Madison, 1976 (*University Microfilms International* Catalog n° 76-20, 103.)
CROME, L. & STERN, J., *The pathology of mental retardation.* Londres: Churchill, 1967.
DALE, P., *Syntactic development in Down's syndrome children.* Communication présentée à la 85th Annual Convention of the American Psychological Association. San Francisco, août 1977.
DINVILLE, C. & GACHES, L., Le bégaiement. In C. LAUNAY & BOREL-MAISONNY (Eds.), *Les troubles du langage, de la parole, et de la voix.* Paris: Masson, 1975.
DODD, B., Comparison of babbling patterns in normal and Down's syndrome infants. *Journal of Mental Deficiency Research*, 1972, 16, 35-40.
DODD, B., A comparison of the phonological systems of mental age matched normal,

severely subnormal and Down's syndrome children. *British Journal of Disorders of Communication*, 1975, *11*, 27-42. (a)

DODD, B., Recognition and reproduction of words by Down's syndrome and non-Down's syndrome retarded children. *American Journal of Mental Deficiency*, 1975, *80*, 306-311. (b)

ENGLER, M., *Mongolism*. Bristol: Wright, 1949.

FISHLER, K., SHARE, J. & KOCH, R., Adaptation of Gesell developmental scales for evaluation of development in children with Down's syndrome (mongolism). *American Journal of Mental Deficiency*, 1964, *68*, 642-646.

FISICHELLI, V. & KARELITZ, S., Frequency spectra of the cries of normal infants and those with Down's syndrome. *Psychonomic Science*, 1966, 6, 195-196.

FISICHELLI, V., HABER, A. & DAVIS, J., Audible characteristics of the cries of normal infants and those with Down's syndrome. *Perceptual and Motor Skills*, 1966, *23*, 744-746.

FRITH, U. & FRITH, C., Specific motor disabilities in Down's syndrome. *Journal of Child Psychology and Psychiatry*, 1974, *15*, 293-301.

FULTON, R. & LLOYD, L., Hearing impairment in a population of children with Down's syndrome. *American Journal of Mental Deficiency*, 1968, *73*, 298-302.

GUESS, D., A functional analysis of receptive language and productive speech: acquisition of the plural morpheme. *Journal of Applied Behavior Analysis*, 1969, *2*, 55-64.

GUESS, D., SAILOR, W., RUTHERFORD, G. & BAER, D., An experimental analysis of linguistic development: the productive use of the plural morpheme. *Journal of Applied Behavior Analysis*, 1968, *1*, 297-306.

GLOVSKY, L., Audiological assessment of a mongoloid population. *Training School Bulletin*, 1966, *63*, 27-36.

GURALNICK, M., Integrated preschools as educational and therapeutic environments: Concepts, design, and analysis. In M. GURALNICK (Ed.), *Early intervention and the integration of handicapped and nonhandicapped children*. Baltimore: University Park Press, 1978, pp. 115-145.

GURALNICK, M. & BROWN, D., The nature of verbal interactions among handicapped and nonhandicapped preschool children. *Child Development*, 1977, *48*, 254-260.

GUTMANN, A. & RONDAL, J.A., Verbal operants in mothers' speech to nonretarded and Down's syndrome children matched for linguistic level. *American Journal of Mental Deficiency*, 1979, *83*, 446-452.

HALLIDAY, M.A.K., *Learning how to mean*. Londres: Arnold, 1975.

HOBSON, P. & DUNCAN, P., Sign learning and retarded people. *Mental Retardation*, 1979, *17*, 33-37.

HOLLIEN, H. & COPELAND, R., Speaking fundamental frequency (SFF) characteristics of mongoloid girls. *Journal of Speech and Heating Disorders*, 1965, *30*, 344-349.

JAKOBSON, R., *Langage enfantin et aphasie*. Paris: Editions de Minuit, 1969.

JEFFREE, D., WHELDALL, K. & MITTLER, P., Facilitating two-word utterances in two Down's syndrome boys. *American Journal of Mental Deficiency*, 1973, *78*, 117-122.

JENKINS, J. & PALERMO, D., Mediation processes and the acquisition of linguistic structure. In U. BELLUGI & R. BROWN (Eds.), *The acquisition of language*. Chicago: The University of Chicago Press, 1964 (monographie n° 92 de la Society for Research in Child Development).

JOHNSON, W., *Stuttering and what you can do about it*. Minneapolis: University of Minnesota Press, 1961.

JONES, O., Mother-child communication with pre-linguistic Down's syndrome and normal infants. In H. SCHAFFER (Ed.), *Studies in mother-child interaction*. New York: Academic Press, 1977, pp. 379-401.

KAHN, J., Relationship of Piaget's sensorimotor period to language acquisition of profoundly retarded children. *American Journal of Mental Deficiency*, 1975, *79*, 640-643.

KOGAN, K., WIMBERGER, H. & BOBITT, R., Analysis of mother-child interaction in young mental retardates. *Child Development*, 1969, *40*, 799-812.
KRASHEN, S., The critical period for language acquisition and its possible bases. In D. AARONSON & R. RIEBER (Eds.), *Developmental psycholinguistics and communication disorders*. Annals of the New York Academy of Sciences. New York: The New York Academy of Science, 1975, vol. 263, pp. 211-224.
LAMBERT, J.L., *Introduction à l'arriération mentale*. Bruxelles: Mardaga, 1978. (a)
LAMBERT, J.L., La compréhension des phrases chez les arriérés mentaux. *Le Langage et l'Homme*, 1978, octobre 30-33. (b)
LAMBERT, J.L., Les retards intellectuels. In J.A. RONDAL & M. HURTIG (Eds), *Psychologie de l'enfant*. Bruxelles: Mardaga, 1980, sous presse.
LAMBERT, J.L. & SAINT-REMI, J., Profils cognitifs de jeunes enfants arriérés mentaux profonds obtenus au moyen de l'échelle VI de Uzgiris et Hunt. *Psychologica Belgica*, 1979, sous presse.
LAYTON, T. & SHARIFI, H., Meaning and structure of Down's syndrome ans nonretarded children spontaneous speech. *American Journal of Mental Deficiency*, 1979, *83*, 439-445.
LENNEBERG, E., *Biological foundations of language*. New York: Wiley, 1967.
LENNEBERG, E., NICHOLS, I. & ROSENBERGER, E., Primitive stages of language development in mongolism. In D. McRIOCH & A. WEINSTEIN (Eds.), *Disorders of communication*. Baltimore: Williams & Wilkins, 1964, pp. 119-137.
LOMBARDINO, L., *Maternal speech to normal and Down's syndrome children: A taxonomy and comparative-descriptive study*. Communication présentée au symposium « The linguistic environment of mentally retarded children », 103rd Annual Meeting of the American Association on Mental Deficiency, Miami Beach, Florida, mai-juin 1979.
LONGHURST, T., Assessing and increasing descriptive communication skills in retarded children. *Mental Retardation*, 1972, *10*, 42-45.
LONGHURST, T., Communication in retarded adolescents: Sex and intelligence level. *American Journal of Mental Deficiency*, 1974, *78*, 607-618.
LYLE, J., Comparison of the language of normal and imbecile children. *Journal of Mental Deficiency Research*, 1961, *5*, 40-50.
MACDONALD, J., Environmental language intervention: program for establishing initial communication in handicapped children. In F. WITHROW & C. NYGREN (Eds.), *Language and the handicapped learner: Curricula, programs, and media*. Colombus, Ohio: Merrill, 1975.
MACDONALD, J. & BLOTT, J., Environmental language intervention: the rationale for a diagnostic and training strategy through rules, context, and generalization. *Journal of Speech and Hearing Disorders*, 1974, *39*, 244-256.
MACDONALD, J., BLOTT, J., GORDON, K., SPIEGEL, B. & HARTMAN, M., An experimental parent-assisted treatment program for preschool language delayed children. *Journal of Speech and Hearing Disorders*, 1974, *39*, 395-415.
MARSHALL, N., HEGRENES, J. & GOLDSTEIN, S., Verbal interaction: Mothers and their retarded children versus mothers and their nonretarded children. *American Journal of Mental Deficiency*, 1973, *77*, 415-419.
MARTINET, A., *Eléments de linguistique générale*. Paris: Colin, 1970.
MCCARTHY, J.M., *Patterns of psycholinguistic development of mongoloid and nonmongoloid severely retarded children*. Thèse de Doctorat. University of Illinois, 1965.
McINTYRE, M. & DUTCH, S., Mongolism and generalized hypotonia. *American Journal of Mental Deficiency*, 1964, *68*, 669-670.
MEIN, R., A study of the oral vocabularies of severely subnormal patients. *Journal of Mental Deficiency Research*, 1961, *5*, 52-59.
MEIN, R. & O'CONNOR, N., A study of the oral vocabularies of severely subnormal patients. *Journal of Mental Deficiency Research*, 1960, *4*, 130-143.
MICHAELIS, C.T., *The language of a Down's syndrome child*. Thèse non publiée, University of Utah, 1976 (*Dissertation Abstracts International*, 1977, *37*, 9.)
MICHEL, J. & CARNEY, R., Pitch characteristics of mongoloid boys. *Journal of Speech and Hearing Disorders*, 1964, *29*, 121-125.

MICHEL, J., BROWN, W. & HOLLIEN, H., Vocal fundamental characteristics of institutionalized Down's syndrome children. *American Journal of Mental Deficiency*, 1974, *78*, 414-418.

MOORES, D., *Educating the deaf: Psychology, principles, and practice*. Boston: Houghton-Mifflin, 1978.

MORAN, M. & GILBERT, H., Speaking fundamental frequency characteristics of institutionalized adults with Down's syndrome. *American Journal of Mental Deficiency*, 1978, *83*, 248-252.

NEWFIELD, M. & SHLANGER, B., The acquisition of English morphology by normal and educable mentally retarded children. *Journal of Speech and Hearing Research*, 1968, *11*, 693-708.

OGLAND, V., Language behavior in the educable mentally retarded. *Mental Retardation*, 1972, *3*, 30-32.

PIAGET, J., *La construction du réel chez l'enfant*. Neuchatel: Delachaux et Niestlé, 1963.

PIAGET, J., *La naissance de l'intelligence chez l'enfant*. Neuchatel: Delachaux et Niestlé, 1966.

PREUS, A., Stuttering in Down's syndrome. *Scandinavian Journal of Educational Research*, 1972, *16*, 89-10.

RICHELLE, M., *Le conditionnement operant* (2e édit.), Neuchatel: Delachaux et Niestlé, 1972.

RONDAL, J.A., Développement du langage et retard mental: une revue critique de la littérature en langue anglaise. *L'année Psychologique*, 1975, *75*, 513-547.

RONDAL, J.A., Deaf children: Language development and education. *Psychologica Belgica*, 1975, *15*, 63-74. (b)

RONDAL, J.A., Développement du langage et retard mental: une revue des études ayant utilisé l'Illinois Test of Psycholinguistic Abilities. *Psychologica Belgica*, 1977, *17*, 24-34. (a)

RONDAL, J.A., Le développement du langage chez les retardés mentaux: retard de développement ou déficit spécifique? In M. SPOELDERS (Ed.), *Pedagogische psycholinguistiek* (Recherche psycholinguistique en Belgique). Gand: Presses de l'Université de Gand, 1977, pp. 121-135. (b)

RONDAL J.A., Environnement linguistique maternel et retard mental. *Enfance*, 1977, *1*, 37-48. (c)

RONDAL, J.A., Maternal speech to normal and Down's syndrome children (mongols) matched for mean length of utterance. In C.E. MEYERS (Ed.), *Quality of life in severely and profoundly mentally retarded people: Research foundations for improvement*. Washington, D.C.: American Association on Mental Deficiency, 1978, pp. 193-265. (a)

RONDAL, J.A., *Langage et éducation*. Bruxelles: Mardaga, 1978. (b)

RONDAL, J.A., Early language intervention in severely and moderately mentally retarded children. In A.F. FINK (Ed.), *International perspectives on future special education*. Reston, Virginia: The Council for Exceptional Children, 1978. (c)

RONDAL, J.A., Patterns of correlation for various language measures in mother-child interactions for normal and Down's syndrome children. *Language and Speech*, 1978, *21*, 242-252. (d)

RONDAL, J.A., Le développement linguistique des handicapés mentaux. *Journal de Psychologie Normale et Pathologique*, 1978, *3*, 347-368. (e)

RONDAL, J.A., Developmental Sentence Scoring Procedure and the delay-difference question in language development of Down's syndrome children. *Mental Retardation*, 1978, *16*, 169-171. (f)

RONDAL, J.A., *Votre enfant apprend à parler*. Bruxelles: Mardaga, 1979. (a)

RONDAL, J.A., Le développement linguistique. In J.A. RONDAL & M. HURTIG (Eds.), *Psychologie de l'Enfant: Une introduction*. Bruxelles: Mardaga, 1980, à paraître. (b)

RONDAL, J.A., Language delay and language difference in moderately and severely mentally retarded children. In L. SANDALS (Ed.), *Proceedings of the Third National Congress of the Canadian Council for Exceptional Children*. Winnipeg, 1979, sous presse. (c)

RONDAL, J.A., *Spontaneous imitations in Down's syndrome children language development*. Communication présentée au 5e International Association for the Scientific Study of Mental Deficiency (IASSMD), Jerusalem, Israël, août 1979. (d)
RONDAL, J.A. & HOFFMEISTER, R., Pour un apprentissage du langage gestuel par les retardés mentaux : une proposition. *Revue Belge de Psychologie et de Pédagogie*, 1975, *37*, 51-60.
ROULIN, E., *Guide Pratique : Le développement du langage*. Québec : Les Editions La Liberté, 1977.
RYAN, J., Mental subnormality and language development. In E. LENNEBERG & E. LENNEBERG (Eds.), *Foundations of language development : A multidisciplinary approach* (Vol. 2). New York : Academic Press, 1975, pp. 269-277.
RYNDERS, J. & HORROBIN, M., Project EDGE : The University of Minnesota communication stimulation program for Down's syndrome infants. In B. FRIEDLANDER, G. STERRIT & G. KIRK (Eds.), *Exceptional infants : assessment and intervention* (Vol. 3). New York : Brunner/Mazel, 1975, pp. 173-192.
SEITZ, S., Language intervention - changing the language environment of the retarded child. In R. KOCH & F. de la CRUZ (Eds.), *Down's syndrome*. New York : Brunner/Mazel, 1975, pp. 155-179.
SEITZ, S. & HOEKENGA, R., Modeling as a training tool for retarded children and their parents. *Mental Retardation*, 1974, *12*, 28-31.
SEITZ, S. & STEWART, C., Imitations and expansions : some developmental aspects of mother-child communications. *Developmental Psychology*, 1975, *11*, 763-768.
SEMMEL, M. & DOLLEY, D., Comprehension and imitation of sentences by Down's syndrome children as a function of transformational complexity. *American Journal of Mental Deficiency*, 1971, *75*, 739-745.
SERON, X., L'aphasie de l'enfant, quelques questions sans réponses. *Enfance*, 1977, 248-270.
SERON, X., Pathologie du langage. In J.A. RONDAL et M. HURTIG (Eds.), *Manuel de psychologie de l'enfant : une introduction à la psychologie de l'enfant et à la psychologie du développement*. Bruxelles : Mardaga, 1980, sous presse.
SERSEN, E., ASTRUP, C., FLOLDSTAD, I. & WORTIS, J., Motor conditioned reflexes and word associations in retarded children. *American Journal of Mental Deficiency*, 1970, *74*, 495-501.
SHARE, J., Developmental progress in Down's Syndrome. In R. KOCH & F. DE LA CRUZ (Eds.), *Down's syndrome*. New York : Brunner/Mazel, 1975, pp. 78-85.
SHATZ, M. & GELMAN, R., The development of communication skills : modifications in the speech of young children as a function of listener. *Monographs of the Society for Research in Child Development*, 1973, *38*, n° de série 152.
SHVACHKIN, N., *Le développement de la perception des phonèmes chez le jeune enfant*. Izvestya Academya Pedagogika Nauka, RSFST, Moscou, 1948.
SIEGEL, G., Interpersonal approaches to the study of communication disorders. *Journal of Speech and Hearing Disorders*, 1967, *32*, 112-120.
SMITH, B., *Phonological development in Down's syndrome children*. Communication présentée à la 85th Annual Convention of the American Psychological Association, San Francisco, août 1977.
SOMMERS, R. & STARKEY, K. Dichotic verbal processing in Down's syndrome having qualitatively different speech and language skills. *American Journal of Mental Deficiency*, 1977, *82*, 44-053.
SPITZ, H., The role of input organization in the learning and memory of mental retardates. In N. ELLIS (Ed.), *International Review of Research in Mental Retardation*. New York : Academic Press, 1966, pp. 29-56.
SPRADLIN, J., Language and communication of mental defectives. In N. ELLIS (Ed.), *Handbook of mental deficiency : psychological theory and research*. New York : McGraw-Hill, 1963, pp. 512-515.
SPRADLIN, J. & ROSENBERG, S., Complexity of adult verbal behavior in a dyadic situation with retarded children. *Journal of Abnormal Social Psychology*, 1964, *68*, 694-698.
STRAZZULA, M., Speech problems of the mongoloid child. *Quarterly Review of Pediatrics*, 1953, *8*, 268-273.

VAN RIPER, C., *The nature of stuttering*. Englewood Cliffs, New Jersey: Prentice-Hall, 1971.
WATERS, T., Qualitative vocabulary responses in three etiologies of mental defectives. *Training School Bulletin*, 1956, *53*, 151-156.
WHEELER, A. & SULZER, B., Operant training and generalization of a verbal response forms in a speech-deficient child. *Journal of Applied Behavior Analysis*, 1970, *3*, 139-147.
WHELDALL, K., Receptive language development in the mentally handicaped. In P. BERRY (Ed.), *Language and communication in the mentally handicapped*. Baltimore: University Park Press, 1976, pp. 36-55.
WHELDALL, K. & SWANN, W., The effect of intonational emphasis on sentence comprehension in severely subnormal and normal children. *Language and Speech*, 1976, *19*, 87-99.
WIEGERINCK, R., HARRIS, C., SIMEONSSON, R. & PEARSON, M., Social stimulation of vocalizations in delayed infants: Familiar and novel agent. *Child Development*, 1974, *45*, 866-872.
WILLBRAND, M., Psycholinguistic theory and therapy for initiating two word utterances. *British Journal of Communication Disorders*, 1977, *121*, 37-46.
WILLIS, B., *Mentally retarded children - qualitatively different speech*. Manuscrit. Luther College, Decorah, Iowa, 1978.
WOODWARD, M., The behavior of idiots interpreted by Piaget's theory of sensori-motor development. *British Journal of Educational Psychology*, 1959, *29*, 60-61.
YODER, D. & MILLER, J., What we may know and what we can do: Input toward a system. In J. McLEAN, D. YODER & R. SCHIEFELBUSCH (Eds.), *Language intervention with the retarded: Developping strategies*. Baltimore: University Park Press, 1972, pp. 89-107.
ZISK, P. & BIALER, I., Speech and language problem in mongolism: A review of the literature. *Journal of Speech and Hearing Disorders*, 1967, *32*, 228-241.

Note 1. COOK, N., *Semantic development in children with Down's syndrome*. Communication présentée au 85ᵉ Congrès Annuel de l'American Psychological Association, San Francisco, août 1977.

Chapitre 4
Les familles

Il y a 20 ans, le rôle des familles dans l'éducation des enfants et adultes mongoliens était à peine mentionné dans la littérature. C'est depuis 1965 que l'on voit apparaître une série de travaux concernant les effets de la présence d'un mongolien dans le milieu familial. Cette situation s'explique par le fait suivant: jusqu'il y a peu de temps, on considérait que les enfants devaient être placés en institution, parfois dès la naissance, afin d'éviter aux familles des problèmes considérés comme difficilement surmontables. Actuellement, la plupart des spécialistes conseillent aux parents d'éduquer leur enfant dans le milieu familial et de l'amener à participer activement à la vie quotidienne. Cette situation, certes idéale, entraîne une série de difficultés qu'il convient de ne pas minimiser.

Les réactions familiales à la présence d'un enfant mongolien sont abondamment décrites dans la littérature. En effet, le mongolisme est cerainement le syndrome qui se prête le mieux à une telle analyse. Une fois le diagnostic posé à la naissance, il est possible de suivre le cheminement des ajustements familiaux, des conflits pouvant survenir, des réactions des frères et sœurs du mongolien et ce, pendant toute une existence. Pour présenter les familles des mongoliens, beaucoup de voies s'ouvraient à nous. Nous avons opté pour deux domaines: l'annonce du diagnostic et les réactions familiales. Notre choix s'explique par le fait que nous disposons de nombreuses données personnelles recueillies au cours de ces cinq dernières années auprès d'une centaine de familles. Comme nous le verrons, il n'existe pas *une* psychologie des familles, mais bien *des* familles qui réagissent différemment selon leur histoire, leur situation sociale et leurs contacts avec l'extérieur.

1. L'ANNONCE DU DIAGNOSTIC

« Le premier choc — le plus terrible aussi — qui frappe les parents est sans aucun doute le diagnostic, le moment où le médecin leur dit que leur enfant est déficient mental... Nous ne devons jamais oublier que la façon de révéler le diagnostic va exercer une influence prépondérante sur l'attitude ultérieure des parents à l'égard de leur enfant. » C'est en ces termes que Portray (1970) pose le problème de l'annonce du diagnostic aux parents. L'étude de l'annonce du handicap chez les parents d'enfants mongoliens est importante pour deux raisons. Premièrement, il est généralement admis que l'acceptation de l'enfant par les parents a pour conséquence une meilleure évaluation du handicap et la recherche de méthodes éducatives appropriées. Deuxièmement, les procédures d'intervention précoce destinées à aider les parents apparaissent bénéfiques pour le développement des enfants (Cunningham, 1975). Donc, la manière dont les parents apprennent l'existence du handicap et les premiers services disponibles influencent l'ajustement émotionnel à la situation. En retour, cette acceptation a des conséquences positives pour l'éducation de l'enfant mongolien.

A partir d'une enquête réalisée auprès de 87 familles d'enfants et d'adultes mongoliens, nous avons analysé les variables qui entourent l'annonce du diagnostic.

Les familles étudiées

Les niveaux socio-professionnels des familles, basés sur la profession du père, se répartissent de manière équivalente dans toutes les catégories et indiquent que le mongolisme est présent dans toutes les couches sociales de la population (ouvriers non qualifiés: 15; ouvriers qualifiés: 28; employés et services: 25; professions libérales de niveau universitaire: 19).

La répartition des âges maternels au moment de la naissance de l'enfant mongolien figure au tableau 4. Notre population s'accorde avec les données de la littérature, à savoir le lien existant entre l'ac-

Tableau 4. Répartition des âges maternels.

Ages maternels	20-25 ans	25-30 ans	30-35 ans	35-40 ans	+ 40 ans
Nombre d'enfants	9	10	20	36	12

croissement de l'âge maternel et le risque de donner naissance à un enfant mongolien.

Chaque famille a un enfant mongolien. Dans 38 familles, il s'agit d'un enfant unique. Dans les autres familles, l'enfant mongolien est soit l'aîné (14 familles), soit le cadet de deux ou plusieurs enfants.

Les enfants et les adultes

Les mongoliens sont âgés de 10 mois à 32 ans. Nous avons divisé l'échantillon en quatre catégories: 0 à 2 ans, 2 à 5 ans, 5 à 10 ans et au-delà de 10 ans. Cette distinction concerne des moments différents dans l'évolution des idées sur la prise en charge du handicap. En effet, il n'y a guère plus de cinq ans qu'un vaste courant d'informations existe dans le domaine de l'arriération mentale. Notre distinction en tranches d'âges de 0 à 2 ans et 2 à 5 ans vise à mieux cerner les effets d'efforts récents mis en œuvre par les associations de parents pour toucher l'opinion publique.

La répartition des sujets selon les âges est la suivante: 0 à 2 ans: 11; 2 à 5 ans: 16; 5 à 10 ans: 16; au-delà de 10 ans: 44.

Le questionnaire

Le questionnaire a été présenté de manière individuelle. Dans 79 familles, le père et la mère étaient présents. A partir de l'analyse de la littérature (Cunningham et Sloper, 1975; Pueschel et Murphy, 1977), nous avons retenu cinq questions (Lambert, 1978):
1. Quand le handicap a-t-il été annoncé?
2. Les parents soupçonnaient-ils l'existence d'un handicap?
3. Comment l'annonce a-t-elle été faite?
4. Quel a été son contenu?
5. Qu'est-ce que les parents souhaitent trouver dans l'annonce?

Les résultats

1. Quand le handicap a-t-il été annoncé?

Le grief majeur adressé par les parents est le délai avec lequel ils ont appris l'existence du mongolisme chez leur enfant. Il existe cependant une controverse parmi les professionnels quant à l'adéquation d'une annonce précoce. En effet, pour certains, une annonce trop hâtive risque d'entraîner un rejet de l'enfant par ses parents. Pour d'autres par contre, cette affirmation ne repose sur aucun fondement; ils préconisent d'avertir les parents le plus tôt possible après la naissance, dès que le diagnostic est certain (Cunningham, 1975). Carr (1974) rapporte que dans un groupe d'enfants nés entre 1949 et 1968, 61 % des mères ont appris le diagnostic endéans les quatre premières semaines après l'accouchement, contre 16 % des mères ayant donné naissance à un enfant mongolien entre 1929 et 1948. Etant donné le courant actuel tendant à une information précoce, on devrait s'attendre, selon l'hypothèse mentionnée ci-dessus, à un accroissement des rejets chez les parents ayant appris le diagnostic immédiatement après la naissance. Il est donc nécessaire de demander aux parents s'ils ont été satisfaits ou non d'apprendre très tôt la nature du handicap.

Le tableau 5, basé sur nos propres données, révèle deux tendances au sein de la population. En premier lieu, le diagnostic est annoncé de plus en plus précocément. Cette donnée confirme le rapport de Pueschel et Murphy (1977). En second lieu, il y a 10 ans, la quasi-totalité des familles n'ont pas appris directement l'existence du handicap: 16 d'entre elles, soit 18 %, ont dû attendre plus d'un an pour obtenir une certitude!

Tableau 5. Moment de l'annonce du handicap

	MOMENTS				
Ages des enfants	0-10 jours	10-30 jours	1-6 mois	1 an	+ d'1 an
0 - 2 ans	9	2	0	0	0
2 - 5 ans	7	4	3	2	0
5 - 10 ans	6	0	4	4	2
+ de 10 ans	4	3	21	6	10

Le tableau 6 montre que l'augmentation du délai dans l'annonce du diagnostic entraîne une insatisfaction croissante de la part des parents. On observe que la grande majorité des parents ayant eu connaissance du diagnostic après un mois auraient préféré l'apprendre plus tôt, si possible durant la première année.

Tableau 6. Appréciations sur le moment de l'annonce.

Moment de l'annonce	Parents satisfaits	Parents désirant être informés plus tôt	Parents désirant être informés plus tard
0 - 10 jours	25	1	0
10 - 30 jours	2	7	0
1 - 6 mois	3	25	0
1 an	2	8	2
+ d'1 an	4	8	0

Nos résultats sont en accord avec ceux de Cunningham et Sloper (1975). D'une part, les parents apprennent de plus en plus tôt l'existence du mongolisme chez leur enfant. Nous pouvons fixer le début de cette tendance aux environs des années 1972-1973. Cette période coïncide avec un nouveau développement des associations de parents d'enfants arriérés mentaux et un accroissement de la recherche et de l'information au sein des milieux professionnels intéressés de près ou de loin par les problèmes de la première enfance. D'autre part, la majorité des parents ayant appris plus tard l'existence du handicap se déclarent insatisfaits. Ils se plaignent « qu'on leur a caché la réalité dès le départ ». Cela est difficilement compatible avec le développement d'une attitude positive à l'égard de l'enfant. En effet, de nombreux parents de mongoliens âgés de plus de dix ans réalisent qu'ils « ont manqué les premiers mois et parfois même les premières années de l'éducation de leur enfant ».

2. Les parents soupçonnaient-ils l'existence d'un handicap?

Carr (1970) rapporte dans son étude que 40 % des mères soupçonnaient l'existence d'un handicap chez leur enfant, avant que le diagnostic soit confirmé. Pour Cunningham et Sloper (1975), 63 % des mères interrogées rapportent une attitude identique. Parmi celles-ci, plus de la moitié avaient eu leur attention attirée par le comportement du personnel de la maternité.

Le tableau 7, basé sur nos données, montre que 64 % des familles « savaient » ou « croyaient » que leur enfant était « anormal ». Si 48 d'entre elles ne pouvaient porter le diagnostic de mongolisme, toutes avaient eu leur attention attirée par l'apparence physique de l'enfant ou le comportement du personnel médical et infirmier de la maternité. Parmi les 25 familles ayant eu des soupçons à partir des attitudes du personnel, 16 formulent des observations identiques : « Les médecins ne passaient plus que quelques instants... Les infirmières n'entraient plus que pour les soins... On évitait de nous regarder, de répondre à nos questions... Tout le monde fuyait... »

Tableau 7. Suspicion d'un problème chez l'enfant.

Aucune	Suspicions basées sur l'apparence physique de l'enfant	Suspicions basées sur les attitudes du personnel hospitalier
31	31	25

La réduction des suspicions parentales dépend du moment de l'annonce du diagnostic : plus le diagnostic est précoce, moins les parents « apprennent par eux-mêmes » qu'ils ont un enfant anormal. Il faut souligner le fait que 32 familles ont été momentanément rassurées par le personnel hospitalier, médecins et infirmières. Ceux-ci affirmaient que « Tout allait bien, que l'on procédait uniquement à de petits examens, qu'il n'y avait aucun problème... ». *Les parents stigmatisent violemment de telles attitudes démissionnaires de la part du personnel hospitalier.*

3. Comment l'annonce a-t-elle été présentée ?

Cette question comporte trois subdivisions : Qui a présenté le diagnostic ? Quel était le parent présent ? Quelle était l'attitude de la personne annonçant le diagnostic ?

A. Qui a présenté le diagnostic ?

Les données du tableau 8 montrent que jusqu'il y a cinq ans plus d'un tiers des familles ont appris que leur enfant était mongolien de la bouche d'une personne étrangère au milieu médical : autres membres

Tableau 8. Personne informant les parents

Ages des enfants	Médecin de la maternité	Médecin traitant	Autres personnes
0 - 2 ans	9	2	0
2 - 5 ans	14	2	0
5 - 10 ans	10	2	4
+ de 10 ans	16	10	18

de la famille, connaissances, voisins, étrangers. Cette tendance a pratiquement disparu et le diagnostic est actuellement annoncé par un médecin. Celui-ci est soit le pédiatre de la maternité, soit le médecin traitant de la famille appelé en consultation par ses confrères de l'hôpital.

Les familles ayant appris le diagnostic par leur médecin traitant, habitué au milieu familial et aux réactions de ses membres, font partie des milieux sociaux aisés.

B. Quel était le parent présent?

Comme l'indique le tableau 9, l'annonce aux deux parents n'est intervenue que dans 31 cas sur 87, soit 35 %, bien que 62 familles (soit 71 %) auraient souhaité apprendre le diagnostic de cette façon. Les parents désirant être ensemble lors de l'annonce du handicap de leur enfant estiment qu'il s'agit là d'une occasion très importante pour recevoir le soutien affectif de quelqu'un. Dans le cas où les parents sont avertis séparément, tous insistent sur les énormes problèmes émotionnels qu'entraîne l'annonce du diagnostic à l'autre conjoint. Les pères interrogés soulignent qu'ils ont été très souvent dans l'incapacité de répondre à toutes les questions émanant des épouses et que cette situation accroît les difficultés émotionnelles.

Tableau 9. Qui a appris le diagnostic?

Mère	Père	Mère et père	Familles souhaitant être ensemble au moment de l'annonce
20	36	31	62

C. Quelle était l'attitude de la personne annonçant le diagnostic?

Dans notre étude, 49 familles, soit 56 %, se plaignent amèrement des conditions dans lesquelles elles ont appris le diagnostic. Tous les parents demandent que le caractère confidentiel de l'entretien soit respecté. 18 familles ont appris le diagnostic « entre deux portes », dans le va-et-vient des couloirs de l'hôpital, le médecin étant accompagné du personnel infirmier ou administratif!

Le niveau socioculturel des parents apparaît comme une variable non négligeable dans l'annonce. Rares sont les familles dont le père occupe une profession libérale qui émettent des critiques sur l'attitude des médecins et sur les conditions dans lesquelles ils ont appris le handicap. Par contre, 22 familles, dont 18 ouvrières, critiquent, parfois de manière violente, le comportement du personnel médical.

Dire à des parents que leur enfant est handicapé compte très certainement parmi les moments les plus pénibles vécus par tout praticien de l'enfance. La manière de présenter le diagnostic est liée à des facteurs complexes: la personnalité des parents, la compétence et la personnalité du médecin, l'histoire familiale. Elle a une incidence sur les conditions dans lesquelles se déroule l'éducation de l'enfant. L'annonce du handicap intervient très souvent dans une atmosphère de gêne réciproque, où chaque partie, incapable de prévoir les réactions de l'autre, interprète, se défend, est insécurisée. Il n'existe aucune démarche-type à proposer. Sympathie, contact chaleureux, sûreté de soi et disponibilité sont les qualités requises par les parents chez le médecin ayant la responsabilité de les avertir.

Il est important de souligner le fait que les parents interrogés réclament le droit de voir leur enfant directement après l'annonce. Dans notre échantillon, un tiers des familles n'ont pas eu accès à l'enfant. Cette situation ne favorise certainement pas l'acceptation du handicap.

4. Le contenu de l'annonce

Précisons tout d'abord que l'analyse de cette question se heurte aux limites de la mémoire. Afin de réduire le nombre d'informations erronées ou distordues, nous avons pris en considération les réponses des familles ayant un enfant âgé de moins de 10 ans, soit 43 familles. Nous insistons sur un point important: dès qu'il est porté à la connaissance des parents que leur enfant est mongolien, il leur est difficile, dans un premier temps, de faire attention à autre chose qu'à cette information. En fait, les parents ne peuvent évoquer qu'un nombre très réduit d'informations ponctuelles.

Comme le montre le tableau 10, basé sur nos données, l'information la plus fréquemment évoquée est celle selon laquelle l'enfant est « mongolien » ou « arriéré ». Ces deux informations ne sont pas nécessairement liées dans l'esprit des parents. Dans 28 familles, soit 32 %, une regrettable confusion est entretenue entre l'arriération mentale et la maladie mentale. Ces familles nous disent qu'elles ont quitté la maternité avec la certitude que leur enfant était ou allait devenir un « fou ». Six familles (soit 7 %) rapportent qu'il leur a été dit que leur enfant se développerait normalement !

Tableau 10. Types d'informations reçues

Informations données	Nombre de familles se rappelant ces informations
Mongolien	39
Arriéré mental	35
Confusions avec la maladie mentale	28
Anomalie chromosomique	12
Avis sur l'éducation	12
Anomalie physique	11
Placement conseillé	11
Conseil génétique	5

Onze familles, soit 12,6 %, se rappellent avoir entendu parler d'une anomalie chromosomique. Six d'entre elles seulement connaissaient la signification réelle de l'information.

Onze famille, soit 12,6 %, ont reçu des conseils éducatifs, mais ont été incapables de les appliquer. Dans 11 cas, les informations ont surtout porté sur les anomalies physiques du mongolien : apparence générale, troubles cardiaques et respiratoires, etc. Dans onze cas (12,6 %), le placement en institution a été conseillé par le médecin. Seulement 5 familles (5,7 %) ont entendu parler du conseil génétique.

Les parents provenant de milieux sociaux aisés se remémorent plus d'informations que les autres. De plus, leur compréhension des données est meilleure. 22 familles, soit 25 % des cas étudiés, ont quitté la maternité avec la certitude que leur enfant ne pourrait rien apprendre, les informations délivrées par le médecin ayant été formulées exclusivement en termes négatifs: ce que l'enfant « ne pourrait jamais, n'arriverait jamais à... »

Treize familles issues de milieux socioculturels favorisés avaient une connaissance préalable des techniques d'amniocentèse et des possibilités d'interruption de grossesse. Parmi celles-ci, 7 mères âgées de plus de 35 ans étaient au courant des relations entre l'âge maternel et les risques de donner naissance à un enfant mongolien. Chez 4 d'entre elles, le gynécologue avait minimisé ces risques en déclarant que les craintes étaient non fondées! Les autres mères avaient rejeté tout dépistage prénatal pour des raisons philosophiques.

5. *Que souhaitent trouver les parents dans l'annonce?*

Dès que la stupeur et la détresse associées à l'annonce du handicap sont devenues tolérables, les parents désirent recevoir des informations précises sur le mongolisme. Celles-ci ne peuvent pas être fournies en vrac. En effet, la plupart des données du premier entretien ne sont pas intégrées. Les parents insistent sur le fait qu'un certain laps de temps est nécessaire pour atténuer le choc psychologique. Ils souhaitent toutefois ne pas être isolés durant cette période. Ils demandent à bénéficier d'entretiens supplémentaires dans les semaines et les mois qui suivent la naissance afin de permettre un étalement des questions et des informations qu'ils jugent indispensables de poser et de connaître.

Les questions posées par les parents se répartissent en trois catégories:

L'origine du syndrome: Quelle est la cause du mongolisme? Qui est responsable? Quels sont les risques d'avoir un second enfant mongolien? Quels sont les risques pour la descendance des autres enfants de la famille?

La signification du syndrome: Qu'est-ce que le mongolisme? Comment est un mongolien? Comment sera-t-il plus tard? Vivra-t-il longtemps? Parlera-t-il? Marchera-t-il? Lira-t-il? Pensera-t-il?

Les issues: Où trouver de l'aide? Existe-t-il des associations? Sommes-nous beaucoup de parents dans le cas? Existe-t-il des médicaments pour guérir l'enfant? Peut-on espérer une opération? Que peut-on faire pour s'en occuper? Que deviendra notre enfant lorsque nous ne serons plus là?

Conclusions

Deux indications générales se dégagent de notre étude :

1. Au cours de ces cinq dernières années, on enregistre une tendance très nette à avertir les parents de plus en plus précocément de la présence du mongolisme chez leur enfant. Il est très difficile de préciser si cette annonce précoce est directement liée à une réduction du choc psychologique intense vécu par les parents. En tout cas, les familles exigent d'être averties sitôt le diagnostic posé, c'est-à-dire endéans les premiers jours après la naissance. Elles sont conscientes du fait que si cela ne réduit en rien le caractère pénible de la situation, l'annonce précoce les prépare à mieux centrer dès le départ leurs efforts sur l'éducation de l'enfant.

2. L'interview des parents débouche souvent sur un constat de carence quant aux capacités du personnel hospitalier dans l'annonce du handicap. Chaque famille représente un problème particulier. Il est nécessaire de rester prudent quant à la généralisation des conseils. Nous ne pouvons fournir des règles d'application générales, mais plutôt des guides, des principes devant être adaptés à chaque cas de façon particulière.

Outre l'insistance sur la précocité de l'annonce, les parents expriment les souhaits suivants :
- Le médecin traitant devrait être présent, chaque fois que cela est possible, pour l'annonce du diagnostic.
- Le caractère confidentiel de l'annonce du diagnostic doit être absolument respecté dans tous les cas.
- Les parents demandent à être ensemble lors du premier entretien et à avoir accès à leur enfant *immédiatement après l'annonce*.
- Le premier entretien avec le médecin doit être suivi, durant les semaines après la naissance, d'une série de séances d'informations. En effet, les familles estiment qu'elles ne peuvent intégrer les données qui leur sont fournies durant l'annonce du handicap. Elles demandent à pouvoir bénéficier d'une aide psychologique pendant quelques semaines, puis qu'on leur permette de poser toutes les questions souhaitées.
- Sympathie, compréhension et compétence sont les trois qualités requises chez le ou les médecins annonçant le handicap. Les parents rejettent violemment tout professionnel qui a présenté le handicap de l'enfant dans un contexte négatif.
- Les parents doivent être aidés pour annoncer à leur tour la naissance de l'enfant mongolien aux autres membres de la famille et à leurs connaissances. Très souvent, la présence du mongolien a ré-

duit, parfois de manière dramatique, la relation avec la proche famille et les amis. Une information réalisée au niveau du grand public permettrait de résoudre beaucoup de malentendus.

Nous terminons cette étude consacrée à l'annonce du handicap en précisant que l'information et la formation du personnel médical et infirmier sont urgentes à installer et ce, à tous les niveaux des professions. Il s'agit en fait d'un prérequis indispensable garantissant une prise en charge constructive des familles d'enfants mongoliens.

2. LES REACTIONS FAMILIALES

Depuis le début de l'ouvrage, nous insistons sur la diversité comportementale chez les mongoliens. Nous nous refusons à admettre qu'il existe un mongolien-type reproduit à de nombreux exemplaires. A l'intérieur des limites imposées par le syndrome, toutes les variations existent. Cette notion de la variabilité interindividuelle s'applique également aux familles. Dès maintenant, le lecteur doit être persuadé qu'il n'y a pas une psychologie familiale, mais bien des familles, chacune ayant sa réactivité propre.

S'il est un domaine du handicap dans lequel se sont rassemblés tous les lieux communs, les clichés à l'emporte-pièce, ou l'absence d'une approche scientifique minimale, c'est bien celui de l'impact du mongolien sur la famille. Dès 1953, dans un ouvrage inégalé en termes de qualité, le grand psychologue André Rey écrivait: «Les parents d'un enfant arriéré ont devant eux une tâche difficile et ingrate, ils doivent lutter contre une déception légitime et une foule de sentiments qu'il est inutile de dissimuler, car ils sont parfaitement naturels. Qui peut dire comment il réagirait s'il devenait tout à coup responsable d'un descendant immédiat atteint de débilité mentale, serait-ce la révolte, l'acceptation, l'abattement? Il ne s'agit donc en aucune manière de juger, mais peut-être d'aider» (Rey, 1953, p. 57). Essayer de comprendre, voilà ce que nous allons tenter au cours des pages suivantes. Nous examinons successivement les difficultés liées à l'étude des familles, les ajustements familiaux, les effets de la présence d'un mongolien sur ses frères et sœurs. Ce faisant, nous préférons éviter d'établir un compte rendu exhaustif de la littérature. Nous avons choisi comme trame de l'exposé les réactions des familles que nous côtoyons et pensons connaître. Nous avons en outre étudié de manière plus approfondie les réponses de 45 familles d'enfants et adultes mongoliens à un questionnaire sur leur situation.

Le lecteur désireux d'aborder la littérature spécialisée se référera avec profit aux ouvrages de Carr (1974) et Robinson et Robinson (1976).

A. Les difficultés liées à l'étude des familles

Quiconque souhaite entreprendre l'analyse des réactions familiales à la présence d'un enfant handicapé se heurte à un éventail d'écueils méthodologiques. La première question à poser est la suivante : Comment évaluer l'ajustement familial ? Cette question laisse perplexe et en appelle d'autres. Quelles sont les variables à prendre en considération dans l'ajustement ? Qu'est-ce qu'une famille normale ? Quels sont les critères de l'anormalité ? Quels sont les événements affectant l'équilibre du couple ? Quels sont les modes de réaction des conjoints ? Quelles sont les attitudes éducatives des parents ? De quels instruments dispose-t-on pour évaluer la normalité du couple ? Ces questions sont déjà très malaisées à résoudre au sein d'une famille n'ayant pas d'enfant handicapé. Imaginons à présent la situation complexe qu'entraîne la naissance d'un enfant mongolien. La farandole des questions se poursuit. Quel était l'ajustement familial avant la naissance du mongolien ? Dans quel contexte affectif s'est déroulée l'attente de l'enfant ? Comment la famille réagissait-elle auparavant à un problème grave survenant à l'un de ses membres ? Nous pourrions prolonger ainsi quasi indéfiniment la liste des interrogations.

En fait, nous ne disposons pas de normes pour apprécier ce que sont les réactions familiales au sens large du terme. De même, les instruments de mesure à cet effet font actuellement défaut en psychologie. La plupart du temps, les études doivent recourir à des interviews ou à des échelles d'attitudes dont la validité n'est pas démontrée. En effet, un questionnaire ou une échelle d'attitudes peut être biaisé dès le départ par les hypothèses que l'on veut voir confirmer ou infirmer. Si nous posons la question suivante : « Vous sentez-vous coupables d'avoir donné naissance à un enfant mongolien : un peu, beaucoup, pas du tout ? », que pouvons-nous espérer retirer comme conclusion ? Supposons que sur 100 familles interrogées, 60 répondent : « Nous ne nous sentons pas coupables ». En conclure que 60 % des familles d'enfants mongoliens ne présentent pas de sentiments de culpabilité, cela ne veut rien dire, tout simplement parce que la réponse posée au départ et, en conséquence, la réponse fournie n'a guère de sens. Que signifie se sentir coupable ? Comment mesurer la culpabilité ?

La prise en considération des résultats d'un questionnaire ou d'une échelle d'attitudes doit s'effectuer en fonction de plusieurs variables. Parmi les principales, citons : l'âge de l'enfant, le degré de handicap, la place dans la famille, la situation familiale avant la naissance, la personnalité de chacun des parents, le niveau socio-économique des parents et les possibilités éducatives offertes ou refusées par la société.

Comme on le voit, l'étude des familles est loin d'être simple. Par cette énumération des difficultés, nous n'avons pas cherché à décourager le chercheur intéressé par ce domaine. Nous l'avons simplement mis en garde contre toute conclusion hâtive. Dans sa revue complète des travaux consacrés aux problèmes des familles, Carr (1974) fournit une liste impressionnante de résultats contradictoires. En fait, Carr conseille d'éviter toute généralisation : les études disponibles ne comportent pas toutes les garanties méthodologiques indispensables pour permettre d'accepter leurs conclusions comme autant de certitudes.

B. Les ajustements familiaux

En l'absence de résultats fiables et définitifs sur les attitudes familiales, il faut éviter d'épiloguer sur le problème de l'ajustement et moins encore sur les conseils généraux à fournir aux familles. Il serait sans doute plus utile d'écrire un livre relatant uniquement les expériences vécues par quelques familles. Le lecteur se rendrait compte ainsi de la variété des réactions familiales et de la diversité des moyens utilisés par les parents pour maintenir un équilibre affectif plus ou moins stable. C'est à ces réactions que sont confrontés quotidiennement les praticiens. En traitant des ajustements familiaux, nous voulons proposer au lecteur une série de données destinées à alimenter sa réflexion et, nous l'espérons, à l'aider à mieux comprendre les parents des mongoliens.

Le grand public partage généralement trois idées sur les parents des enfants mongoliens : soit ces parents rejettent leur enfant, soit ils masquent leur rejet par une acceptation forcée, soit ils surprotègent leur enfant. Tout se passe comme si tous les parents se répartissaient selon ces trois catégories. Ces clichés, assez effrayants en définitive, sont souvent basés sur des cas atypiques. Il est vrai que l'on rencontre des parents qui ont complètement rejeté leur enfant mongolien dans les oubliettes d'une institution. Et, en de très rares cas, ce rejet peut aller jusqu'à l'euthanasie. Il est vrai également que certains parents peuvent voir dans la survenue d'un enfant mongolien une épreuve divine visant à les châtier pour des fautes passées. D'autres peuvent bénir le ciel de leur avoir adressé un être handicapé. Il s'agit là d'exceptions, des cas *très rares* de familles pour lesquelles le handicapé n'est que le déclencheur d'une désorganisation mentale préexistante.

Entre le rejet total et l'acceptation béate, plus de 90 % des familles tentent d'adapter leurs réactions. Nous devons considérer l'ajustement familial comme un continuum le long duquel tous les comportements existent en fonction de nombreuses variables.

La complexité des réactions familiales est magistralement démontrée par Janssen (1976). A partir d'une enquête menée auprès de 223 familles, Janssen conclut qu'il n'existe pas de dimension unique permettant de caractériser les familles de mongoliens. Deux dimensions influencent fortement l'ajustement: la quantité d'informations que possèdent les familles et le sentiment d'isolement social consécutif à la présence d'un être anormal. Chacune de ces dimensions varie selon une quarantaine de facteurs ayant trait à l'enfant, la mise en évidence du handicap aux différents âges et la personnalité des parents. Les auteurs s'accordent généralement pour dire que la plupart des parents œuvrent remarquablement pour s'adapter à la présence de l'enfant mongolien et cela, en dépit des difficultés et humiliations de toutes sortes (Carr, 1974; Holroyd et Mc Arthur, 1976).

Des contacts répétés avec de nombreux parents nous indiquent que la qualité de l'ajustement familial dépend des cinq grands facteurs suivants:

- La manière dont les parents ont appris le diagnostic du mongolisme et la qualité des informations et du soutien psychologique reçus dès la naissance.

- L'âge du mongolien. Cette variable conditionne fortement les sentiments de quiétude ou de détresse chez les parents.

- Le niveau socio-économique des parents. Facteur général d'inégalité, le statut social exerce une influence, parfois profonde, sur l'adaptation familiale. Les familles vivant dans l'aisance financière sont privilégiées. En nous lisant, certaines s'en défendront. Qu'elles procèdent à un bref examen de leur situation et répondent franchement à la question suivante. L'argent ne leur permet-il pas d'alléger les contraintes imposées par la présence de l'enfant mongolien, ne serait-ce que par le recours à des aides dans la maison et à l'extérieur, par la possibilité de partir en week-end et en vacances ou encore par le maintien d'un statut social nécessitant des activités de représentation en dehors de la famille ? Personnellement, nous sommes confrontés quasi quotidiennement avec cette disproportion engendrée par l'argent ou le statut socioculturel. L'inégalité devant le handicap est particulièrement douloureuse, voire révoltante : une famille ayant des moyens financiers limités a moins de chances de réussir un ajustement adéquat.

- La situation de la famille avant la naissance du mongolien. Nous ne croyons guère au cliché du « mongolien responsable de la séparation des parents ». Très souvent, l'enfant mongolien cristallise les reproches mutuels et n'est que le prétexte à déclencher des conflits au sein du couple, conflits qui préexistaient à la naissance de l'enfant.

- Les possibilités offertes par la société. Par exemple, nous verrons combien la généralisation de l'enseignement spécial a été bénéfique pour la stabilité affective de nombreuses familles. De même, l'adhésion à une association de parents constitue une forme d'aide appréciée.

Ces variables conditionnent largement l'ajustement familial. Elles doivent être prises en considération par tout praticien qui est amené à conseiller les familles.

Le lecteur habitué à une certaine littérature soi-disant destinée à « comprendre les handicapés » demandera certainement : « Que faites-vous des sentiments de culpabilité développés par la majorité des parents ? » Ici également, nous sommes en présence d'un cliché qui tend à présenter tous les parents comme des êtres culpabilisés d'avoir engendré un enfant anormal. Précisons d'emblée que le phénomène de la culpabilité parentale n'a pas encore été étudié de manière satisfaisante (Carr, 1974). D'une part, il existe un certain nombre de rapports basés exclusivement sur des intuitions, des conclusions subjectives inférées à partir de certaines réponses ou comportements émis par les parents. D'autre part, les techniques d'analyse utilisées sont loin d'être adéquates. En l'absence d'instruments de mesure précis, permettant d'évaluer ce que l'on appelle la culpabilité, *il est actuellement impossible* de déterminer le rôle joué par ce sentiment dans l'ajustement familial. Nous ne nions pas l'absence d'une certaine culpabilité chez de nombreux parents. La responsabilité parentale se trouve renforcée devant un enfant handicapé. Elle peut être la source d'interrogations concernant l'éducation, voire d'un malaise en ce qui concerne l'adéquation des méthodes utilisées avec l'enfant. Face à l'échec — et mettre au monde un enfant anormal est considéré comme un échec —, quoi de plus normal que de se dire : « C'est ma faute » ? Nous sommes cependant persuadés que lorsqu'elle est verbalisée par les parents, la culpabilité trouve très souvent son origine dans *la méconnaissance* du handicap qui touche leur enfant mongolien. Comme l'écrit Portray (1970), beaucoup de parents craignent que l'arriération de leur enfant soit héréditaire. Et nous avons vu que dans bien des cas l'annonce du diagnostic effectuée par le corps médical ne contribue pas à minimiser ces craintes. Une information simple, claire et complète permettant de clarifier les causes du mongolisme constitue le meilleur garant d'une réduction des sentiments de culpabilité. Il faut également souligner qu'une certaine littérature psychologique ne fait rien pour arranger les choses. Plus précisément, nous pensons au courant développé par Mannoni (1967) qui, dans la foulée des thèses de Lacan, n'hésite pas à affirmer que l'enfant, par sa déficience, vient combler chez la mère un manque fondamental. L'enfant déficient est le symptôme de la névrose parentale. Avouons-le, une telle position théorique, dont la véracité est par ailleurs *totalement incontrôlée*, ne peut que faire naître chez les parents des sentiments profonds et inutiles de culpabilité. Le traitement consistera alors à soumettre les parents à une psychanalyse. On voit le cercle vicieux. Heureusement, toute l'école psychanalytique ne navigue pas dans de telles outrances et nous conseillerons au lecteur de s'en référer à l'ouvrage de Misès (1975) pour un avis riche et sensé sur le parti que l'on peut retirer de la psychanalyse dans l'approche et le traitement des déficients mentaux. Nous écrirons «des déficients mentaux» et non «des parents» car la très grande majorité des familles *ne sont pas des «patients»* ressortissant au domaine psychiatrique. Ces parents n'ont pas besoin de psychothérapie, mais bien d'une *aide structurée* leur permettant de faire face aux nombreux problèmes posés par la naissance et l'éducation d'un enfant mongolien.

C. Les frères et sœurs du mongolien

De nombreux parents s'inquiètent des effets que peut avoir l'enfant mongolien sur les autres enfants de la famille. Dans la littérature, les avis des chercheurs sur ce sujet divergent. Carr (1974) recense sept études publiées qui n'apportent aucune clarification au problème. Par exemple, Gath (1974) montre que les frères et les sœurs sont affectés différemment par la présence du mongolien. Les sœurs et en particulier les aînées seraient plus vulnérables que les frères. Elles présenteraient significativement plus de troubles émotionnels et de difficultés d'adaptation familiale que les garçons. Par contre, Tizard et Grad (1961) concluent leur étude en ces termes: «Notre travail ne confirme pas la thèse selon laquelle la présence d'un enfant déficient à la maison pose des problèmes de santé mentale à ses frères et sœurs » (p. 72).

Sur ce point, nous devons également éviter toute généralisation hâtive. Il n'existe pas *une* réaction-type de la fratrie, mais bien *des* familles au sein desquelles les différents membres procèdent à un ajustement émotionnel plus ou moins adéquat. Nous connaissons de nombreux frères et sœurs de mongoliens. Les discussions que nous avons avec eux nous permettent d'avancer les observations suivantes :

- Les attitudes des frères et sœurs sont très souvent le reflet des réactions parentales. Portray (1970) décrit très bien le processus en ces termes : « Si les parents ont une bonne attitude vis-à-vis de l'enfant mongolien et des autres enfants, s'ils ont eux-mêmes accepté l'enfant arriéré et son handicap, l'attitude des frères et sœurs, calquée sur la leur, sera marquée par une profonde affection pour le handicap. Si les parents se montrent honteux, ou rejettent l'enfant handicapé, il y a beaucoup de risques que cette attitude soit adoptée par les autres membres de la famille » (p. 12).

- L'âge du mongolien joue un rôle dans les réactions de la fratrie. Dans de nombreuses familles, le mongolien est le cadet. Ses frères et sœurs, parfois beaucoup plus âgés que lui, sont souvent en mesure de mieux le comprendre, de l'accepter et de soulager les parents d'une partie des charges matérielles qu'entraîne la vie quotidienne du handicapé. Par contre, nous croyons que le fait que le mongolien soit l'aîné ou le second enfant d'une famille nombreuse nécessite plus de doigté de la part des parents pour amener ses frères et sœurs à l'accepter entièrement. Cela est d'autant plus vrai chez les jeunes enfants. Comment expliquer à un garçon de trois ans que sa mère doit nécessairement passer plus de temps avec le grand frère mongolien âgé de six ans parce que ce dernier n'est pas encore propre ou ne mange pas encore seul ? De même, comment faire comprendre à un enfant que sa sœur aînée mongolienne est incapable de jouer avec lui parce qu'elle n'a pas les capacités motrices nécessaires ? Ici plus qu'ailleurs les parents doivent veiller à fournir à leurs jeunes enfants normaux des occasions de s'épanouir semblables à celles offertes à l'enfant mongolien.

- De nombreux frères et sœurs réagissent très mal à ce qu'ils croient être un abandon affectif des parents à leur égard. Il se peut que le mongolien accapare tellement les parents que ceux-ci soient obligés de négliger les autres enfants. Les parents se rendent fréquemment chez des spécialistes, conduisent leur enfant mongolien à des séances de logopédie, font partie d'une association qui exige des sorties ou invitent des familles ayant également un enfant mongolien. Parfois même l'enfant normal sera envoyé en week-end chez des amis ou bien, dans les cas extrêmes, sera placé chez une tante ou chez les grands-parents. Tous ces faits de la vie quotidienne comportent des risques de voir les enfants normaux développer des sentiments de jalousie et de rejet à l'égard du mongolien. Une attitude saine consiste à planifier chaque jour des moments durant lesquels les parents s'occupent de leurs enfants normaux et à répartir de manière équitable les marques d'affection et d'intérêt.

- Si l'atmosphère familiale est favorable pour les enfants, cela ne signifie pas nécessairement que tous les problèmes des frères et sœurs soient résolus. En effet, les enfants normaux sont en contact quasi permanent avec d'autres enfants, que ce soit à l'école ou durant les loisirs. Des enfants nous rapportent fréquemment les faits suivants : « Aujourd'hui, on m'a dit à l'école que j'étais le frère du fou... » ou encore : « Celui-là ne veut pas venir jouer à la maison avec moi parce qu'il dit que j'ai une petite sœur qui mord ». Dans de très nombreux cas cette cruauté enfantine à l'égard de la fratrie d'un mongolien est le reflet des attitudes des parents qui n'ont pas un enfant handicapé. On a beau expliquer au frère ou à la sœur d'un mongolien qu'il s'agit là de mensonges ou de stupidités proférées par des personnes inconscientes, il n'empêche que de telles réactions peuvent marquer profondément l'enfant normal et entraîner chez lui le rejet de son frère ou de sa sœur. Pour remédier à ces situations navrantes, il n'existe qu'une solution : une information complète au niveau de la société des soi-disant normaux sur les causes du handicap, les problèmes soulevés par l'éducation du mongolien et les attitudes adéquates à développer vis-à-vis d'eux et de leurs familles. Nous reviendrons sur ce point.

- Pour nous, les problèmes les plus importants risquent de surgir à la sortie de l'adolescence. Les frères et sœurs du mongolien s'interrogent : « Comment faire pour expliquer à cette fille que j'ai une sœur mongolienne ? », « Jamais je n'oserai présenter ma famille à un garçon », « Je ne pourrai pas avoir d'enfants, car je risque de donner naissance à un mongolien, comme mon frère... ». Ici également une information auprès du grand public contribuerait grandement à clarifier le tableau. Les réactions des frères et sœurs dépendront beaucoup du climat familial dans lequel ils ont évolué jusque-là. Enfin, il est nécessaire de rappeler que le conseil génétique s'impose et permettra de dissiper beaucoup de craintes sur les risques présentés par la descendance de la fratrie.

Nous ne dresserons pas une liste des directives à donner aux parents en ce qui concerne les attitudes à prendre envers leurs enfants normaux. Chaque famille est unique et demande à être appréhendée comme telle. Nous terminerons ce paragraphe en insistant sur une attitude à ne pas adopter. Elle consiste pour les parents à exiger trop de leurs enfants normaux. « Moi, je ne me marierai pas, je m'occuperai de ma sœur qui est mongolienne », nous disait un jeune homme de vingt ans. « Mes parents m'ont obligée à faire les études de kinésithérapie pour soigner mon petit frère », nous confiait une jeune fille de dix-neuf ans. « Mes parents souhaitent qu'après leur mort notre frère mongolien reste dans la famille, avec nous, et que nous nous en occupions à tour de rôle »... Ces réflexions ne sont malheureusement pas rares et proviennent du fait que les parents n'ont pas trouvé de solutions après leur mort pour l'enfant mongolien. Nous demandons aux parents de ne pas forcer leurs enfants normaux à assumer des responsabilités qui les dépassent. Nous sommes persuadés que dans les prochaines années l'aide apportée par la société aux arriérés mentaux sera suffisante et permettra de décharger les frères et sœurs des mongoliens de contraintes difficilement admissibles.

D. Problèmes et interrogations de tous les jours

Le grand public est encore dans l'ignorance des difficultés qu'entraîne dans les familles la présence d'un mongolien. Et les œuvres de bienfaisance ou les opérations menées à grand renfort de publicité à la télévision et à la radio ne lui présentent très souvent qu'un aspect du problème. La pitié est trop fréquemment le moteur d'une action altruiste. On donne de l'argent pour ne plus entendre parler d'un problème qui dérange. De toute façon, cela n'arrive qu'aux autres et en ouvrant son portefeuille on conjure le sort ! Que le lecteur soit persuadé d'une chose : les mongoliens et leurs familles n'ont que faire de la pitié et de la compassion. S'ils demandent de l'argent pour construire un centre d'accueil ou un service d'intervention précoce, c'est parce que les responsables de la société ont failli à leurs devoirs en n'aidant pas les membres les plus démunis, ce n'est pas pour qu'on les plaigne et qu'on s'attarde sur leur sort. Les familles demandent à être comprises. Pour comprendre les mongoliens et leurs familles, il est indispensable de connaître leurs problèmes. Ceux-ci sont quotidiens. Ils touchent des domaines multiples et transforment des choses banales en obstacles difficilement surmontables.

A partir d'un questionnaire soumis à 53 familles, nous avons relevé les problèmes de tous les jours. Nous avons sélectionné les plus significatifs. Nous nous bornons à les énumérer. La réalité se passe de tout commentaire. Ces problèmes varient selon l'âge de l'enfant mongolien.

Lorsque l'enfant est âgé de moins de trois ou quatre ans, c'est-à-dire avant qu'il ne fréquente l'école, les parents insistent sur les difficultés suivantes :

- Le manque d'information concernant le développement de l'enfant durant les premières années de la vie. Cette situation est particulièrement dénoncée par les jeunes parents qui, devant leur premier enfant, ne savent quelle attitude éducative adopter.

- Le temps passé en soins qu'exige l'enfant. Des enfants mongoliens présentent divers handicaps physiques qui rendent difficile l'absorption de nourriture, du moins durant les deux premières années de la vie. Chaque repas peut devenir une épreuve et durer plus d'une heure. D'autre part, la majorité des mongoliens n'acquièrent pas le contrôle de leurs sphincters avant l'âge de trois ou quatre ans. Il est aisé d'imaginer le surplus de travail quotidien qu'entraîne cet état.

- Le manque d'aide proposée par la société. Sur les 45 familles interrogées pour notre enquête, 22 mères, soit 48 % ont dû abandonner, totalement ou partiellement, une activité professionnelle qu'elles exerçaient en dehors de la maison. Ces mères ont été obligées, parfois durant trois ans, de rester en permanence auprès de leur enfant mongolien.

- La charge financière qu'entraîne la présence du mongolien. Si nous vivons dans une société d'abondance, les ressources financières habituelles (fonds d'aide aux handicapés, allocations familiales majorées) ne suffisent pas à faire face, dans bien des cas, aux exigences quotidiennes. Plus particulièrement, le recours aux spécialistes n'est pas compensé par les remboursements de la sécurité sociale. Dans 28 familles sur 45, l'enfant suit des séances bi-hebdomadaires de psychomotricité, séances que les parents doivent payer *intégralement*. De plus, dans les 22 familles citées précédemment, la suppression d'une rentrée financière due à l'arrêt du travail par la mère a déjà déséquilibré le budget familial.

- Le manque de loisirs. 16 familles, soit 35,5 %, avouent ne plus avoir eu un week-end libre depuis plus de quatre ans. 11 autres, soit 24,5 %, n'ont plus bénéficié de vacances en dehors de leur maison depuis plus de trois ans. Aux difficultés de trouver une aide à domicile s'ajoutent les craintes des parents de confier l'enfant à d'autres personnes durant quelques jours.

Lorsque l'enfant est en âge scolaire, aux difficultés mentionnées ci-dessus viennent se greffer des interrogations concernant :

- La qualité de l'enseignement présenté à l'école.
- La personnalité des enseignants, leurs compétences.
- Les risques de maladies contagieuses pour l'enfant. Il apparaît, sans que l'on en connaisse exactement les causes, que les mongoliens présentent une immunité naturelle moindre à une série d'affections infantiles, et en particulier les maladies touchant les voies respiratoires.
- La nature des handicaps des enfants fréquentant la même école que le mongolien.
- Le choix d'un système scolaire adapté à l'enfant.
- Le bénéfice retiré des séances de rééducation supplémentaires qui sont proposées à l'enfant en dehors des heures de classe.
- La sécurité de l'enfant en classe, en récréation et durant les déplacements de la maison à l'école.

Après la scolarité, le jeune adulte mongolien avec ses modes de réactions interpersonnelles, sa sexualité, son bagage d'acquis et de handicaps, continue à faire l'objet des préoccupations constantes de ses parents. Sur 11 familles d'adultes interrogées, toutes déclarent n'avoir reçu aucune information sur les possibilités d'occupation de l'enfant après l'école. Dans 6 familles, l'adulte reste à la maison. Les parents sont devenus plus âgés et avouent unanimement ne plus savoir ce qu'il faut faire pour leur enfant. Du matin au soir, le mongolien désœuvré est avec eux et très souvent s'installe un climat d'incompréhension réciproque, prélude à des désordres émotionnels. Le travail en atelier protégé ou la fréquentation d'un centre de jour pour adultes permet de réduire les tensions et les appréhensions des parents. La réalité subsiste cependant et les familles se demandent que faire avec leur garçon ou leur fille de plus de vingt et un ans lorsque la société n'offre ni loisirs, ni possibilités de contacts avec l'extérieur.

Et, par-dessus tout, plane l'interrogation ultime: Que deviendra notre enfant lorsque nous ne serons plus là? Cette question, nous l'entendons chaque fois que nous rencontrons un père ou une mère. Nous la retrouvons partout, même dans les familles où l'enfant n'est âgé que de quelques mois. Elle résume parfaitement la détresse des parents. Car, à côté des joies que ne manque pas de leur prodiguer leur enfant mongolien, les familles se retrouvent très souvent isolées pour faire face à la réalité. Vaincre cet isolement en faisant accepter leur situation au niveau de la société tout entière, voilà la revendication bien légitime des parents d'enfants et d'adultes mongoliens.

Bibliographie

CARR, J. The effect of the severely subnormal on their families. In A.M. CLARKE and A.D.B. CLARKE (Eds.), *Mental deficiency, the changing outlook*. Third edition. London: Methuen, 1974, pp. 807-839.

CARR, J. Mongolism: telling the parents. *Developmental Medecine and Child Neurology*, 1970, *12*, 213-221.

CUNNINGHAM, C.C. Parents as therapists and educators. In C.C. KIERNAN and F.P. WOODFORD (Eds.), *Behavior modification with the severely retarded*. Amsterdam: Associated Scientific Publishers, 1975, pp. 175-193.

CUNNINGHAM, C.C. & SLOPER, P. *Parents of Down's syndrome babies: their early needs*. Manchester: Hester Adrian Research Centre, 1975.

GATH, A. Sibling reactions to mental handicap: a comparison of the brothers and sisters of mongol children. *Journal of Child Psychology and Psychiatry*, 1974, *15*, 187-198.

HOLROYD, J. & Mc ARTHUR, D. Mental retardation and stress on the parents: a contrast between Down's syndrome and childhood autism. *American Journal of Mental Deficiency*, 1976, *80*, 431-436.

JANSSEN, C.G. Coping-problems of parents who have a young severely mentally retarded child. *Research Exchange and Practice in Mental Retardation*, 1976, *2*, 47-53.

LAMBERT, J.L. Problèmes liés à l'annonce du handicap chez des parents d'enfants mongoliens. *Bulletin de Psychologie Scolaire et d'Orientation* 1978, *1*, 13-19.

MANNONI, M. *L'enfant, sa maladie et les autres*. Paris: Seuil, 1967.

MISES, R. *L'enfant déficient mental*. Paris: Presses Universitaires de France, 1975.

PORTRAY, R. *Influence de la présence d'un arriéré mental sur la vie familiale*. Bruxelles: Association Nationale d'Aide aux Handicapés Mentaux, 1970.

PUESCHEL, S.M. & MURPHY, A. Assessment of counseling practices at the birth of a child with Down's syndrome. *American Journal of Mental Deficiency*, 1976, *81*, 325-330.

REY, A. *Arriération mentale et premiers exercices éducatifs*. Neufchâtel: Delachaux et Niestlé, 1953.

ROBINSON, N.M. & ROBINSON, H.B. *The mentally retarded child. Second edition*. New York: Mc Graw-Hill, 1976.

TIZARD, J. & GRAD, J.C. *The mentally handicapped and their families*. London: Oxford University Press, 1961.

Chapitre 5
L'intervention précoce

C'est seulement à partir de 1970 que la notion d'intervention précoce a été introduite dans le domaine de l'arriération mentale. Jusque-là, le rôle essentiel joué par les premières années de la vie dans le développement de l'enfant avait été sous-estimé, voire ignoré. Cela était également vrai pour l'enfant normal. Au cours de ces dernières années, on a vu apparaître un nombre sans cesse croissant d'études centrées sur le développement du jeune enfant normal, de la naissance à trois ans. Actuellement, il est difficile pour un chercheur spécialiste de l'enfance de se tenir informé des travaux publiés chaque mois dans ce domaine, tant le rythme des publications est rapide. En arriération mentale, ce courant s'est développé plus lentement et aujourd'hui encore, seuls quelques pays ont mis au point des programmes éducatifs structurés pour le jeune enfant handicapé.

Par intervention précoce, nous entendons l'ensemble des pratiques éducatives devant être mises en place dès la confirmation du diagnostic et se prolongeant jusqu'à l'entrée à l'école. Généralement, cette intervention couvre les trois ou quatre premières années de la vie. Si on accepte que l'éducation englobe toutes les activités destinées à aider un individu à se développer, il en découle que l'éducation commence à la naissance et que les parents doivent être au cœur du processus éducatif (Mittler, 1975). C'est en se centrant principalement sur la formation des parents que nous aborderons ce chapitre. Après avoir décrit les bases et les principes de l'intervention précoce, nous présenterons des exemples de réalisations, puis nous développerons un modèle de formation des parents de jeunes enfants mongoliens.

1. LES BASES DE L'INTERVENTION

L'intervention doit commencer dès la confirmation du diagnostic. Chez l'enfant mongolien, ce diagnostic est porté durant les premiers jours de la vie. Comme nous venons de la voir, l'annonce du diagnostic rencontre rarement les souhaits des parents. Dès que le premier choc émotionnel s'est dissipé, les parents se retrouvent très souvent seuls avec leurs interrogations non résolues. La base première de l'intervention précoce consiste dans la création d'un environnement affectif approprié. Il n'est guère possible d'entreprendre une action éducative dans un milieu où l'enfant n'est pas encore accepté, est considéré comme un être à part, ou encore comme inéducable. Le lecteur comprendra mieux pourquoi nous avons attaché une telle importance à l'annonce du diagnostic. Si cette annonce ne répond pas aux exigences des parents, il y a tout lieu de penser que les semaines et les mois qui suivront ne seront guère propices à l'installation d'un climat favorable à l'enfant. L'analyse des questions posées par les parents montre combien leurs préoccupations sont centrées sur l'éducation de l'enfant: Comment devons-nous faire? Lira-t-il? Marchera-t-il? Ira-t-il à l'école? Parlera-t-il? Les attitudes parentales dépendront en grande partie des réponses apportées à ces questions.

Il est malaisé de fournir des règles d'application générales lorsque l'on envisage les conseils aux parents. Chaque famille doit être abordée individuellement. Nous pouvons néanmoins insister sur six points devant être présents à l'esprit de ceux qui ont la responsabilité de l'annonce du diagnostic et des premiers contacts avec les parents:

– L'annonce du diagnostic ne doit pas s'accompagner d'un déluge de conseils éducatifs. Les parents ne peuvent rien intégrer de constructif lorsqu'ils apprennent qu'ils viennent de donner naissance à un enfant mongolien.

– La disponibilité des personnes chargées des premiers contacts avec les familles est une qualité primordiale. Les parents quittent la maternité avec des interrogations et des appréhensions multiples. Ils doivent être rassurés sur un point: des conseils peuvent leur être fournis au cours des semaines suivantes. L'annonce du diagnostic ne constitue qu'une première étape. Elle doit être suivie par d'autres entretiens leur permettant d'exposer leurs problèmes et d'obtenir les réponses appropriées.

- L'information des parents doit être progressive. Généralement, les questions posées ont trait au développement futur de l'enfant. Apprendre à marcher, parler, s'habiller seul ou écrire sont certes des acquisitions importantes, mais irréalisables en grande partie durant les premières années de la vie. L'attention des parents devra être attirée sur le développement de l'enfant avant qu'il ne marche et ne parle. Il est donc nécessaire d'amener progressivement les parents à s'entretenir sur le développement actuel de l'enfant et éviter les digressions sur un statut futur que personne ne peut prédire.

- Il est nécessaire de combattre l'attentisme. « Ne vous en faites pas, votre enfant marchera et parlera ! » Voilà les seuls « conseils » dont disposent bien des parents. Même si cela se vérifie un jour, cette information est inadéquate. Presque tous les enfants mongoliens apprennent effectivement à marcher et à parler. Mais pas avant plusieurs années. Que faire durant ce temps ? Attendre ? Cette position n'est guère défendable. Laissé à lui-même, l'enfant mongolien a peu de chances d'apprendre. Cela est également vrai chez l'enfant normal. Supposons qu'un bébé normal âgé de six mois ne soit pas stimulé par les parents sous le prétexte « qu'il apprendra tout seul », « qu'il suffit de laisser faire la nature », etc. Nous n'osons imaginer les conséquences de cette formule éducative. Les répercussions de l'attentisme seront encore plus néfastes chez le jeune enfant mongolien. Les retards s'accumuleront et ne pourront plus être comblés.

- Dans l'état actuel des connaissances, il n'existe aucun traitement médical, médicamenteux ou chirurgical, permettant de « guérir » le mongolisme. Nous reviendrons sur cet aspect au chapitre 6. Il est indispensable d'en convaincre les parents. « Le seul miracle, c'est l'éducation », écrivait Rey (1953). Cela reste vrai en 1979.

- Les personnes chargées de conseiller les parents doivent être elles-mêmes informées et compétentes. Cette compétence ne peut s'acquérir que par une formation théorique et pratique. L'ignorance dans laquelle se trouvent encore bon nombre de praticiens sur le développement de l'enfant handicapé et des méthodes éducatives à installer constitue un obstacle à la création d'un climat propice à l'intervention.

La prise en charge des parents après l'annonce du diagnostic doit veiller à intégrer l'ensemble de la famille dans le processus éducatif. Si les relations entre la mère et son enfant sont privilégiées, il n'en est pas moins vrai que le père et la fratrie ont leur rôle à jouer. Ce rôle est également primordial parce qu'il constitue le gage d'une répartition des efforts, des problèmes, des échecs, et réduit ainsi l'impact émotionnel engendré par la présence d'un enfant handicapé.

Dans 37 familles interrogées, 12 pères, soit 32 %, nous avouent ne pas s'occuper plus de leur enfant mongolien que des autres enfants. Leurs activités se limitent principalement à la distribution des récompenses et des punitions et à la garde de l'enfant durant les absences de la mère. Tous les pères estiment qu'ils devraient participer plus à l'éducation, mais les conseils et les informations leur font défaut. De même, lorsqu'ils sont plus âgés, les frères et les sœurs de l'enfant mongolien doivent être intégrés dans la démarche éducative. Ici également le manque d'information ramène fréquemment l'intervention à un simple gardiennat.

Dans beaucoup de familles, les grands-parents sont encore présents et ont leur place dans le processus éducatif. Leurs attitudes envers l'enfant mongolien dépendent de la manière dont ils auront appris le diagnostic ainsi que des comportements parentaux vis-à-vis du handicapé. Si l'atmosphère familiale est accueillante et propice à l'installation d'apprentissages précoces, les grands-parents participeront eux aussi à l'éducation.

La création d'un climat relationnel détendu et l'implication de la famille tout entière sont les deux prérequis à la mise en place d'une intervention précoce. Celle-ci peut revêtir des formes diverses. Avant de les passer en revue, il est nécessaire de préciser les principes sur lesquels elles se fondent.

2. LES PRINCIPES DE L'INTERVENTION

Nous avons retenu trois principes de base pour la création de programmes d'intervention auprès du jeune enfant mongolien: l'orientation développementale, la nécessité d'une évaluation préliminaire et la flexibilité du contenu.

A. La nature développementale de l'intervention

L'enfant mongolien est-il uniquement retardé par rapport à l'enfant normal ou bien est-il différent? Cette question pose un ensemble de considérations théoriques sur la nature même du handicap et oriente dès lors les modèles d'intervention. La question peut être formulée autrement. Si le développement de l'enfant mongolien suit les grandes lignes du développement de l'enfant normal, mais plus lentement, nous disposons alors d'un modèle qui commence à être connu, celui de l'enfant normal; il nous restera à l'adapter en fonction des acquis et des faiblesses de l'enfant mongolien. Si, au contraire, l'enfant mongolien se développe différemment de l'enfant normal, nous devons caractériser ces différences afin de construire un modèle adapté au mongolien. En réalité, le choix d'un modèle général d'intervention ne se résume pas à cette alternative. Tout dépend du domaine éducatif envisagé. Comme nous l'avons vu dans les chapitres consacrés au développement intellectuel et au langage, tantôt l'enfant mongolien ressemble à un enfant normal plus jeune, tantôt il en diffère. L'étude du langage illustre particulièrement cette oscillation entre deux modèles du développement. Selon les domaines abordés, l'enfant mongolien suit les grandes étapes normales ou s'en écarte. De nombreuses études restent à être entreprises pour permettre de décrire avec précision le développement du mongolien, principalement de la naissance à quatre ans. Seule une approche longitudinale comparant l'enfant normal à l'enfant mongolien permettra de répondre à la question posée ci-dessus (Lambert, 1978; Rondal, 1978).

Devant l'absence actuelle de telles études, nous devons opter pour le choix d'un modèle. Tous les spécialistes s'accordent pour dire que le modèle doit être de nature développementale, c'est-à-dire basé sur le développement de l'enfant normal (cfr Mittler, 1975). Nous adoptons cette vue avec deux réserves. En premier lieu, le modèle développemental peut convenir durant les trois ou quatre premières années de la vie. En effet, nous disposons de nombreuses données chez l'enfant normal durant cette période. Au-delà, les informations émanant de la psychologie de l'enfant normal sont plus clairsemées et empêchent de décrire avec précision le développement. Cela est particulièrement vrai pour le langage et le développement cognitif. En second lieu, l'adoption du développement de l'enfant normal comme clef de voûte de l'intervention ne doit pas être rigide. Nous devrons peut-être apporter des modifications au modèle en fonction des résultats enregistrés chez le jeune enfant mongolien.

Dans les domaines de la motricité, du langage, du développement cognitif et de la socialisation, il existe suffisamment de correspondances entre le développement du jeune enfant normal âgé de 0 à 3 ans et celui de l'enfant mongolien pour justifier notre choix. En d'autres termes, les enfants mongoliens semblent acquérir un grand nombre de comportements de la même manière que les enfants normaux. C'est pourquoi, les grandes étapes du développement normal peuvent servir de points de repères pour la construction d'un programme d'intervention.

B. L'évaluation précède l'intervention

Avant de répondre à la question: «Que faut-il apprendre à cet enfant?», il est nécessaire de demander: «Qu'a-t-il appris jusqu'à présent?» Nous ne pouvons intervenir si nous sommes incapables de préciser les domaines sur lesquels doit porter l'intervention. En d'autres termes, nous devons évaluer les acquis et les faiblesses de l'enfant pour déterminer les points d'impact du programme éducatif. L'évaluation doit permettre de dresser un tableau complet du développement de l'enfant dans tous les domaines comportementaux.

On identifie généralement l'évaluation au testing. Pour beaucoup, évaluer un enfant signifie le mettre en présence d'un test standardisé et coter ses réactions. Les scores obtenus sont comparés à ceux des enfants de son âge et traduits en «âge de développement», «âge mental» ou «quotient de développement». L'épreuve la plus utilisée en langue française est le Test de Brunet-Lézine. Nous ne nions pas l'utilité d'une telle épreuve avec des enfants mongoliens. Il faut cependant en souligner deux limitations (Lambert, 1978a). Tout d'abord, le Test de Brunet-Lézine est relativement discriminatif pour les âges allant de 1 à 12 mois. Au-delà, les exigences du test sont moins progressives, principalement pour la motricité et le langage. Il en résulte qu'un enfant peut très bien avoir acquis de nouveaux comportements entre deux passations de l'épreuve, mais que ceux-ci ne soient pas enregistrés parce qu'ils ne répondent pas aux critères du test. Il n'est pas rare en effet que chez un enfant mongolien dont l'âge de développement se situe entre 15 et 20 mois, deux quotients de développement identiques soient obtenus à quatre mois d'intervalle, alors qu'une observation plus fine de l'enfant démontre incontestablement la présence de progrès dans tous les domaines. En second lieu, l'administration du test requiert une longue pratique et son utilisation ne peut être généralisée à des personnes n'ayant aucune formation dans le domaine du testing de la petite enfance. Ces deux limitations nous forcent à trouver d'autres moyens d'évaluation plus adaptés au développement de l'enfant mongolien en bas âge. Diverses solutions sont actuellement disponibles. Bon nombre de programmes d'intervention utilisent des échelles s'inspirant directement du développement de l'enfant normal. Il s'agit d'instruments de mesure nettement plus discriminatifs que les tests traditionnels. Chaque domaine du comportement est divisé en étapes. Ces étapes se subdivisent à leur tour en une série de comportements. Nous fournirons ci-après un exemple d'échelle mise au point pour les parents.

Deux principes sous-tendent l'évaluation. Premièrement, l'évaluation est la première étape de l'intervention. Cela signifie que la construction d'une échelle doit être suffisamment *détaillée* pour permettre une description des progressions à respecter dans la mise en place des apprentissages. Il importe donc de respecter un arrangement séquentiel à l'intérieur de chacun des domaines du développement. Deuxièmement, l'évaluation n'est pas l'apanage d'un seul spécialiste, généralement le psychologue, mais doit pouvoir être conduite par toutes les personnes se trouvant en contact permanent avec l'enfant.

C. La flexibilité du programme

Le programme d'intervention doit être compatible avec les différences interindividuelles qui existent au niveau des familles et des enfants. La disponibilité des différents membres de la famille, la somme de temps qu'ils peuvent consacrer quotidiennement à l'enfant mongolien, les ressources financières et l'habitat (présence d'un jardin, d'une salle de jeu pour les enfants, etc.) sont des variables qui déterminent la mise au point d'une intervention à domicile. Si le très jeune enfant mongolien est accueilli dans un centre, phénomène encore très rare dans la majorité des pays européens, le programme devra également tenir compte des conditions de vie en milieu familial, afin de ne pas proposer des apprentissages irréalisables pour les parents, par manque de formation ou de temps.

Au niveau des enfants, le programme doit envisager l'existence de distorsions pouvant survenir dans le développement. Par exemple, une étape peut être omise par l'enfant. Ainsi, dans le domaine de la motricité, des enfants mongoliens se tiennent debout et marchent sans être passés par le ramping ou la marche à quatre pattes. Ou bien, après une période de maladie ou d'hospitalisation relativement longue, certains comportements acquis précédemment ne sont plus présents dans le répertoire de l'enfant, tandis que d'autres subsistent. Dans tous ces cas, le programme d'intervention doit être suffisamment flexible pour s'adapter à la réalité.

Le programme d'intervention exige l'utilisation d'un équipement simple. Nous verrons ci-après comment des jouets courants ou des situations quotidiennes peuvent se transformer en moyens éducatifs appropriés. Les jouets coûteux, les gadgets éducatifs qui permettent à l'enfant « d'apprendre en quelques heures » ne constituent pas nécessairement un gage de réussite pour les apprentissages. Le programme doit se baser sur un matériel non sophistiqué, facile à acquérir et faisant partie de l'environnement de tout enfant.

3. TROIS EXEMPLES DE PROGRAMMES D'INTERVENTION

Depuis 1970, plusieurs pays ont développé des systèmes d'intervention précoce. Les Etats-Unis et l'Angleterre nous proposent des modèles parfaitement reproductibles sur une large échelle. Si on ne peut aller aux Etats-Unis, il suffit de passer la Manche et de se rendre à Sheffield (Watson, 1975) ou à Manchester (Hogg, 1977) pour visiter des réalisations modèles. Trois types de projets sont en cours:
- soit le programme d'intervention précoce est centré exclusivement sur les jeunes enfants mongoliens: Projet EDGE, Université du Minnesota, Minneapolis (Rynders et Horrobin, 1975), Projet de l'Université de Washington, Seattle (Hayden et Dmitriev, 1975);
- soit le programme concerne tous les jeunes enfants handicapés ou à haut risque de handicap mental et physique: Projet de Portage, Wisconsin, (Shearer et Shearer, 1972);
- soit le programme intègre de jeunes enfants handicapés avec des jeunes enfants normaux: Anson House Project, Manchester (Hogg, 1977).

Les formes prises par la mise en place des programmes d'intervention précoce sont au nombre de quatre:
- Le programme se réalise dans le milieu familial de l'enfant. Une équipe pluridisciplinaire vient régulièrement aider les parents à éduquer leur enfant. C'est le cas, par exemple, du Projet de Portage.
- L'intervention est prodiguée dans un centre: à Manchester (Anson House Project) et à l'Université de Washington.
- L'intervention se réalise à la fois dans le milieu familial et dans un centre d'accueil: Projet EDGE.
- Le programme se centre exclusivement sur la formation des parents en séminaires (Cunningham et Jeffree, 1975).

Nous présentons un exemple des trois premières formes d'intervention. Nous analyserons en détail la quatrième, les séminaires pour parents.

A. L'intervention à domicile: le Projet de Portage

Commencé en 1969, dans le Wisconsin, ce projet s'occupait, en 1975, de 150 enfants âgés de 1 mois à 6 ans. Les handicaps présentés sont multiples: arriération mentale — dont le mongolisme —, déficits physiques, pauvreté matérielle ou conditions socioculturelles défavorables, etc. Il n'existe pas d'école (Shearer et Shearer, 1975). Tout le programme de stimulation est donné au domicile de l'enfant et l'éducation est délivrée par les parents. Un enseignant spécialisé prend 15 enfants en charge. Il rend visite à chaque famille une fois par semaine et, durant une heure, il met au point un programme individualisé, adapté au développement et aux problèmes de l'enfant. Ce programme est basé sur une évaluation hebdomadaire de l'enfant dans les domaines suivants: langage, autonomie corporelle, développement intellectuel, motricité et socialisation. L'enseignant spécialisé montre aux parents comment éduquer l'enfant dans chacun de ces domaines. Le modèle de l'intervention est le suivant:

1. Trois comportements à acquérir sont présentés chaque semaine. Ces comportements sont choisis par les parents.
2. L'enseignant évalue l'enfant avant l'apprentissage.
3. L'enseignant montre aux parents comment apprendre à l'enfant les trois comportements choisis.
4. Les parents suivent les instructions de l'enseignant durant une semaine.
5. Une semaine après, l'enseignant se rend au domicile des parents, évalue les progrès réalisés par l'enfant et prépare les parents à trois nouvelles acquisitions.

Le programme répond aux principes développés plus haut: il est de nature développementale, il se base sur l'évaluation et sa flexibilité permet de répondre aux exigences individuelles. En réalité, l'enseignant n'est pas le directeur du programme. Ce sont les parents qui déterminent ce que leur enfant doit apprendre. Cette procédure permet l'apprentissage de comportements qui seront fonctionnels, non seulement pour l'enfant, mais aussi pour le milieu familial dans lequel il grandit.

Chaque domaine comportemental est divisé en une série d'étapes correspondant au développement normal. Chaque étape fait l'objet d'un ou de plusieurs apprentissages. Les parents ont à leur disposition des feuilles sur lesquelles l'enseignant leur indique le comportement à apprendre et la méthode utilisée pour y parvenir. Rappelons que cette méthode est construite en fonction de l'enfant et des parents.

Ce projet est implanté dans une région peu peuplée, où les distances entre les agglomérations interdisent tout transport de jeunes handicapés vers un centre de jour. Il nous paraît particulièrement adapté à un grand nombre de régions européennes, principalement là où les services font défaut. Dernier argument: son coût très peu élevé. En 1975, le programme coûtait 20.000 francs belges par an et par enfant.

Cette somme est subsidiée entièrement par les services locaux de la santé et de l'éducation. Nous verrons que cette somme est absolument dérisoire, en regard des progrès réalisés par les enfants soumis au programme.

B. L'intervention à domicile et dans un centre (Rynders et Horrobin, 1975)

Le projet EDGE, à l'Université du Minnesota, a été développé pour des jeunes enfants mongoliens. Trois critères dictent son contenu :
1. Le projet est réalisé dans un cadre expérimental. Afin d'évaluer ses effets, deux groupes d'enfants mongoliens ont été constitués : 20 enfants participent au programme et 20 autres, du même âge, n'y sont pas soumis.
2. L'approche est longitudinale : les 20 enfants sont exposés au programme d'intervention entre l'âge de 3 mois et de 5 ans.
3. Le programme est centré sur le développement de la communication et prend la forme d'apprentissages quotidiens.

Préalablement à l'application du programme, les mères reçoivent une formation intensive d'une durée de six semaines, à l'Université et à la maison. Elles apprennent à manipuler adéquatement un ensemble de méthodes d'apprentissage. A la fin de cette formation, les enfants mongoliens sont soumis quotidiennement au programme EDGE (Expanding Developmental Growth through Education), à la maison, durant une heure. Les « leçons » sont données par la mère ou un autre membre de la famille. La supervision du programme est assurée par des visites bihebdomadaires de l'équipe responsable du projet et par une réunion de synthèse mensuelle à laquelle assistent les parents.

Lorsque les enfants mongoliens sont âgés de 30 mois, ils fréquentent une classe spécialement créée pour le projet. L'éducation des enfants est alors prise en charge par une équipe multidisciplinaire. La collaboration avec les parents demeure effective. Les enfants restent dans cette classe jusqu'à l'âge de 5 ans, âge auquel ils fréquentent une école spéciale avec d'autres enfants arriérés mentaux.

Le programme est basé sur plusieurs principes éducatifs dont voici les principaux :
- Toutes les activités proposées doivent amener des interactions sensori-motrices entre l'enfant et sa mère.

- Toutes les activités exigent que la mère parle à son enfant.
- Les mères doivent utiliser des stratégies d'apprentissage hiérarchisées : l'exploration concrète de l'environnement et la démonstration par la mère du comportement attendu chez l'enfant doivent être au départ de toute acquisition.

La construction du programme à domicile tient compte de la présence d'autres enfants non handicapés. Les mères conservent une disponibilité égale envers tous les enfants.

Plusieurs innovations ont été apportées au projet. Par exemple, les responsables ont utilisé une unité itinérante, véritable « classe sur quatre roues », avec laquelle ils visitent les enfants et leurs familles. Contrairement au Projet de Portage, le Projet EDGE coûte cher et n'a pu être entrepris que grâce à l'aide fournie par l'Université du Minnesota. Il s'agit également d'un programme mis au point à des fins expérimentales. Les résultats futurs ne manqueront certainement pas de fournir des indications précieuses quant au profit que l'on peut retirer d'une intervention précoce centrée sur le développement de la communication. L'existence de ce projet est intéressante à signaler, car il allie l'apprentissage à domicile à l'éducation dans un centre spécialisé.

C. L'intervention dans un centre (Hayden et Dmitriev, 1975)

Le programme développé à l'Université de Washington pour les jeunes enfants mongoliens poursuit quatre buts principaux :
- Accroître le développement sensoriel, vocal et moteur de l'enfant mongolien en prenant comme référence les séquences du développement de l'enfant normal.
- Faire intervenir activement les parents dans l'éducation de leur enfant.
- Permettre à l'enfant mongolien d'acquérir les compétences scolaires déterminantes pour son entrée en classe spéciale, à l'âge de six ans.
- Mettre au point et évaluer des méthodes d'intervention spécifiques au développement des jeunes mongoliens.

Le programme se divise en quatre parties, selon l'âge de l'enfant. Le premier programme intéresse les enfants de 5 semaines à 18 mois. Les parents fréquentent un centre d'apprentissage une demi-heure par semaine. L'enfant est évalué et les parents apprennent comment intervenir aux niveaux du développement sensori-moteur et des premières conduites d'autonomie. Trois programmes ultérieurs intéressent les enfants âgés respectivement de 1 à 3 ans, de 3 à 5 ans et de 5 à 6 ans. Durant ces années, les mongoliens fréquentent le centre durant deux heures, quatre fois par semaine. Les apprentissages sont centrés sur le développement de la communication, de la coordination motrice et de la socialisation. Chaque programme accueille entre 9 et 12 enfants. Chaque «classe» est dirigée par deux enseignants auxquels viennent s'ajouter des étudiants en cours de spécialisation. Les mères des enfants participent obligatoirement aux activités de la classe un jour par semaine.

Commencée en 1972, le programme accueille 50 enfants. Nous examinerons plus loin les résultats qui nous sont parvenus. Ce type d'intervention exige évidemment un support matériel considérable et n'est possible que là où les autorités scientifiques et administratives sont conscientes de l'importance d'une intervention précoce.

4. UNE ALTERNATIVE: LES SEMINAIRES POUR PARENTS

Lorsqu'il n'existe aucun système d'intervention précoce semblable à ceux que nous venons d'énoncer, une solution consiste à former les parents pour qu'ils participent activement à l'éducation de leur enfant handicapé. Cette formation peut prendre la forme de séminaires dans lesquels les parents viennent régulièrement apprendre comment évaluer et éduquer leur enfant mongolien. Parmi les tentatives réalisées dans de nombreux pays, l'expérience de Cunningham et Jeffree (1975), à Manchester, présente un modèle d'intervention aisément reproductible. Afin d'étudier l'impact de type de formation, à la fois sur les parents et les enfants, un des auteurs de cet ouvrage a mis au point des séminaires pour parents d'enfants mongoliens (Lambert, 1977; 1978b). Le premier séminaire a réuni 9 familles d'enfants âgés de 2 à 9 ans et s'est déroulé de mars à novembre 1977. Il a été composé de 10 sessions mensuelles, chacune durant trois heures. Le second séminaire, accueillant 10 familles d'enfants âgés de 10 à 30 mois, s'est déroulé de juin 1978 à mai 1979. Nous présentons plus loin les résultats du premier séminaire.

A. Les principes de base

Ils sont au nombre de quatre:
- Les parents sont les premiers «professionnels» devant intervenir

dans l'éducation de leur enfant arriéré mental. A ce titre, il est nécessaire qu'ils reçoivent une formation appropriée.
- Les parents doivent être susceptibles d'intégrer les deux pôles de l'éducation: l'évaluation et l'intervention. Leur formation doit donc porter sur ces deux aspects.
- Les parents doivent apprendre des principes et non des « recettes » éducatives. Le séminaire est considéré comme une situation d'apprentissage dans laquelle les parents acquièrent les lignes directrices de l'éducation afin de construire eux-mêmes leurs propres programmes. Cette démarche doit permettre d'accroître l'individualisation de l'enseignement et de fournir aux parents des capacités durables, indépendamment de l'aide apportée par les responsables du séminaire.
- Chaque fois que cela est possible, l'éducation doit se réaliser dans le milieu familial, quotidiennement, en évitant toute contrainte, dans une atmosphère de jeu.

B. Le modèle de la formation

Tout apprentissage d'un nouveau comportement chez l'enfant s'effectue en quatre étapes (Cunningham et Jeffree, 1975).

Etape 1. Observation et évaluation

1. Les parents observent l'enfant dans le milieu familial.
2. Les parents évaluent leur enfant au moyen d'échelles développementales mises à leur disposition.

Etape 2. Sélection et analyse du comportement

A partir de l'évaluation, les parents vont *sélectionner* un comportement qu'ils désirent apprendre à leur enfant. Ce comportement doit être:
a) adapté à l'enfant, c'est-à-dire correspondant à son niveau de développement;
b) utile pour l'enfant, c'est-à-dire adapté au milieu familial.

Les parents *analysent* ensuite ce comportement: ils le décomposent en une série d'étapes progressives, de difficulté croissante. Ils fixent un critère de réussite: ils déterminent ce que l'enfant doit être capable de faire après l'apprentissage.

Etape 3. Présentation de l'apprentissage

Pour apprendre le comportement à l'enfant, les parents doivent :
1. Aménager des conditions favorables à l'apprentissage. L'insistance est placée sur le jeu.
2. Décider quand, comment et où apprendre la tâche.
3. Progresser par petites étapes et exiger de l'enfant une maîtrise complète de chaque stade.
4. Renforcer l'enfant de manière consistante et immédiate, c'est-à-dire faire suivre ses progrès de marques d'affection et de récompenses.

Etape 4. Evaluation

Les parents contrôlent l'efficacité de leur apprentissage :
- par une observation de l'enfant dans le milieu familial ;
- en utilisant les échelles développementales.

C. Le contenu des sessions

Chaque session comprend trois parties : l'exposé par l'animateur d'un thème éducatif choisi par les parents, l'illustration du thème à partir d'activités pratiques ou de montages audio-visuels et les réponses aux questions posées par les parents. L'animateur doit être un spécialiste des problèmes de l'arriération mentale. Selon les sessions, il est assisté de praticiens versés dans un domaine précis : kinésithérapeute, logopède. A la fin de chaque session, les parents disposent d'un petit manuel reprenant le contenu et les directives de la démarche éducative. Les 10 sessions se répartissent comme suit :
1. Introduction au développement de l'enfant normal et de l'enfant mongolien.
2. Présentation de l'évaluation des échelles développementales.
3. Correction des évaluations réalisées par les parents chez leur enfant.
4. Comment apprendre ? Les grands principes de l'apprentissage.
5. Comment apprendre ? Application des principes.
6. Le développement moteur.
7. Le développement sensoriel : audition, vision, les discriminations.
8. L'autonomie : manger, être propre, s'habiller.
9. Le langage : la compréhension.
10. Le langage : l'expression.

Nous reproduisons ci-dessous des extraits des manuels utilisés par les parents après les sessions correspondantes (Lambert, 1977; 1978b).

Session 2. Les échelles d'évaluation

Tout comme Cunningham et Jeffree (1975), nous avons construit nos propres échelles d'évaluation pour les besoins du séminaire. Elles sont basées sur le développement de l'enfant normal. Chaque domaine est divisé en une série de sous-domaines. Ceux-ci sont à leur tour divisés en comportements. Ces comportements sont hiérarchisés: leur ordre d'apparition chez l'enfant normal correspond aux numéros des items. Ces échelles servent à évaluer les acquis et les faiblesses de l'enfant et à fixer les objectifs de l'apprentissage.

Nous reproduisons un extrait de l'échelle de développement cognitif consacrée aux jeux d'exploration. Elle contient différentes acquisitions indispensables à mettre en place avant d'accéder au langage. Pour plus de détails, on verra Lambert (1977, 1978b).

Les jeux d'exploration
1. L'enfant tient un objet en main et porte l'objet à la bouche.
2. Place un objet dans sa bouche, le suce ou le mâche.
3. Regarde un objet qu'il tient en main.
4. Joue avec tous les objets qui font du bruit (le jeu « Activity Center » de Fisher Price est particulièrement indiqué).
5. S'intéresse aux parties des objets (exemple: regarde le battant d'une sonnette).
6. Manipule les parois de son berceau.
7. Tenu assis à la table, palpe le bord de la table.
8. Manipule un objet à l'aide des deux mains.
9. Transfère un objet d'une main à l'autre.
10. Retire les anneaux enfilés sur un manche (gros anneaux de plastic).
11. Sépare deux objets (exemple: deux tonneaux emboîtés; les objets doivent être aisément séparables).
12. Déplace un objet sur une surface et suit les mouvements de l'objet et de sa main.
13. Pousse une petite auto sur le sol ou sur la table.
14. Fait rouler un objet sur le sol ou sur la table: lance l'objet pour qu'il se déplace.
15. Fait rouler une balle, une petite auto.
16. Joue avec une balle: la fait rouler, la reprend, la projette contre une surface pour qu'elle se déplace.
17. Actionne un objet (souvent un animal) qui fait du bruit.
18. Frappe un objet contre une surface.
19. Frappe deux objets l'un contre l'autre.
20. Secoue un objet faisant du bruit et cherche l'origine du bruit.
21. Fait tomber une tour de cubes construite par l'adulte.
22. Frappe sur des instruments de musique (tambour, xylophone).

23. Froisse du papier argenté (le papier doit faire du bruit pour attirer l'attention de l'enfant).
24. Joue à jeter ses objets sur le sol. La trajectoire ne semble pas intéresser l'enfant, mais uniquement l'acte de jeter.
25. Jette un objet, le regarde tomber.
26. Joue avec un objet qui est attaché à une ficelle: tire la ficelle et imprime différentes trajectoires à l'objet.
27. Jette un objet, le retrouve, le jette à nouveau; il s'agit de manipulations dans lesquelles l'enfant s'intéresse à la trajectoire de l'objet et à la manière dont il tombe.

Session 4. Comment apprendre? (extrait du manuel)

II. Définir l'objectif

1. En éducation, l'objectif est le but final, quelque chose que l'on désire atteindre avec l'enfant.

2. L'objectif doit être décrit de manière précise. Dire: «Je veux rendre mon enfant plus heureux, l'aider à s'adapter, arriver à ce qu'il aille à l'école», sont des objectifs trop vagues, qui comprennent trop de choses. Par contre, dire: «Je vais lui apprendre à manger seul, à reconnaître les couleurs, à compter jusque 10», sont des objectifs précis, décrits en termes de comportements.

3. Vous choisissez un objectif précis, par exemple: «Mettre ses souliers». Supposons que votre enfant ne parvienne pas à atteindre cet objectif. Vous ne devez pas dire que votre enfant ne peut réussir à mettre ses souliers. Vous devez dire: «Il n'a pas encore appris ou bien, nous n'avons pas utilisé la meilleure méthode pour lui apprendre».

4. Un objectif adéquat doit:
a) Servir au développement de l'enfant, l'enrichir.
b) Etre au niveau des capacités de l'enfant.

5. *Vous devez écrire l'objectif de manière précise.*

«Brosser les dents, mettre ses souliers, marcher à quatre pattes, reconnaître les couleurs, dire Papa», sont des objectifs précis.

Remarquez que je n'utilise pas les termes «langage, pensée, jeu, attention, habillement». Ce sont des objectifs imprécis, trop vagues. En effet, qu'entend-on par «Apprendre à parler»? Cela signifie-t-il: comprendre, répéter, prononcer des mots ou demander quelque chose? De même, «Apprendre à s'habiller», cela peut sous-entendre: «Enfiler un pantalon», tout comme «s'habiller de façon appropriée».

Si je vous demande: «Comment allez-vous apprendre à votre enfant à s'habiller?» ou «Comment allez-vous apprendre à votre enfant à mettre un t-shirt?», vous serez d'accord qu'il vous est plus facile de répondre à la seconde question.

J'insiste donc sur le fait que vous devez connaître de manière précise ce que vous voulez apprendre à votre enfant.

Le point de départ est la fragmentation de comportements complexes en comportements plus simples.

Exemple 1.

Vous voulez apprendre à votre enfant à «manger seul». Ce comportement comprend de nombreuses conduites. «Manger seul» peut se réaliser avec:

a) les doigts;
b) une cuillère;
c) une fourchette;
d) un couteau et une fourchette.
Chacun de ces comportements constitue un objectif précis.

Exemple 2.
Vous devez apprendre le geste « Mettre son manteau ». Trois possibilités peuvent constituer autant d'objectifs précis :
a) boutonner;
b) fermeture-éclair;
c) boutons avec boucles.

Exemple 3.
Apprendre à l'enfant à « dire Papa » comprend les objectifs suivants :
a) émettre les sons « Papa »;
b) imiter les sons « Papa »;
c) dire « Papa » uniquement quand le père apparaît ou quand l'enfant le regarde;
d) attirer l'attention de son père en disant « Papa ».

Le second point essentiel est que l'objectif doit être au niveau de l'enfant.
Cela signifie que l'objectif que vous avez choisi doit être quelque chose que *l'enfant n'a pas encore appris* et qu'*il est prêt à apprendre*. Il est donc nécessaire d'observer l'enfant et d'utiliser les échelles mises à votre disposition.

Exemple 1.
Si nous voulons apprendre à l'enfant à tenir une cuillère, il doit avoir appris auparavant à :
a) regarder un objet;
b) prendre un objet;
c) prendre un objet et le porter à la bouche.

Exemple 2
Si nous voulons apprendre à l'enfant à marcher à quatre pattes, il doit avoir appris à :
a) tenir la tête droite;
b) supporter une partie de son poids;
c) mouvoir les membres;
d) garder son équilibre.

Exemple 3.
Si nous voulons apprendre à l'enfant à nouer ses lacets, il doit avoir appris à :
a) mettre ses souliers;
b) tenir un objet dans chaque main;
c) effectuer plusieurs gestes à la suite l'un de l'autre;
d) faire un nœud.

Le troisième point important dans la définition d'un objectif est qu'il soit approprié au développement, c'est-à-dire qu'il rencontre les besoins de l'enfant.

L'objectif correspond-il aux besoins de l'enfant ? La réponse à cette question dépend de toute une série d'événements qui sont propres à l'enfant et à sa famille. Par exemple, cela ne sert à rien d'apprendre à l'enfant à nouer ses lacets si ses souliers n'en comportent pas. De même, si l'enfant prend des objets en mains et les porte à la bouche, le fait de lui apprendre à manger avec ses mains est peut-être superflu; on peut directement passer à l'utilisation de la cuillère.

En général, pour répondre à la question, il faut en poser une autre : « Ce que je vais apprendre à l'enfant, est-ce un pas vers une autonomie plus grande à la maison ? »

Session 6. Le développement moteur

Nous attachons une importance toute particulière au développement moteur des enfants mongoliens. En effet, la majorité d'entre eux présentent, dès la naissance, une hypotonie musculaire dont la conséquence est de retarder l'acquisition des différentes postures corporelles. A partir des travaux de Bricker et ses collaborateurs (1977), nous reprenons l'apprentissage de la position assise.

Ce comportement, présent chez l'enfant normal aux environs de six mois, ne survient qu'après la disparition des réflexes archaïques et l'acquisition du contrôle des yeux, de la tête et du tronc.

L'apprentissage de la position assise comprend trois étapes :
1. L'enfant est assis avec support.
2. L'enfant est assis en position tripode, jambes écartées.
3. L'enfant est assis sans support.

Pour chacune de ces étapes, nous indiquons aux parents : l'objectif à atteindre, la forme prise par l'évaluation de l'apprentissage et diverses stratégies utilisables dans le milieu familial. Voici un extrait du manuel pour le comportement : *l'enfant est assis avec un support*. Pour plus de détails, on verra Lambert (1979).

Objectif : A la fin de cet apprentissage, l'enfant doit rester assis en tenant le tronc en position verticale. Un support extérieur est toutefois nécessaire pour l'aider à rester droit et garder son équilibre.

Mesure du comportement : Placer l'enfant en position assise, le dos reposant contre une surface verticale et avec des coussins sur les côtés. L'enfant doit rester assis, le tronc droit, en conservant son équilibre, durant cinq minutes.

Apprentissage : L'objectif de cette étape est de consolider le tonus des muscles du cou et du tronc. Plusieurs stratégies peuvent être utilisées :

1. La méthode la plus simple consiste à placer l'enfant sur son siège, avec des coussins derrière le dos. Le siège est placé au niveau du sol. On peut utiliser un baby relax. Nous insistons sur le fait que le siège doit être en matière dure et non en tissu. En effet, l'hypotonie musculaire aidant, un séjour prolongé dans un siège en tissu peut amener des déformations de la colonne vertébrale. On accroît progressivement l'inclinaison du siège grâce aux réglages incorporés. A la fin de cette étape, l'enfant est en position assise, le siège étant en position verticale.

2. On peut répéter l'opération 1, mais cette fois en couchant l'enfant sur le sol. L'inclinaison progressive devant l'amener en position assise est at-

teinte en plaçant des coussins derrière le dos de l'enfant. Il est nécessaire d'utiliser des coussins non déformables.

3. Placer l'enfant devant une table basse. La poitrine de l'enfant doit arriver à la hauteur de la table. Vous prenez l'enfant dans vos bras ou vous le placez sur son siège. A ce stade du programme, l'enfant ne peut s'asseoir seul; il risque donc de tomber vers l'avant. Vous soutenez l'enfant en dessous des bras pour l'empêcher de basculer vers l'avant. Vous permettez ainsi à l'enfant de rester droit et de pouvoir jouer avec les objets que vous avez disposés sur la table, devant lui.

4. Vous êtes assis sur le sol, jambes écartées. L'enfant est assis entre vos jambes. Vous maintenez l'enfant de la manière suivante vous placez une main sur sa poitrine, l'autre main au bas de son dos. De cette manière, l'enfant est assis et peut jouer avec les objets, sans tomber vers l'avant ou l'arrière. Attention: veillez à maintenir le dos de l'enfant bien droit, afin d'éviter les déformations.

5. Vous êtes assis sur le sol, l'enfant est assis entre vos jambes et vous fait face. Vous lui prenez les mains; ses bras sont tendus. Vous amenez progressivement les mains de l'enfant sur le sol, à ses côtés.

Contrôle : L'enfant est assis sur le sol ou sur une chaise basse. Son dos est calé par des coussins. Des coussins sont également disposés à ses côtés pour l'empêcher de tomber. L'enfant doit rester assis, le tronc droit, en gardant son équilibre. Cette position doit être maintenue durant cinq minutes par jour, dix jours d'affilée.

D. L'évaluation des séminaires

Malgré le succès apparent rencontré par l'organisation des séminaires à Manchester (cfr Watson, 1975), Cunningham et Jeffree (1975, pp. 420-411) ne fournissent aucune donnée susceptible de permettre un contrôle des effets de la formation. Les justifications restent vagues et peu propices à l'évaluation scientifique: « les parents se déclarent enchantés de l'assistance aux séminaires, les parents ont bénéficié des sessions, etc. ». De plus, nous ne possédons aucune information concernant les progrès réalisés par les enfants. Les auteurs considèrent leurs séminaires comme des cours et non comme des expériences permettant de faire progresser les recherches. C'est pourquoi les enfants ne sont pas évalués avant et après les séminaires. Bien qu'acceptant les conclusions de Cunningham et Jeffree relatives aux effets de la formation, nous ne pouvons que déplorer l'absence de contrôles systématiques. Cette situation est d'autant plus regrettable que les vues divergent quant à la valeur à accorder aux expériences de formation des parents d'arriérés mentaux. Les revues présentées par Cunningham (1975) et Heifetz (1977) s'accordent à souligner le manque de contrôle et d'évaluation des formations proposées aux parents, ainsi que la pauvreté méthodologique de l'ensemble des expériences, ce qui interdit toute généralisation. Pour O'Dell (1974), la question centrale est de savoir si ce domaine peut demeurer sur des bases empiriques. Ne faudrait-il pas au contraire mettre en place des recherches destinées à comparer et à intégrer diverses techniques, sans se préoccuper de leur origine théorique ?

Nous avons évalué certains effets du premier séminaire à partir de deux aspects : l'évolution des enfants et le contenu des interventions des parents durant les sessions.

L'évolution des enfants

Deux psychologues, n'ayant pas participé à l'animation du séminaire et ne connaissant ni les parents, ni les enfants, ont testé les neuf enfants au début et à la fin du séminaire, soit en avril et novembre 1977, au moyen du test d'intelligence générale de Terman-Merrill. Un groupe contrôle d'enfants mongoliens, dont les parents n'avaient pas participé aux sessions, appariés sur la base de l'âge mental avec le groupe « séminaire », ont également été testés à deux reprises, aux mêmes périodes que les premiers. En novembre 1978, soit un an après la fin des sessions, les deux groupes d'enfants ont été retestés au moyen du test de Terman-Merrill.

La figure 10 montre l'évolution des âges mentaux moyens pour les deux groupes d'enfants. Au début du séminaire, les deux groupes ont des âges mentaux identiques. A la fin du séminaire, les gains en âge mental réalisés par les enfants du groupe « séminaire » sont significativement supérieurs à ceux du groupe contrôle (Test de Wilcoxon. Seuil de signification .005). Un an après la fin du séminaire, les différences se sont estompées, au moins en partie. L'âge mental moyen des enfants du groupe « séminaire » demeure légèrement supérieur, mais la différence n'est plus significative.

L'évaluation des sessions

Nous avons pris en considération les données suivantes :
- L'indice de fréquentation aux sessions, par personne et par famille.
- L'analyse des interactions verbales durant les sessions. Nous nous sommes intéressés au nombre et au contenu des échanges verbaux entre l'animateur et les parents.
- Les réponses à un questionnaire soumis aux parents à la fin du séminaire. Ce questionnaire a été administré par deux psychologues étrangers au processus d'animation des sessions.

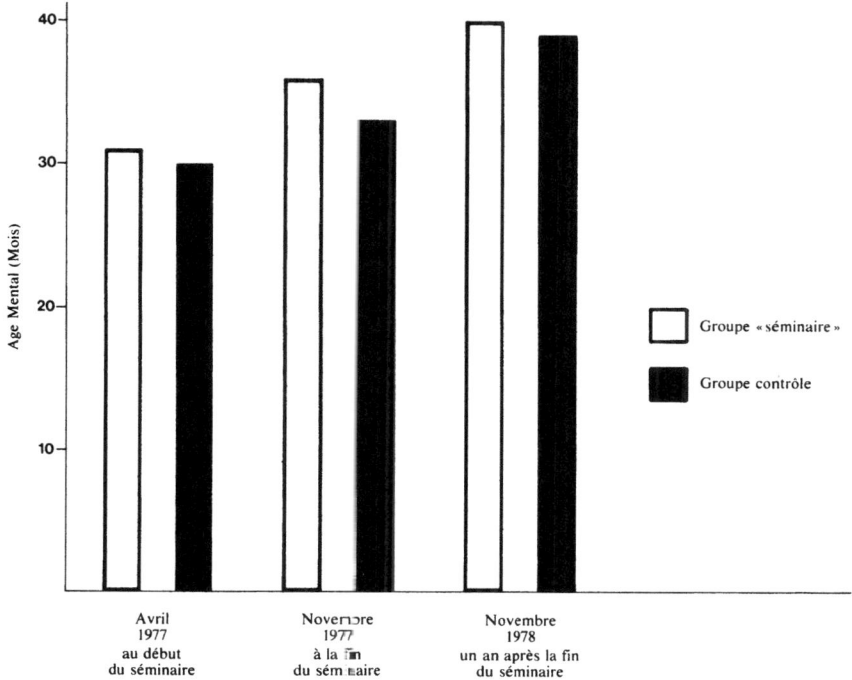

Figure 10. Evolution des âges mentaux

Le taux de participation global est égal à 93 %. Toutes les familles ont été présentes au moins à neuf sessions. La participation des mères était la plus élevée. En cas d'absence, les parents ont toujours demandé à entendre l'enregistrement de la session à laquelle ils n'avaient pu assister. L'indice de fréquentation est un indicateur de l'intérêt porté par les parents aux sessions.

83 % des interactions verbales se sont déroulées entre l'animateur et les parents. Les parents ont communiqué très peu ensemble. Les interactions se répartissent de manière sensiblement égale entre les dix sessions. Bien que le déroulement des sessions ait permis aux parents d'échanger leurs expériences éducatives, la majorité de leurs interventions ont été des monologues. En effet, les parents sont intervenus pour poser des questions (12 % des interactions), répondre aux questions de l'animateur (24 %) et émettre des commentaires sur leur enfant (64 %). Ces commentaires étaient personnels. Le nombre relativement élevé de réponses s'explique par le fait que l'animateur

a cherché constamment à faire participer les parents de manière active à toutes les sessions.

La figure 11 analyse le contenu des commentaires des parents en fonction de six grandes catégories. Celles-ci concernant: 1) le mongolisme en général, 2) leur enfant mongolien en particulier, 3) l'enfant mongolien d'une autre famille assistant au séminaire, 4) les enfants non handicapés vivant dans la famille, 5) la précision de certains points concernant l'éducation et 6) les interventions en dehors du contexte des sessions. Les taux de commentaires les plus élevés se situent dans trois catégories: la demande d'informations relatives au mongolisme en général, à leur enfant mongolien en particulier et à certaines méthodes éducatives. Les parents interviennent peu pour demander des conseils relatifs à l'éducation de leurs enfants non handicapés. De même, ils se préoccupent peu des enfants des autres

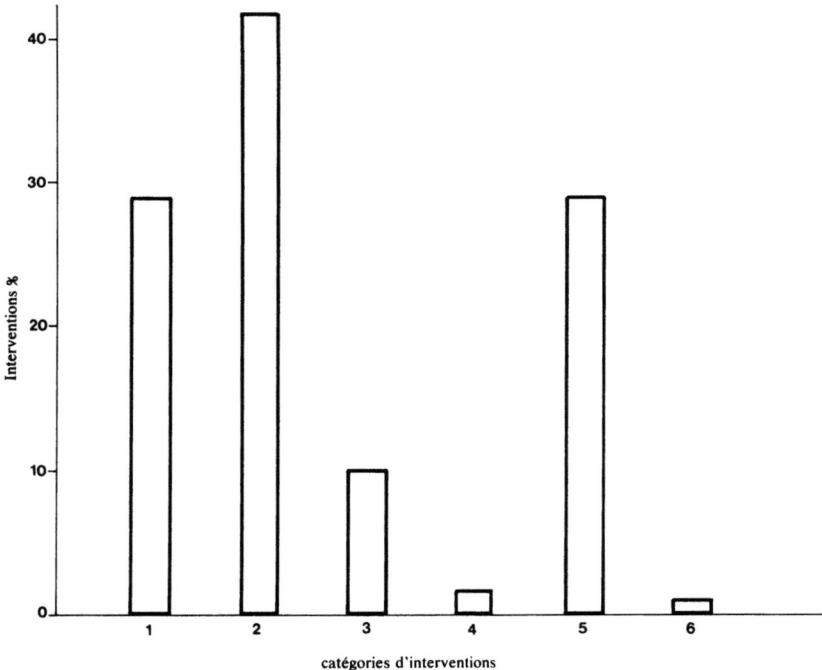

Figure 11. Répartition des interventions
Catégories d'intervention: 1. mongolisme en général; 2. l'enfant mongolien en particulier; 3. l'enfant mongolien d'une autre famille; 4. les enfants non-handicapés vivant dans la famille; 5. précision de certains points éducatifs; 6. intervention en dehors du contexte.

familles. Peut-être faut-il voir dans ce fait une certains crainte d'entraîner des comparaisons avec des enfants plus évolués? En fait, les parents assistent au séminaire pour poser des questions concernant *leur enfant*, pour apprendre «*comment faire*».

Quatre données principales se dégagent des réponses fournies au questionnaire administré après le séminaire:

- Toutes les familles se sont déclarées satisfaites de leur participation. Le nombre de participants leur est apparu adéquat. De plus, les sujets abordés ont répondu aux attentes familiales. L'animation du séminaire par les spécialistes a été unanimement appréciée. Les parents préfèrent une animation plutôt directive leur permettant de poser des questions et de parler, tout en évitant les nombreuses digressions sur des aspects mineurs de cas personnels. Cinq familles avaient participé au préalable à des réusions d'associations de parents dans lesquelles elles étaient invitées à «parler de leurs problèmes». Ces familles stigmatisent ce genre de réunions où, disent-elles, «on n'apprend rien» et «on ne fait que comparer les enfants entre eux».

- Quatre familles avouent avoir subi des moments de découragement au cours des sessions. Chez trois d'entre elles, ce sentiment s'est installé à partir du moment où les progrès ont été manifestes chez leur enfant. Leurs réactions peuvent se résumer en une phrase: «Si nous avions commencé plus tôt, notre enfant n'en serait pas là».

- Les parents ont exprimé une profonde inquiétude devant la clôture du séminaire. Ils désiraient tous poursuivre les sessions de formation. L'interruption du séminaire a été vécue de manière dramatique par deux familles et a provoqué des protestations à l'égard de l'animateur et de sa disponibilité.

- Un an après la fin du séminaire, nous avons rencontré individuellement huit familles. Six d'entre elles admettent ne pas avoir poursuivi auprès de leur enfant l'application des méthodes éducatives proposées durant les sessions. Toutes demandent l'organisation d'un nouveau cycle. Trois familles avouent que les effets bénéfiques du séminaire sur les relations entre les parents et l'enfant se sont estompés et que «tout est comme avant».

E. Conclusions

Bien que cette expérience ait été limitée à neuf familles, elle fournit des enseignements très précieux permettant d'orienter la création et l'organisation de futurs séminaires. Certes, le séminaire a eu un effet bénéfique sur les parents et les enfants.

Pour les premiers, il a apporté une aide morale et pratique dans la démarche éducative. Pour les seconds, les retombées de la formation des parents se sont concrétisées par des progrès substantiels dans divers domaines, du moins pendant la période du séminaire. Deux faits doivent cependant retenir l'attention et modérer l'optimisme qui a présidé à la création de ce type de formation.

Premièrement, les progrès réalisés par les enfants, progrès se marquant au niveau d'un gain en âge mental, se sont estompés un an après la fin du séminaire. Nous devons relier cette constatation à un des principes sous-tendant la conception du séminaire. Nous avons écrit que les parents devaient apprendre des méthodes éducatives et non des «recettes». Ce principe essentiel n'a pas été appliqué dans la réalité. Les parents n'ont pu adapter les méthodes reçues durant les sessions aux progrès des enfants. Les demandes formulées par les parents pour poursuivre les sessions, de même que leur dépendance à l'égard de l'animateur, concrétisent cette observation. La mise au point de séminaires futurs devra tenir compte de cet impératif. A l'inverse de ce qui se passe en milieu institutionnel où l'enfant et les éducateurs ne font que passer, *la formation des parents ne peut se limiter à apprendre des «recettes», des «trucs» permettant de faire face à tel ou tel problème ponctuel urgent à résoudre*. Comme l'écrit très justement Cunningham (1975), les parents d'un enfant arriéré mental ne sont pas en présence d'un déficit précis touchant un domaine comportemental restreint, mais bien d'un ensemble de retards intéressant tous les aspects du développement. De plus, le développement de l'enfant exige une réadaptation constante de l'éducation. Cette restructuration permanente ne peut se réaliser à partir de conseils visant des objectifs à court terme, mais demande au contraire l'acquisition de principes éducatifs. Il est indispensable d'orienter la formation des parents vers des objectifs à moyen et à long terme. Il faut leur permettre d'assimiler les principes de base à partir desquels ils élaborent eux-mêmes leurs techniques d'intervention. Cela requiert de la part des chercheurs une série de travaux destinés à analyser les capacités parentales en relation avec l'apprentissage d'objectifs.

Deuxièmement, la formation doit s'accompagner d'une guidance familiale. Nous avons observé chez certains parents la présence de réactions complexes devant les progrès des enfants. Ces réactions entraînent finalement ce que nous pouvons appeler des sentiments de culpabilité. Ces parents expriment leurs sentiments comme suit: «Si grâce à ce que nous apprenons au séminaire notre enfant progresse, c'est parce que maintenant nous savons comment nous y prendre avec lui. Si jusqu'à présent notre enfant n'a guère progressé, c'est de notre faute, c'est parce que nous n'avons pas fait l'effort de nous mettre au courant». De telles réactions sont imprévisibles et tendent à montrer que les progrès réalisés par l'enfant ne jouent pas exclusivement un rôle motivationnel positif chez les parents. En outre, elles nous indiquent que chaque famille réagit individuellement à la formation et qu'il est impossible d'émettre des principes généraux concernant le choix des participants au séminaire. Une connaissance préalable des familles et une guidance individuelle constituent pour nous les prérequis indispensables à la réussite de la formation des parents. En conclusion, la formation éducative des familles n'est pas terminée après un séminaire de quelques sessions, mais doit se poursuivre tout au long de l'existence de l'enfant mongolien.

5. L'INTERVENTION PRECOCE EST-ELLE EFFICACE?

Nous venons d'évaluer certains aspects d'un séminaire de formation pour parents. Toutefois, nous ne pouvons parler dans ce cas précis d'intervention précoce, étant donné que certains enfants étaient âgés de plus de cinq ans. Il est cependant nécessaire de poser le problème de l'efficacité à moyen et à long terme des programmes d'intervention précoce sur le développement des enfants mongoliens.

Dans bien des cas, les expériences sont trop récentes pour permettre de tirer des conclusions définitives. Il peut être utile cependant de faire état des faits dont nous avons connaissance.

Une première étude concerne le Projet de Portage. Shearer et Shearer (1974) montrent que chez 75 enfants âgés de 0 à 6 ans et soumis au programme pendant 8 mois, le gain moyen en âge mental a été de 15 mois. Le gain attendu était de 6 mois. Comparé à un échantillon d'enfants non exposés au programme de stimulation précoce, le Q.I. moyen de ces 75 enfants a subi un accroissement significatif de 18 points. De plus, au terme des 8 mois, 60 % des parents concernés par le Projet étaient capables de mettre au point eux-mêmes, par écrit, des activités éducatives adaptées au niveau de leur enfant. Rappelons toutefois que ce programme s'adresse à tous les types de handicaps et qu'il s'agit de résultats globaux parmi lesquels nous ne connaissons pas les chiffres exacts concernant les enfants mongoliens.

Des données plus précises sont fournies par Hayden et Dmitriev

(1975) sur les effets du programme mis en place à l'Université de Washington au bénéfice de jeunes enfants mongoliens. Entre 3 et 18 mois, tous les enfants soumis au programme d'intervention ne présentent qu'un retard en âge mental égal à un mois par rapport à leur âge chronologique. Chez des enfants mongoliens âgés de 19 mois, vivant dans leur milieu familial, mais ne recevant aucun apprentissage structuré, le retard en âge mental est égal à un an (Dicks-Mireaux, 1972). Chez les enfants mongoliens plus âgés, ayant reçu une intervention durant deux ans, les progrès observés en bas âge se confirment. C'est ainsi que ces enfants présentent un Q.I. moyen égal à 86, à l'âge de 3 ans. Ces résultats sont spectaculaires. En effet, un groupe d'enfants mongoliens âgés de 4 ans et n'ayant pas été soumis au programme, obtiennent, à la même période, un Q.I. moyen égal à 61. A l'âge de 5 ans, ces mêmes enfants ont reçu le programme de stimulation et leur Q.I. est passé à 74, soit un gain de 13 points en un an. Il est cependant nécessaire d'attendre la confirmation de ces données avant de conclure définitivement à l'efficacité des programmes d'intervention précoce. En effet, on est en droit de se demander ce qu'il advient du développement des enfants lorsqu'ils ne sont plus soumis au programme. C'est évidemment le point-clé de toute intervention.

A notre connaissance, une seule étude permettant d'avancer des éléments de réponse à cette ultime question a été publiée à ce jour. Aronson et Fällström (1977) rapportent les faits suivants. Huit enfants mongoliens, âgés de 21 à 69 mois, ont été soumis à un programme intensif d'intervention précoce durant un an et demi. Leurs âges mentaux ont été comparés à ceux d'enfants d'un groupe contrôle, avant, pendant et après la période de stimulation. Les deux groupes avaient été appariés sur la base de l'âge mental au début de l'étude. Les résultats montrent que le programme a eu des effets bénéfiques sur le développement du groupe traité. Les gains moyens en âge mental dans ce groupe se sont élevés à 10.5 mois, contre 3.5 mois chez les enfants n'ayant pas reçu le programme. Cependant, au cours d'une étude longitudinale menée un an après l'arrêt du programme, les effets de la stimulation ont été réduits. Les enfants soumis précédemment au programme montrent un accroissement en âge mental égal à 12 mois, contre une augmentation de 10 mois d'âge mental chez les enfants non stimulés.

Nous trouvons ici une confirmation de nos résultats sur les effets du séminaire de formation des parents. L'arrêt de l'intervention entraîne une diminution des progrès chez l'enfant. Ces données demandent à être confirmées. Elles ne remettent pas en question l'efficacité indéniable des programmes d'intervention précoce chez l'enfant mongolien, mais elles indiquent tout simplement que l'intervention doit être un processus continu, commençant à la naissance et se poursuivant durant toute l'existence.

Bibliographie

ARONSON, M. & FÄLLSTRÖM, K. Immediate and long-term effects of developmental training in children with Down's syndrome. *Developmental and Medecine Child Neurology*, 1977, 19, 489-494.
BRICKER, D., DAVIS, J., WHALIN, L. & EVANS, J. *A motor training program for the developmentally young*. Mailman Center for Child Development: University of Miami, 1977.
CUNNINGHAM, C.C. Parents as therapists and educators. In C.C. KIERNAN and F.P. WOODFORD (Eds.), *Behaviour modification with the severely retarded*. Amsterdam: Associated Scientific Publishers, 1975, pp. 175-193.
CUNNINGHAM, C.C. & JEFFREE, D.M. The organization and structure of workshops for parents of mentally handicapped children. *Bulletin of the British Psychological Society*, 1975, 28, 405-411.
DICKS-MIREAUX, M.J. Mental development of infants with Down's syndrome. *American Journal of Mental Deficiency*, 1972, 77, 26-31.
HAYDEN, A.H. & DMITRIEV, V. The multidisciplinary Preschool Program for Down's syndrome children at the University of Washington Model Preschool Center. In B.Z. FRIEDLANDER, G.M. STERRITT & G.E. KIRK (Eds.), *Exceptional Infant: Vol. 3, Assessment and intervention*. New York: Brunner-Mazel, 1975, 193-221.
HEIFETZ, L.J. Behavioral training for parents of retarded children: alternative formats based on instructional manuals. *American Journal of Mental Deficiency*, 1977, 82, 194-203.
HOGG, J. *The Anson House Preschool Project*. Manchester: Hester Adrian Research Centre, 1977.
LAMBERT, J.L. La formation des parents d'enfants mongoliens. I. La mise au point d'un séminaire. Université de Liège. *Rapport au Fonds de la Recherche Fondamentale et Collective*, 1977 (non publié).
LAMBERT, J.L. *Introduction à l'arriération mentale*. Bruxelles: Mardaga, 1978 (a).
LAMBERT, J.L. La formation des parents d'enfants mongoliens. II. Analyse des effets du séminaire. Université de Liège. *Rapport au Fonds de la Recherche Fondamentale et Collective*, 1978 (b), (non publié).
LAMBERT, J.L. L'intervention précoce en arriération mentale. *Rapport au Fonds de la Recherche Fondamentale et Collective*, 1979, (non publié).
MITTLER, P. *The education of pre-school mentally handicapped children*. Manchester: Hester Adrian Research Centre, 1975.
O'DELL, S. Training parents in behaviour modification: a review. *Psychological Bulletin*, 1974, 81, 418-433.
REY, A. *Arriération mentale et premiers exercices éducatifs*. Neuchâtel: Delachaux et Niestlé, 1953.

RONDAL, J.A. Recent advances in the study of pre- and early linguistic development open new perspectives for early language intervention in severely and moderately mentally retarded children. In *Proceedings of the World Congress on Future Special Education*, The Council of Exceptional Children, Reston, Virginia, 1978 (sous presse).

RYNDERS, J.E. & HORROBIN, J.M. Project EDGE: the University of Minnesota's Communication Stimulation Program for Down's syndrome infants. In B.Z. FRIEDLANDER, G.M. STERRITT & G.E. KIRK (Eds.), *Exceptional infant, Vol. 3, Assessment and intervention*. New York: Brunner-Mazel, 1975, 173-192.

SHEARER, M.S. & SHEARER, D.E. The Portage Project: a model for early childhood education. *Exceptional Children*, 1972, *39*, 210-217.

SHEARER, D.E. & SHEARER, M.S. *The Portage Project*. Paper presented at the Conference on early intervention for high risk infants and young children, Chapel Hill, North Carolina, May 5-8, 1974.

WATSON, B. *The remedial role of pre-school education: mentally retarded children*. Council of Europe. Strasbourg, 19 décembre 1975.

Chapitre 6
Mythes, légendes et supercheries

S'il existe un domaine de l'arriération mentale qui véhicule un ensemble de croyances irrationnelles, d'affirmations non fondées, de légendes extraordinaires, c'est le mongolisme. De tout temps, le mongolien a cristallisé sur lui les peurs et les désirs de la société envers les handicapés. Comme nous allons le voir, la seconde moitié du vingtième siècle n'a guère modifié cet état, et, aujourd'hui encore, le mongolien est affublé d'une série de préjugés dignes des plus belles périodes de l'obscurantisme scientifique.

Il est nécessaire de détruire ces légendes. Certaines sont grotesques et ne méritent guère de commentaires, sinon pour mettre en garde les lecteurs contre le délire structuré de certains auteurs. Dans ce domaine, la palme revient à Réthault (1973) qui, sous le couvert d'un charabia verbal pseudo-scientifique, propose une théorie grotesque : les mongoliens sont issus d'un métissage entre l'homo sapiens et l'homo non sapiens. Ce métissage est préhistorique. Une telle théorie amène son auteur à développer un ensemble de considérations thérapeutiques dont le moins que l'on puisse dénoncer est leur absence complète de fondement scientifique. Mais, laissons Réthault (1973) à ses quatre cent cinquante pages d'absurdités et tournons-nous vers d'autres légendes, plus pernicieuses, faisant du mongolien un personnage mythique et orientant directement son éducation. Ce sont ces égarements que nous combattons car, en dépit de leur présentation parfois séduisante, ils contribuent à accroître le handicap du mongolien plutôt qu'à y remédier.

1. LE MONGOLIEN MYTHIQUE

Depuis que Down a décrit le mongolien comme un idiot possédant des dons d'imitateur et heureux de vivre, les stéréotypes comportementaux ont proliféré dans la littérature. Belmont (1971) passe en revue les publications scientifiques contenant toutes les caractéristiques attribuées au mongolisme. Les cinq traits comportementaux les plus cités sont les suivants: le mongolien possède des dons musicaux très développés, il est un imitateur-né, il témoigne d'une joie de vivre évidente, il est obstiné et, enfin, son développement sexuel est exclusivement auto-érotique. Dans chacun de ces domaines, les opinions des auteurs sont clairement affirmées. Nous ne reprendrons pas en détail les quelque 70 études qui ont tenté d'évaluer ces hypothèses. Nous nous référons à la synthèse de Belmont (1971) qui, sans idées préconçues, a tenté de démêler l'écheveau formé de suppositions, de contradictions et de faits réels.

Avant d'aborder chaque caractéristique, il est nécessaire de souligner un point méthodologique important. Pour affirmer qu'un trait comportemental est typique du mongolisme, il faut prendre au moins deux précautions: 1. s'assurer que ce trait n'est pas partagé par d'autres arriérés mentaux non mongoliens, 2. observer la présence de cette caractéristique chez tous les mongoliens, de tous les âges et de tous les niveaux intellectuels. La plupart des travaux réalisés à ce jour n'ont pas respecté ces indications méthodologiques. Dès lors, ils ne peuvent fournir que des conclusions partielles interdisant toute généralisation. Nous faisons uniquement allusion aux études visant à cerner les cinq traits précités et non aux travaux rigoureusement contrôlés dans le domaine du langage et des capacités cognitives où, comme nous l'avons vu au cours des premiers chapitres, les données disponibles permettent d'avancer des faits dûment établis sur le développement propre aux sujets mongoliens.

Les dons musicaux. Le public non informé tend souvent à considérer les mongoliens comme des Mozart ou des Beatles en herbe! En fait, les données disponibles actuellement s'opposent à la tradition populaire qui fait des mongoliens des personnes musicalement douées. Deux études, datant de 1950, montrent clairement que les enfants mongoliens et non mongoliens placés en institution sont très appauvris sur le plan des capacités musicales. Ils ne possèdent pratiquement aucune disposition pour le rythme, la danse et la reproduction de mélodies (Belmont, 1971). Un travail de Peters (1970) confirme ces données chez des enfants mongoliens non institutionnalisés. Peters mesure la sensibilité musicale d'enfants mongoliens, d'enfants arriérés mentaux non mongoliens et d'enfants normaux appariés sur la base de l'âge mental avec les arriérés. L'auteur montre que les réactions des arriérés mentaux à la musique sont identiques à celles des enfants normaux de même âge mental. Il n'existe aucune évidence permettant de soutenir la thèse selon laquelle les enfants mongoliens possèderaient des capacités musicales supérieures.

L'imitateur-né. Imiter signifie reproduire plus ou moins fidèlement un modèle. L'imitation peut revêtir des formes diverses. Dans le domaine de l'apprentissage, on distingue généralement l'imitation motrice et l'imitation verbale. L'étude de ce processus est encore incomplète chez l'individu normal. Elle soulève une série de questions, notamment sur la nature des processus cognitifs impliqués. L'imitation est souvent considérée comme étant à la base de nombreux apprentissages chez l'arriéré mental. Les données revueillies dans de multiples secteurs confirment ce fait (Lambert, 1978). Belmont (1971) ne cite aucune étude ayant abordé les capacités d'imitation des mongoliens. Nous disposons de données recueillies chez 32 enfants mongoliens et 32 enfants non mongoliens, âgés de 3 à 14 ans et appariés sur la base de l'âge mental (Lambert, 1979). Deux épreuves d'imitation, l'une motrice, l'autre verbale, sont présentées aux enfants. La première consiste à reproduire un, deux ou trois gestes simples émis par un adulte. La seconde épreuve consiste en la répétition de syllabes et de mots connus des enfants. Les enfants mongoliens obtiennent des résultats significativement inférieurs à ceux des autres enfants de même âge et de même niveau intellectuel. Cela est vrai pour les deux épreuves. Si la faible performance des enfants mongoliens n'est pas entièrement surprenante en raison des difficultés verbales qui sont celles de ces sujets, les résultats à l'épreuve d'imitation motrice vont certainement à l'encontre du stéréotype du mongolien comme imitateur-né. Nos données viennent de trouver une confirmation très récente dans une étude de Silverstein et al. (1979). Les auteurs comparent les performances de 28 adultes mongoliens et de 56 adultes arriérés mentaux non mongoliens à diverses épreuves d'imitation motrice, vocale et verbale. Silverstein et ses collaborateurs ne trouvent aucune différence significative entre les résultats des deux groupes d'adultes.

Les capacités imitatives supposées du mongolien sont souvent avancées par les parents à la fois comme une preuve d'intelligence chez leur enfant et comme un moyen de défense contre d'autres enfants arriérés mentaux. Nous entendons fréquemment des parents nous dire : « Je ne veux plus laisser mon enfant dans la même classe que cet autre qui grimace ou se balance. Le nôtre peut tout imiter, il est intelligent, mais il ne sait pas ce qu'il doit imiter. Alors, il va grimacer et se balancer à son tour ! ». De même, « Puisque l'enfant mongolien est un bon imitateur, il devrait être placé parmi les enfants normaux. Ainsi, il apprendrait plus vite ! ». Si nous ne nions pas certains avantages procurés à l'enfant mongolien par la seconde situation, nous nous élevons contre la première. Il s'agit en effet d'une utilisation abusive, à des fins de ségrégation, de faits qui ne reposent sur aucun fondement sérieux.

La « joie de vivre ». « Je sais qu'ils sont heureux » dit Launay (1976) en parlant des mongoliens. En supposant que l'on se mette d'accord sur la signification des termes « être heureux », il faudrait encore demander aux mongoliens leur avis ! En effet, il est important de ne pas confondre ses propres désirs avec la réalité. Qu'est-ce que la joie de vivre, qu'est-ce que le bonheur ? De nombreux philosophes sont morts avant d'avoir pu répondre à ces deux questions... Nous n'avons que très rarement entendu des mongoliens dire : « Nous sommes malheureux ». Faut-il en déduire qu'ils possèdent un élan fondamental, générateur de sentiments euphoriques sur leur condition existentielle ? Pouvoir exprimer sa vie affective et le contenu de ses émotions exige à la fois des capacités cognitives différenciées, des possibilités de comparaison issues d'expériences multiples et un niveau verbal adéquat. Chez le normal, l'exploration de la vie affective reste problématique et pleine d'embûches. Ce ne sont pas les partisans des divers courants psychanalytiques qui nous contrediront. Que penser alors de l'analyse de la vie intérieure d'êtres qui sont différents des normaux ? Ne sachant pas si le mongolien est un être profondément heureux de vivre, nous devons nous abstenir de le caractériser comme tel. Poussé à la limite, l'argument de « la joie de vivre mongolienne », argument non démontrable avec les méthodes d'investigation actuellement disponibles dans le champ de la psychologie clinique, peut entraîner une démission éducative. Il n'y a qu'un pas à franchir pour déclarer : « Peu importe comment nous éduquons les mongoliens, puisque de toutes façons nous savons qu'ils sont heureux ! ». Ou pire encore : « Evitons de les éduquer et de les scolariser, de peur de tarir la source de leur bonheur ».

L'obstination. « Vous pouvez faire confiance à ce mongolien, il accomplit le même geste, durant des heures, sans rien dire... » Combien de fois n'entendons-nous pas cette réflexion émanant d'éducateurs ou de parents ? Les capacités d'adaptation de nombreux mongoliens à des activités répétitives sont souvent mises en exergue par les parents et les enseignants et confèrent à leurs actes un caractère obsessionnel évident. Ici également, il faut éliminer un mythe. En effet, le recours à un concept aussi flou que l'obstination n'explique en rien le comportement. Il ne faut pas confondre persévérance et absence de flexibilité comportementale. Il est certain qu'un individu, à qui l'éducation n'a apporté qu'un maigre bagage de conduites différenciées, n'aura guère de ressources dans son environnement. Tabler sur la prétendue obstination du mongolien pour le soumettre à des apprentissages stéréotypés ou à un travail répétitif en atelier protégé, c'est l'appauvrir sur le plan humain. Le mongolien n'est pas plus obsessionnel ou moins distrait que n'importe quel autre arriéré mental (Belmont, 1971). Accroître au maximum le répertoire comportemental du mongolien et diversifier ses expériences, c'est lui permettre de s'adapter le mieux possible aux exigences variées de son environnement.

La sexualité. Nous reviendrons sur cet aspect important dans la seconde partie du chapitre 7, consacrée à l'âge adulte. Soulignons dès maintenant que les mongoliens ne diffèrent nullement des autres arriérés mentaux de même niveau intellectuel en ce qui concerne la manière dont ils vivent leur sexualité. Nous devrions écrire: de la manière dont la société leur permet de vivre leur sexualité. Sur ce plan, les légendes sont nombreuses et concernent les dimensions des organes sexuels (atrophiés ou hypertrophiés, vraisemblablement selon les fantasmes des observateurs), les agressions dont les mongoliens peuvent être les auteurs ou les victimes, ou les aberrations sexuelles de tous genres (voyeurisme, exhibitionnisme, etc.). Dire que le comportement sexuel du mongolien est exclusivement centré sur la masturbation, c'est négliger le fait que les études publiées s'adressent exclusivement à des individus institutionnalisés, dans un monde homosexuel. Les données récentes offrent une autre lecture des faits.

Le lecteur pourrait nous reprocher de nous attarder à des considérations qui n'ont plus cours actuellement. Qu'il se détrompe. Nous ne pouvons résister à l'envie de citer des extraits d'un article de Steinschneider (1976) publié dans la revue française *« Soins »* destinée aux infirmières. Cette personne écrit: « L'éveil psychologique est franchement perturbé chez le mongolien: le nourrisson est lent, apathique, passif; l'enfant d'âge scolaire est instable, gai, espiègle, aimant grimacer, rire, remuant; le mongolien préadolescent est têtu, opposant, désobéissant. Si l'on se réfère à un ensemble de concepts généralement bien acceptés, on peut dire qu'un mongolien est un être doux et placide, il est hyperémotif, sensible aux diverses marques de sympathie qu'on peut lui témoigner (...) Enfin, il est un dernier point sur lequel il est habituel d'insister : c'est la sensibilité et le goût du mongolien pour la musique » (p. 76). Non content d'étaler clichés et lieux communs, Steinschneider persévère dans son ignorance et a le mauvais goût de parler de l'adulte en ces termes : « Le mongolien adulte est franchement laid : abondance des rides et des plis du visage ; perte précoce des cheveux, cils, sourcils ; petite taille et obésité gynoïde ; le tout entraîne un aspect vaguement simiesque. Arrivé à la trentaine, le mongolien ressemble déjà à un vieillard. Cette sénescence prématurée finit d'ailleurs par avoir une conséquence inéluctable, la mort prématurée du sujet » (p. 75). Que dire devant un tel tissu d'idioties ? La seule chose vraie avancée par Steinschneider est que la fin inéluctable de tout être humain est la mort qui, dans tous les cas, est toujours prématurée ! Le lecteur jugera lui-même du niveau auquel accèderont les infirmières lectrices de la revue « Soins » qui s'attendent à trouver dans un magazine spécialisé un enseignement permettant de poursuivre leur formation. D'autre part, comment peuvent réagir des parents d'enfants ou d'adultes mongoliens en prenant connaissance d'un tel article ? Mieux vaut en rire, direz-vous. Et lorsque ce n'est pas le cas ? Comment expliquer à une mère que son enfant, devenu adulte, ne sera pas « franchement laid » ou n'aura pas vaguement l'aspect d'un singe ? L'ignorance dans laquelle se trouvent certaines personnes soi-disant responsables de la formation des autres est certainement le mal premier qui frappe le domaine de l'arriération mentale.

Notre conclusion est claire : les stéréotypes attachés aux mongoliens reposent le plus souvent sur des observations non contrôlées, sur des généralisations hâtives et sur l'absence d'études scientifiques sérieuses. Les prétendues caractéristiques des mongoliens que nous avons passées en revue ont finalement des effets défavorables sur l'éducation et vont à l'encontre de la réalité quotidienne. Cette réalité nous met en présence non pas *du* mongolien, mais d'enfants et d'adultes, hommes et femmes, ayant chacun leur individualité.

2. LES MEDICAMENTS ET LES THERAPIES

Nous abordons un domaine où les espoirs insensés côtoient les déceptions les plus profondes, un domaine dans lequel les personnes non averties confondent science et charlatanisme. Après avoir fait le point sur les connaissances actuelles en matière de traitement médicamenteux, nous analyserons certaines pratiques thérapeutiques prétendant «guérir» ou «améliorer» le sort des mongoliens.

A. Les médicaments

Depuis 1950, la pharmacothérapie connaît des succès sans cesse croissants dans le domaine de la psychiatrie. Parallèlement, de nombreuses expériences ont été réalisées afin d'évaluer les effets de diverses substances médicamenteuses chez les arriérés mentaux. Le mongolisme a été un champ d'investigation particulièrement recherché à ce point de vue. Les médicaments sont utilisés dans deux grandes directions: pour modifier le comportement des mongoliens en cas de troubles émotionnels et afin de transformer leurs capacités cognitives. Dans la première direction, les chercheurs et les praticiens disposent d'un arsenal de substances dont ils peuvent apprécier les effets, par comparaison avec les résultats obtenus en psychiatrie. Les auteurs s'accordent pour reconnaître les effets des tranquillisants et des excitants chez les mongoliens dans les cas où l'administration des drogues est indiquée (Freeman, 1970).

Les médicaments issus de la seconde direction, celle visant à modifier le développement et les capacités intellectuelles des mongoliens font l'objet de nombreuses recherches depuis près d'un siècle. Dans un article remarquable, que nous recommandons vivement à tous les membres du corps médical, Share (1976) fait le point. Nous reproduisons ci-dessous ses conclusions.

1. Il n'existe aucune certitude quant aux effets bénéfiques des substances suivantes sur le développement général du mongolien: les extraits thyroïdiens (Cytomel), les extraits hormonaux et les vitamines E et B6.

2. Le 5-hydroxytryptophan (5-HTP), médicament récemment introduit dans de nombreux services de pédiatrie s'occupant d'enfants mongoliens, n'a pas eu les effets attendus. Le 5-HTP est un précurseur de la sérotonine, un acide aminé jouant un rôle dans le métabolisme cérébral. Ayant observé une réduction du taux de sérotonine dans le sang des enfants mongoliens, certains chercheurs ont cru guérir le mongolisme ou au moins améliorer l'état des mongoliens en administrant le 5-HTP par voie orale. Bazelon et ses collaborateurs (1967) furent les premiers à proposer ce traitement. Dans un premier temps, ils obtinrent des résultats positifs et notamment des progrès

moteurs chez les jeunes enfants traités au 5-HTP. Une étude longitudinale n'apporta cependant aucune confirmation des premières données (Bazelon et al., 1967). Weise et al. (1974), reproduisant l'étude de Bazelon chez 26 bébés mongoliens et la poursuivant jusqu'au moment où les enfants atteignirent l'âge de quatre ans, ne trouvèrent aucun effet significatif imputable au 5-HTP.

3. L'efficacité de l'acide glutamique et de ses dérivés n'est absolument pas prouvée et cela, après 25 ans de recherches.

4. Le traitement Siccaccell, mieux connu sous le nom de *cellulothérapie*, consiste à injecter des cellules embryonnaires au niveau des muscles afin de stimuler l'activité et la croissance des tissus cellulaires correspondants. Les cellules injectées proviennent d'animaux divers. La plupart des études sont réalisées en Europe, et tout particulièrement en Allemagne, l'Association Médicale Américaine ayant interdit l'utilisation de ces injections aux Etats-Unis. Les partisans de cette méthode très onéreuse déclarent obtenir des résultats spectaculaires. En réalité, il n'existe aucun rapport scientifique valable reposant sur des données précises. De plus, les contrôles sont absents. Van der Most (1974) écrit à ce sujet : « C'est un non-sens que d'imaginer qu'en injectant des cellules de mouton à un enfant mongolien, on améliore sa situation. Qui peut se mettre en tête que le fait d'injecter deux ou trois fois pas an des cellules animales à un petit mongolien le rendra normal ? » Aucun des utilisateurs de la cellulothérapie ne peut apporter une seule preuve de la « guérison » d'un enfant mongolien. Freeman (1970, p. 338) qualifie la cellulothérapie de « forme très onéreuse de charlatanisme ».

Avec l'injection de cellules, on navigue en pleine et lucrative supercherie. Il en est de même avec la mixture proposée par Turkel (1961). Son médicament « U » réunit 48 vitamines, enzymes et drogues courantes. Il est destiné, selon son auteur, à corriger le « défaut génétique » du mongolisme. Il n'existe aucune étude scientifique sur la valeur du médicament « U ». Dans ce cas également, la drogue n'a pas reçu l'approbation de l'Administration Américaine du Contrôle des Médicaments. Cela n'empêche pas Turkel et ses collaborateurs de recevoir des commandes du monde entier. En France, Réthault (1973), encore lui, propose une intervention basée sur les oligo-éléments. Comment accorder un quelconque crédit à un personnage qui écrit par ailleurs : « La détection du fœtus anormal (dans le cas du mongolisme) est possible par trois procédés, dont un m'appartient en propre et *sur lequel je ne publierai rien* (note : c'est nous qui soulignons), quoiqu'une fois il ne m'ait pas trompé, et que je le tiens pour le plus commode des moyens de détection (Réthault, 1973, p. 413) » ?

Actuellement, nous concluons avec Share (1975, p. 392) « qu'il n'existe aucun médicament reconnu efficace pour améliorer de manière remarquable le statut des individus mongoliens ».

Outre la cellulothérapie, deux autres types d'interventions rencontrent un succès certain auprès de nombreuses familles ayant un enfant mongolien. Le premier consiste à se rendre aux Philippines chez des « guérisseurs ». Nous ne nous étendrons pas sur cette pratique. Nous dirons simplement aux parents tentés par ce genre d'expérience qu'ils peuvent épargner des sommes d'argent considérables en s'adressant au radiesthésiste ou à la cartomancienne du coin. Le résultat sera le même et l'argent non dépensé pourra être consacré plus utilement à l'éducation de leur enfant. Le second type d'intervention au sujet duquel nous sommes fréquemment interrogés a trait aux méthodes mises en place dans les « Instituts pour la Réalisation du Potentiel Humain ». Ce traitement est mieux connu sous le nom de ses créateurs : Dolman et Delacato, qui exercent à Philadelphie. Des avions charters assurent régulièrement la navette entre l'Europe et cette ville des Etats-Unis, remplis de personnes handicapées, dont de nombreux individus mongoliens. Nous voulons présenter ici les principales conclusions d'un communiqué adressé au monde scientifique par les dix plus grandes associations médicales américaines et canadiennes (dans la reuve *Developmental Medecine and Child Neurology*, 1968, 10, 243-246) :

1. La théorie d'organisation neurologique sur laquelle se base le traitement Dolman-Delacato ne peut être vérifiée à partir des données disponibles dans la littérature scientifique. Cette théorie repose sur des concepts flous, contradictoires, dont la valeur scientifique est discutable à tous les niveaux.

2. Les résultats spectaculaires publiés dans la presse ne sont pas concluants. Certains des cas étaient en fait des enfants présentant des lésions cérébrales posttraumatiques qui, souvent, s'améliorent sans traitement spécifique. Toutes les études destinées à reproduire les prétendus résultats enregistrés, par exemple, au niveau de la lecture, n'ont pas abouti.

3. Actuellement, il n'existe aucune donnée permettant de dire que les progrès éventuels observés chez des enfants après le traitement ne soient pas dus au développement ou à des effets non spécifiques d'une stimulation intensive.

4. Si la théorie et le traitement doivent être pris au sérieux, il est impérieux que leurs défenseurs fournissent un support raisonnable à leurs dires, un support basé sur une série de travaux scientifiques.

Actuellement, cette obligation n'est pas remplie.

Cette déclaration, émanant des responsables scientifiques d'associations médicales de réputation mondiale, date de 1968. Elle reste vraie aujourd'hui. En 1975, une analyse de Zigler et Seitz (1975) présente des conclusions identiques: le traitement proposé et ses prétendus effets ne reposent sur aucune base scientifique sérieuse.

Nous nous abstiendrons de qualifier les personnes qui tablent essentiellement sur le désespoir moral et le manque d'information des familles de mongoliens pour en retirer des bénéfices financiers considérables. Aucune opération, aucun médicament ne peut supprimer actuellement l'anomalie chromosomique du mongolien. Aucune intervention ne peut rendre un mongolien normal. Et pourtant, le miracle peut être présent tous les jours. Il s'appelle L'EDUCATION.

B. A propos des « thérapies »

Ecouter de la musique, nager ou monter à cheval sont, ou devraient être, des formes de loisirs accessibles à beaucoup de personnes, dont les mongoliens. Un courant récent tente cependant de profiter de ces activités pour développer un ensemble de considérations éducatives aussi floues que malsaines. C'est ainsi qu'amener les enfants mongoliens à participer à des activités musicales, cela s'appelle faire de la « musicothérapie ». De même, lorsqu'un mongolien monte à cheval, il fait de « l'hippothérapie ». Un jeune enfant mongolien qui barbotte dans une piscine ou un adolescent traversant le bassin à la brasse ont tous deux la chance de bénéficier de la « thalassothérapie ». A quand la « tévéthérapie », la « graphothérapie » ou, pour une certaine classe sociale, la « bridgethérapie » ?

Cette manière d'aborder une activité naturelle sous un angle thérapeutique serait risible si elle ne comportait pas trois dangers. Le premier, et certainement le plus grave, est d'accentuer la pathologie du handicapé. Le terme « thérapie » implique, sinon une maladie, du moins un dysfonctionnement sous-jacent. Tout se passe comme si les mongoliens ne pouvaient profiter normalement d'un ensemble d'activités mises à la disposition d'une société. Cette manière d'appréhender le handicap entraîne très souvent une sous-estimation des capacités des mongoliens et constitue une entrave à leur développement. Un second danger consiste à voir surgir des théories éducatives dénuées de tout fondement. C'est déjà chose faite en ce qui concerne les prétendus effets thérapeutiques de certaines activités musicales. De même, le cheval est en train de devenir un agent de soins privilégié, car son rythme de marche ou de course a une influence prépondérante sur le tonus musculaire des mongoliens ! Le troisième danger est la conséquence du précédent : les théories appellent des théoriciens et des praticiens. Le monde du handicap mental va « s'enrichir » d'une série de « spécialistes », qui, l'un à cheval, l'autre avec une guitare, le troisième avec un slip de bain, vont enfin éduquer le mongolien. Ici également, la tentation est forte pour les familles de tomber dans le piège dressé par des personnes pour qui la crédulité et le manque d'information des autres constituent la source de gains appréciables. Dans presque tous les cas, il s'agit de véritables abus de confiance. Les mongoliens ont besoin et prennent du plaisir à nager, à dessiner, à faire du ski ou du cheval, à écouter de la musique, à regarder un film ou à se promener, tout comme les normaux. Il est vain d'appeler ces activités des « thérapies ».

Les dangers que nous venons de citer ne sont pas inhérents à ces seuls domaines. Il existe, principalement chez certains responsables ministériels ou encore dans les associations de parents, une tendance à multiplier les interventions des spécialistes auprès des mongoliens. Pour certains, une véritable intervention précoce ne peut s'installer sans la présence d'au moins six personnes au domicile de l'enfant : psychologue, médecin, kinésithérapeute, logopède, assistante sociale et infirmière, sans compter le psychomotricien et l'ergothérapeute. De même, on semble croire que plus il y aura de spécialistes qui s'occuperont des enfants mongoliens dans les classes spéciales, meilleur sera l'enseignement... Exiger l'intervention de nombreux spécialistes (encore faudrait-il qu'ils soient formés !) qui se « partageraient » l'enfant quelques minutes par jour ou par semaine, c'est dépersonnaliser la démarche éducative et nier en définitive *le rôle primordial que doivent jouer les parents et les enseignants dans l'éducation des mongoliens.*

Bibliographie

BELMONT, J.M. Medical-behavioral research in retardation. In N.R. Ellis (Ed.), *International review of research in mental retardation. Vol. 5.* New York : Academic Press, pp. 1-81.

BAZELON, M., PAINE, R., COWIE, V., HUNT, P., BOUCK, J., & MAHANAND, D., Reversal of hypotonia in infants with Down's syndrome by administration of 5-hydroxytryptophan *Lancet*, 1967, *1*, 1130-1133.

FREEMAN, R. Psychopharmacology and the retarded child. In F. Menolascino (Ed.), *Psychiatric approaches to mental retardation.* New York : Basic Books, 1970.

LAMBERT, J.L. *Introduction à l'arriération mentale.* Bruxelles : Mardaga, 1978.

LAMBERT, J.L. *L'imitation verbale et non verbale chez des enfants mongoliens. 1979 (soumis pour publication).*

LAUNAY, B. *Je sais qu'ils sont heureux!* Paris: Le Centurion, 1976.

PETERS, M.L. A comparison of the musical sensitivity of mongoloid and normal children. *Journal of Music Therapy*, 1970, 7, 113-123.

RETHAULT, E. *Le mongolisme*. Paris: Editions ESF, 1973.

SHARE, J.B. Review of drug treatment for Down's syndrome persons. *American Journal of Mental Deficiency*, 1976, *80*, 388-393.

SILVERSTEIN, A.B., AGUILAR, B.F., JACOBS, L.S., LEVY J., & RUBENSTEIN, D.M. Imitative behavior by Down's syndrome persons. *American Journal of Mental Deficiency*, 1979, 83, 409-411.

STEINSCHNEIDER, R. Trisomie 21 ou mongolisme. *Soins*, 1975, 9, 71-76.

TURKEL, H. Medical treatment of mongoloids. *Excerpta Medica. International Congress, Series 43, Second International Congress on Mental Retardation, 77, Vienna, 1961.*

VAN DER MOST, G. Les enfants atteints de mongolisme peuvent-ils guérir grâce à l'injection de cellules fraîches? *Amentia*, 1974, *33*, 22-24.

WEISE, P., KOCH, R., SHAW, K.F. & ROSENFELD, M.J. The use of 5-HTP in the treatment of Down's syndrome. *Pediatrics*, 1974, *54*, 165-168.

ZIGLER, E. & SEITZ, V. On «An experimental evaluation of sensorimotor patterning»: a critique. *American Journal of Mental Deficiency*, 1975, *79*, 483-492.

Chapitre 7
L'école et l'après

1. L'ECOLE

En Belgique, les enfants mongoliens peuvent être scolarisés légalement entre 3 et 21 ans. Les âges varient quelque peu dans les autres pays industrialisés. Cette tranche d'âge couvre donc les périodes propres à l'enseignement préscolaire, primaire et secondaire et même au-delà, le secondaire devant être entendu, dans le cas des sujets handicapés modérés et sévères, au sens d'un enseignement de préparation professionnelle le plus souvent non spécifique, c'est-à-dire non orienté vers la préparation à une profession bien déterminée. L'orientation de l'enseignement spécial secondaire, à ce point de vue, est plutôt vers une préparation professionnelle générale et susceptible, notamment, de préparer les attitudes, la discipline et les savoir-faire de base nécessaires au fonctionnement en atelier protégé.

Notre but n'est pas de recenser ici les différentes dispositions programmatiques et les principales orientations pédagogiques qui prévalent dans les pays industrialisés. Un ouvrage entier y suffirait à peine. Nous tentons simplement de préciser les principes de base de l'école spéciale et les principaux problèmes qui se posent dans le cadre de cet enseignement.

Les objectifs axiomatiques poursuivis dans l'enseignement spécial, d'une façon générale, sont définis par Lambert (1978). Il s'agit d'assurer le développement des aptitudes physiques, intellectuelles et l'ajustement social des sujets handicapés mentaux et de les préparer à la vie familiale, à l'exercice de métiers compatibles avec leurs handicaps, et à la vie en atelier protégé ou en centre occupationnel.

Au niveau des objectifs particuliers, Lambert (1978), s'inspirant d'un travail de Dunn (1973), propose les contenus suivants pour un enseignement spécial de type II, c'est-à-dire s'adressant électivement

Tableau 11. Contenus proposés par Lambert (1978, p. 278-279) pour les différents niveaux de l'enseignement spécial aux retardés mentaux modérés et sévères (reproduit avec permission).

	Pré-scolaire	Primaire	Intermédiaire	Avancé
Autonomie	Déplacement Manipulation Education sensori-motrice Jeu individuel Conduites de base ; manger, s'habiller, propreté	Coordination motrice visuo-motrice	Intégration des modalités sensorielles Conduites de sécurité Conduites de compensation des déficits	Déplacements à l'extérieur
Communication et développement cognitif	Contacts physiques et verbaux Réponses d'attention Imitation gestuelle. Imitation verbale. Communication non verbale Acquis de la période sensori-motrice	Concepts simples : Temps, espace		Consolidation des concepts temps, espace, nombre Reconnaissance des symboles Lecture sociale Manipulation des nombres Résolution de problèmes simples de la vie quotidienne
Socialisation	Jeu : individuel communautaire social Début des règles Intégration des acquis de l'autonomie dans la vie quotidienne			Comportements de base de la vie sociale de l'adulte : échanges interpersonnels, utilisation de la communication règles plus complexes (sécurité routière, etc.)
Apprentissage Professionnel et Récréationnel	Jeu. Musique, rythme Gymnastique Peinture-dessin Réponses d'attention Comportements de réponse appropriés aux instructions Tous les acquis de l'autonomie.		Sports Arts graphiques et musicaux Apprentissage gestuel	Apprentissage professionnel spécifique Sports Initiation aux loisirs

aux retardés mentaux modérés et sévères et donc également applicable aux enfants mongoliens. Le tableau 11 reprend ces contenus par niveau d'enseignement.

On remarque l'importance accordée à l'étape préscolaire. Il est clair et toutes les informations fournies dans ce livre vont dans le même sens, qu'entre la naissance et 7 ou 8 ans se joue une partie capitale dans l'éducation de l'enfant mongolien. Il est essentiel que les dispositifs scolaires et les dispositions légales et administratives reconnaissent ce fait et contribuent, à leurs niveaux respectifs, à fournir au jeune enfant mongolien l'occasion de poursuivre dans le cadre de l'école la démarche d'intervention précoce qui a dû, ou aurait dû débuter dès les premiers mois dans le milieu familial et parafamilial. Les contenus des enseignements de niveau primaire, intermédiaire et avancé (ces deux derniers niveaux couvrant le secondaire et au-delà, pour l'enfant normal) sont beaucoup plus difficiles à définir de façon précise. C'est que nous manquons d'informations détaillées sur les capacités de l'enfant et de l'adolescent mongolien. Nous manquons également de données sur l'efficacité des techniques d'intervention pédagogiques avec les enfants et les adolescents handicapés mentaux pour ce qui est de la formation générale et de la formation professionnelle. A mesure que se conjugueront les efforts des enseignants et des spécialistes de l'étude du handicap mental, il sera possible d'avancer à grands pas dans la mise au point de programmes détaillés d'entraînement éducatif de l'enfant et de l'adolescent retardé dans les différents domaines du développement physique, psychologique, social et professionnel.

Les âges d'accession aux formes d'enseignement préscolaire, primaire et, disons, postprimaire, correspondent grosso modo pour les enfants normaux et les enfants mongoliens. L'enfant mongolien fréquente l'école maternelle spéciale (à moins que les parents ne préfèrent le garder à la maison) avant 6 ans. A partir de cet âge, l'obligation scolaire jouant, l'enfant mongolien fréquente l'enseignement primaire spécial. Vers 12 ou 13 ans, il passe habituellement dans l'enseignement spécial postprimaire de type II. Dans la mesure où les trois niveaux d'enseignement spécial ont et continueront d'avoir dans le futur des objectifs spécifiques et des programmes différents, on doit s'attendre à ce que les niveaux d'enseignement se différencient plus nettement encore l'un de l'autre. Ce fait est regrettable, car il apparaît de plus en plus que toute affectation qui privilégie l'âge chronologique sur le développement psychologique de l'enfant mongolien soit contre-indiquée. Il importe d'une part de préciser les objectifs particuliers et les moyens d'action psychopédagogiques des différents niveaux de l'enseignement spécial pour les enfants retardés mentaux modérés et sévères et d'autre part de modifier le système afin de permettre à ces enfants de se mouvoir facilement d'un niveau à l'autre, et de sous-niveaux en sous-niveaux, dans le curriculum scolaire selon leurs caractéristiques individuelles et leurs réactivités particulières à l'intervention psychopédagogique. Une telle procédure requiert une évaluation plus fine des progrès de l'enfant à intervalle régulier et une plus grande plasticité dans l'organisation administrative.

Un problème d'importance et qui reçoit actuellement une grande attention concerne le type même de contexte dans lequel doit prendre place l'éducation scolaire de l'enfant handicapé mental. C'est la question de *l'intégration ou de la ségrégation* éducative des enfants retardés. Nous avons traité la question ailleurs en ce qui concerne les retardés mentaux légers (Rondal, 1976). Dans ce débat, il est important de préciser de quel type ou niveau de handicap mental il est question. On sait que la décision d'éduquer les sujets retardés mentaux en institutions spécialisées, à la fin du siècle dernier et au début de ce siècle, ne répondait nullement à une préoccupation d'efficacité éducative mais bien à un souci de protection sociale des individus normaux. Il convenait de tenir à l'écart de la société les individus retardés considérés comme génétiquement tarés et potentiellement pervers et criminels. Les temps ont changé. Une réelle dé-institutionnalisation a suivi, surtout après la seconde guerre mondiale, avec la multiplication des écoles et des classes d'enseignement spécial au sein des communautés. La problématique contemporaine intégration («mainstreaming») - ségrégation représente une seconde étape dans le processus de réintégration scolaire des handicapés mentaux dans la communauté culturelle. Il n'est pas démontré que l'enseignement spécial dispensé dans le contexte de l'école ou de la classe spéciale (un locus où, par définition, à part l'enseignant, l'environnement humain est fait de sujets handicapés) est plus efficace aux différents points de vue des développements intellectuel, linguistique, social et sur le plan des acquisitions scolaires et de la formation professionnelle, que le maintien des enfants en classes régulières avec assistance pédagogique adéquate, *dans le cas des arriérés mentaux légers*. Il faut savoir que le handicap mental léger est en fait surtout un problème scolaire. Passé l'âge de la scolarité obligatoire, une très grande partie des sujets catalogués comme retardés mentaux légers réintègrent la société des normaux jusqu'à perdre leur «identité» de débiles mentaux. On doit se demander dès lors, indépendamment même de la question de l'efficacité relative de l'enseignement spécial, s'il est indiqué, éthiquement, d'éduquer les retardés légers dans des contextes scolaires séparés ou si davantage de tolérance à l'infranormal combiné avec une organisation scolaire moins comparative ne seraient pas plus indiqués (Rondal, 1976).

Le problème est différent pour les retardés mentaux modérés, sévères et profonds. Les besoins propres et les caractéristiques spécifiques de ces sujets rendent probablement impossible et certainement déraisonnable toute tentative de «mainstreaming». Il existe certaines expériences ayant tenté l'intégration de jeunes enfants mongoliens dans l'enseignement maternel normal. Cette intégration s'est réalisée soit entièrement, soit à mi-temps. Nous avons été nous-mêmes à la base de quelques tentatives. S'il est vrai que les enfants mongoliens peuvent, dans certains cas bien précis, profiter de la fréquentation de jeunes enfants normaux, il ne faut pas perdre de vue que deux obstacles doivent être franchis. En premier lieu, il faut vaincre la résistance des parents et des enseignants des enfants normaux; les premiers éprouvent des difficultés pour s'habituer à voir leur enfant assis à côté d'un petit mongolien, les seconds ne savent que proposer au mongolien. En second lieu, il faut prendre garde au fait que ces tentatives peuvent faire naître des espoirs insensés chez les parents d'enfants mongoliens. Si on n'y prend garde, un problème se posera lorsque le temps de fréquentation de l'école maternelle sera révolu. Dès le départ, il faut prévenir les parents que tôt ou tard l'orientation scolaire de leur enfant l'amènera dans l'enseignement spécial. Donc, pour autant bénéfiques que soient les expériences d'intégration des enfants mongoliens dans les écoles maternelles normales, elles n'en comportent pas moins des écueils. Ces écueils reposent souvent sur des malentendus qu'il importe de dissiper. Ici également une information complète des enseignants de l'enseignement maternel normal — et, surtout, dirons-nous, des directions de ces établissements — s'impose. Cette information, comme nous allons le voir, doit être prodiguée durant les études à l'école normale.

S'il n'est pas souhaitable d'envisager l'intégration scolaire des enfants mongoliens — en supposant qu'elle soit possible —, cela ne signifie nullement qu'il ne faille pas mettre tout en œuvre pour intégrer l'école ou la classe spéciale dans la communauté culturelle et, réciproquement, pour «ouvrir» l'école spéciale aussi largement que possible à la communauté. Beaucoup reste à faire à ce double point de vue. Il ne suffit pas évidemment de décréter que l'école spéciale est ouverte à la communauté culturelle et inversement. L'acceptation et l'intégration culturelle des enfants, des adolescents et des adultes arriérés mentaux est très loin d'être assurée dans les grands pays industrialisés malgré quelques lois, déclarations de principe et vœux pieux. En fait, il s'agit là pour nos sociétés d'un véritable défi social et éthique à relever en cette fin du 20ᵉ siècle: l'intégration sociale et culturelle à part entière des personnes handicapées, et notamment handicapées mentales modérées et sévères. L'entreprise est infiniment plus délicate et malaisée qu'il peut y paraître à première vue. Les stéréotypes dégradants qui sont attachés à l'individu handicapé mental et se nourrissent à l'ignorance collective et aux vieilles frayeurs eugéniques disséminées à la fin du siècle dernier et au début de ce siècle, seront lents et difficiles à renverser. Une campagne nationale d'information et de vulgarisation sur le point de vue scientifique contemporain en matière de retard mental devrait intervenir et être reprise de temps à autre pendant quelques années. Le rôle des enseignants du normal est capital à ce point de vue. Ils ont habituellement une influence déterminante sur la formation des conceptions, attitudes et stéréotypes chez leurs élèves. Il est regrettable que certains enseignants du «réseau normal» se croient autorisés à dépeindre pour leurs élèves les enfants du spécial comme des «anormaux», des «idiots», voire des «fous», soit à l'occasion de rencontres avec les classes spéciales, soit en s'exprimant de la sorte à propos des écoles ou des classes spéciales situées dans le voisinage de leurs propres écoles. Nous avons été personnellement témoins d'un certain nombre d'épisodes de ce type lorsque nous étions nous-mêmes, il y a seulement quelques années, enseignants dans l'enseignement spécial pour enfants handicapés mentaux. Il est important que la formation des enseignants, en général, comprenne à l'avenir une information de qualité sur le problème, les points de vue modernes et les perspectives idéologiques et sociales sur le problème de l'arriération mentale, en raison du rôle-clé joué par les enseignants dans la formation et la transmission des stéréotypes culturels.

Nous venons de toucher incidemment à la question de la formation des enseignants du «normal». Il faut considérer dans le contexte de l'école spéciale la question de la formation des enseignants du spécial. Lambert (1978) y a consacré une section de son ouvrage sur l'arriération mentale. Nous ne reviendrons pas directement sur le problème, sinon pour faire écho au souci de Lambert concernant l'absence de tout cours d'introduction à l'arriération mentale et aux différents problèmes sociaux, culturels, psycho-pédagogiques et scolaires qui y sont associés, dans nos écoles normales. C'est là une lacune inacceptable dans la formation des maîtres qui peuvent être appelés un jour ou l'autre, par goût, ou selon les nécessités du marché de l'emploi, à occuper un poste dans l'enseignement spécial aux enfants handicapés mentaux. Certes, il existe ici et là pour ces enseignants des cours de formation spécialisée sanctionnés après deux ou trois ans d'études à temps partiel (et après-journée) par un certificat « d'aptitude à l'enseignement spécial ». Il est regrettable cependant que ces cours servent surtout dans la plupart des cas à dispenser des connaissances générales sur certains aspects de l'arriération mentale, connaissances qui devraient être fournies à tous les enseignants du maternel et du primaire dans le cours de leur formation de base, et non de forum pour un véritable perfectionnement technique et méthodologique des enseignants du spécial à la manière d'une confrontation de leurs expériences personnelles avec les progrès et les développements scientifiques récents. La formation et le perfectionnement permanent des enseignants du spécial sont évidemment des variables de première grandeur dans le problème vers lequel nous nous tournons à présent, celui des « limites supérieures » de l'éducation scolaire des enfants handicapés mentaux et notamment des enfants et adolescents mongoliens.

« Jusqu'où peut-on aller dans l'éducation de l'enfant mongolien ? » Voilà une des questions les plus souvent posées par les parents et les éducateurs. Il s'agit essentiellement d'une question empirique. En effet, premièrement, il semble exister une variabilité relativement importante dans les capacités individuelles linguistiques, intellectuelles, motrices, etc., des enfants mongoliens. Deuxièmement, on est loin d'avoir épuisé l'arsenal des techniques pédagogiques possibles dans l'éducation scolaire des mongoliens. En fait, on peut dire qu'un enseignement spécialisé pour les enfants arriérés mentaux, enseignement qui ne soit pas un « décalque à minima » de l'enseignement dispensé aux normaux, commence seulement à fonctionner dans nos pays. On ne peut présager de l'efficacité future d'un tel enseignement dans le cas des enfants mongoliens. Il est clair, à ce point de vue, que si on accepte d'investir davantage dans la formation spécifique des enseignants du spécial, on aboutira à terme à accroître grandement l'efficacité de l'enseignement spécial. Troisièmement, les connaissances bio-médicales et psychologiques sur les mongoliens augmentent à un rythme régulier. De nombreuses études sont menées chaque année dans les pays avancés (plusieurs dizaines d'études sont menées annuellement rien qu'aux Etats-Unis). Par ailleurs, les techniques d'évaluation et d'intervention psycho-pédagogiques applicables à l'enfance exceptionnelle sont progressivement raffinées, appliquées plus précocément, plus systématiquement et rendues plus efficaces. On peut être raisonnablement confiant et optimiste quant aux possibilités d'intervention éducatives dans le cas du mongolisme. Concrètement, on peut partir des contenus spécifiques proposés par Lambert (1978), repris au tableau, et adopter le principe qui consiste à tenter de pousser les connaissances que l'on peut faire correspondre à chaque catégorie aussi loin que possible pour chaque enfant mongolien pris individuellement. Ceci suppose, évidemment, une individualisation poussée de l'enseignement et des moyens matériels d'y procéder (assistance pédagogique matérielle et personnelle aux maîtres, notamment).

2. L'APRES

« Que va devenir notre enfant après être sorti de l'école? » Telle est la question posée par les parents. Elle en précède souvent une autre: « Que va devenir notre enfant lorsque nous ne serons plus là? » Le problème de *l'après* est posé. S'il y a trente ans les mongoliens avaient peu de chances de survivre au-delà de la puberté, la situation s'est transformée radicalement. Aujourd'hui, nous sommes en présence d'un nombre sans cesse croissant d'adolescents et d'adultes pour qui la société doit trouver des formes d'intégration acceptables. Le choix d'un mode de vie dépend en fait de quatre grands facteurs:

- le bagage comportemental acquis durant la scolarité, principalement au niveau de l'autonomie sociale;
- les services et les structures d'accueil proposés par la société;
- la présence ou non des parents. Il ne faut pas oublier que dans de nombreuses familles, soit les parents sont âgés, soit l'un des conjoints est décédé. Une enquête menée auprès de 38 familles ayant un mongolien de plus de 16 ans nous a montré que la moyenne d'âge des parents se situait entre 55 et 58 ans. Dans 23 familles, les deux parents étaient encore en vie, mais 11 d'entre elles estimaient ne plus avoir les ressources physiques nécessaires pour s'occuper de leur enfant. Dans 12 familles, un des parents était décédé. Trois mongoliens étaient orphelins;
- le comportement du jeune adulte. Bien que les auteurs s'accordent pour souligner la faible fréquence des désordres comportementaux graves chez les mongoliens (Menolascino, 1967), dans certains cas des troubles importants (névrose obsessionnelle, délires, syndromes dépressifs graves) empêchent soit momentanément, soit définitivement, la recherche d'une solution appropriée.

Chacun de ces facteurs peut déterminer à lui seul, ou en relation avec les autres facteurs, l'orientation que prendra la vie de l'adulte mongolien. Il est donc malaisé de dégager des conclusions générales.

A. Les adultes, ces inconnus

L'abondance des recherches effectuées sur le développement physique, intellectuel, verbal ou affectif des enfants mongoliens contraste avec l'absence de travaux réalisés chez les adultes.

L'évolution du niveau intellectuel chez les mongoliens après l'âge de 15 ans est décrite par Fisher et Zeaman (1970). Les auteurs utilisent une méthode semi-longitudinale consistant à tester à quatre reprises 102 mongoliens. L'intervalle temporel séparant chaque test est égal à 5 ans. La figure 12 montre l'évolution des âges mentaux chez les sujets mongoliens répartis en deux groupes, selon la gravité du

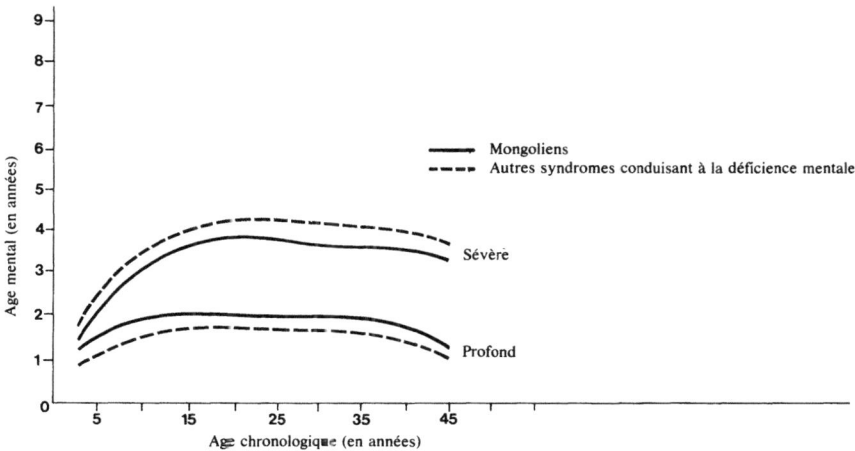

Figure 12. Evolution des âges mentaux des mongoliens (d'après Fisher et Zeaman, 1970)

handicap: sévères (Q.I. 35 à 20) et profond (Q.I. inférieur à 20). Les courbes obtenues par les mongoliens sont comparées à celles d'autres arriérés mentaux de mêmes niveaux. L'évolution des âges mentaux est identique:

- Pour les arriérés mentaux sévères, l'âge mental augmente jusqu'aux environs de 25 ans (âge chronologique); cet âge semble constituer le plafond pour la croissance mentale.

- Pour les arriérés mentaux profonds, la progression est moins marquée. Dès l'âge de 15 ans, on enregistre une stagnation, puis un déclin de l'âge mental. Il faut souligner que cette étude a été réalisée chez des sujets mongoliens vivant en institution. Il est imprudent d'en généraliser les résultats aux mongoliens non institutionnalisés. D'autre part, ces courbes représentent des moyennes et n'offrent que des indications très générales pour les cas individuels. Néanmoins, l'étude de Fisher et Zeaman est intéressante car elle signale la possibilité de gains en âge mental s'étendant sur des périodes plus longues que chez les sujets normaux. Ces résultats ont été confirmés par Demaine et Silverstein (1978) chez 189 mongoliens institutionnalisés. S'il est vrai que le Q.I. moyen des mongoliens est notablement inférieur à la normale, cela n'implique nullement une absence de croissance de l'âge mental. Ces travaux demandent à être reproduits chez des adolescents et des adultes évoluant en dehors du milieu institutionnel. Il y a tout lieu de croire que dans ce dernier cas les courbes d'âges mentaux seront supérieures à celles mentionnées ci-dessus. De plus, il est nécessaire de comparer l'évolution des individus ayant bénéficié d'une scolarisation spéciale avec les sujets non scolarisés.

Actuellement, nous ne disposons d'aucune étude sur le langage, les capacités d'apprentissage ou encore l'évolution affective des adultes mongoliens. Nous attribuons cette situation à deux facteurs. En premier lieu, l'intérêt porté aux adultes arriérés mentaux est récent. Jusqu'en 1970, soit leur nombre n'avait pas été jugé suffisant pour justifier des recherches, soit ils étaient «oubliés» dans des institutions créées sur le modèle de l'asile psychiatrique. En second lieu, les idées traditionnelles fixant la fin du développement intellectuel à l'âge de 16 ans, chez le normal et chez l'arriéré mental, ont freiné les recherches en les centrant uniquement sur les capacités d'adaptation des adultes en milieu institutionnel.

En l'absence d'études spécifiques sur les mongoliens, nous devons nous tourner vers les travaux ayant abordé les capacités d'apprentissage des adultes en général. Il y a tout lieu de penser que leurs conclusions s'appliquent également aux mongoliens. Gunzburg (1974) rapporte une série de travaux dans lesquels il a soumis des adultes arriérés mentaux modérés et sévères à des apprentissages de comportements sociaux: autonomie corporelle, communication sociale, tâches simples de lecture et de calcul nécessaires pour l'autonomie sociale, etc. Avant la mise en place du programme, les adultes (âges chronologiques: 16 à 26 ans; Q.I. inférieur à 53) obtenaient un score de compétence sociale équivalent à celui d'enfants normaux âgés de 8 ans. Après deux ans d'apprentissages systématiques, le niveau de compétence sociale des handicapés mentaux atteignait celui d'enfants normaux âgés de 10 ans. Pendant ce temps, la compétence sociale d'un groupe contrôle non soumis au programme d'apprentissage ne s'accroissait que de 5 mois. Gunzburg (1974) cite quelques études ayant trait à l'apprentissage de disciplines scolaires, telles le calcul et la lecture. Dans tous les cas, l'efficacité des apprentissages systématiques chez les adultes handicapés mentaux est démontrée. Gunzburg s'élève contre la sous-estimation quasi générale des capacités des adultes arriérés mentaux modérés et sévères. Cela est également vrai pour les mongoliens. Tout se passe comme si le fait d'avoir quitté l'école devait nécessairement entraîner l'arrêt des apprentissages. Il est incorrect de prétendre que des adultes handicapés mentaux ne peuvent apprendre si on ne s'est pas donné la peine de les soumettre effectivement à des situations intensives d'apprentissage.

Il est urgent d'entreprendre une série d'études centrées sur le développement de l'adolescent et de l'adulte mongolien. Ces recherches doivent envisager tous les aspects du développement et en particulier celui du langage, domaine pour lequel nous ne possédons actuellement aucune information. Pour mener à bien ce type d'études, les chercheurs devront s'entourer d'une série de précautions méthodologiques concernant à la fois l'histoire des adultes et le milieu dans lequel ils évoluent. Dans le premier cas, la recherche doit différencier au départ les adultes n'ayant pas bénéficié, ou seulement très épisodiquement, d'une scolarité spéciale et les individus présentant plusieurs années de fréquentation scolaire spécialisée. De même, les chercheurs veilleront à préciser le type d'environnement dans lequel vivent les adultes. Il y a une marge énorme entre le gardiennat en vigueur dans certaines institutions et une éducation assurée par un personnel qualifié dans un centre regroupant un petit nombre d'adultes.

B. La sexualité

Domaine tabou qui polarise très souvent les discussions entre les parents et les professionnels, la sexualité des mongoliens est mal connue et mal comprise. Il s'agit d'un sujet qui inspire une foule de réactions diverses chez les parents et les éducateurs. De la libéralisation outrancière à la répression la plus sauvage, toutes les attitudes sont présentes. Avant d'envisager une discussion, il est nécessaire de connaître les faits. Et ceux-ci sont peu nombreux.

Dans une enquête menée auprès de 173 arriérés modérés et sévères, Bascou (1973) rapporte que seulement 13 adultes sont mariés. La fréquence des mariages est en relation inverse avec le degré de gravité du handicap mental. D'autre part, la situation des femmes est radicalement différente de celle des hommes. Ceux-ci se marient peu, sinon jamais. Leurs faibles capacités sociales et l'absence de ressources économiques autonomes empêchent la conquête d'une partenaire. Carr (1975) s'est livrée à une analyse approfondie de la littérature. Quinze femmes mongoliennes ont donné naissance à 16 enfants : 6 mongoliens, 2 retardés mentaux graves, 2 enfants morts en bas-âge et 6 normaux. Sur le seul échantillon disponible concernant des enfants issus de mères mongoliennes, nous voyons qu'un tiers d'entre eux sont également mongoliens. Carr ne fournit aucune explication de ce phénomène. Il n'existe aucune donnée comparable sur la descendance des adultes mâles mongoliens. En fait, la capacité reproductrice de ces derniers est quasiment nulle. Stearns et al (1960) indiquent que chez 21 adultes, 9 présentent un nombre de spermatozoïdes voisin de zéro, tandis que les autres sont dans l'incapacité de procréer. Nous n'avons trouvé aucune donnée dûment contrôlée concernant les soi-disantes aberrations sexuelles présentées par les mongoliens. De même, il n'y a aucune indication montrant que les mongoliens sont plus aptes que d'autres à commettre des délits sexuels. Nous n'espérons pas rassurer les parents et les éducateurs uniquement grâce à ces considérations. En effet, les interrogations restent nombreuses et la sexualité des mongoliens demeure sujet de gêne, sinon de rejet. Pour nous, il s'agit d'un domaine semblable aux autres, c'est-à-dire devant être appréhendé en excluant tout a priori susceptible de figer le handicapé dans son handicap.

Deux points sont à souligner. Tout d'abord, la société développe une attitude de plus en plus tolérante à l'égard de la sexualité en général. Celle-ci est vue comme faisant normalement partie du comportement humain. Elle est de moins en moins soumise à des notions d'interdit et de péché. La sexualité est considérée comme une chose ayant une valeur en soi et non plus comme un moyen obligé de procréation. Cette modification des attitudes se répercute nécessairement sur l'éducation des individus, qu'ils soient normaux ou arriérés mentaux. De même, l'évolution des idées concernant l'éducation des arriérés mentaux et les réalisations nouvelles en matière de centre d'accueil et d'insertion professionnelle où règne la mixité, doivent nous amener à nous défaire des stéréotypies anciennes qui refusaient aux arriérés mentaux le droit de vivre leur sexualité.

L'accès à la puberté entraîne chez l'individu une série de transformations physiologiques et affectives. Les mongoliens, comme les autres arriérés mentaux, ont peu d'occasions de vivre pleinement ces transformations. Trop souvent infantilisés par le milieu familial ou scolaire, ou ne possédant pas les conduites appropriées, les mongoliens sont enfermés dans un carcan. Pour beaucoup, ils restent « des enfants », même lorsqu'ils ont plus de 20 ans. Nous rencontrons habituellement deux attitudes. La première consiste à ignorer chez les mongoliens tout comportement manifestant leur éveil sexuel et leur désir d'accéder à des relations amoureuses. « Il faut les occuper pour qu'ils n'y pensent pas ! », telle est la formule éducative, vestige de l'enseignement prodigué dans les couvents et autres institutions religieuses. La seconde attitude, et non la moins fréquente, est la répression. Quels sont les moyens dont disposent alors les adultes mongoliens pour vivre leur sexualité ? Si la masturbation et l'homosexualité, comportements sexuels tout à fait répandus au demeurant, sont plus fréquentes chez les arriérés mentaux, c'est peut-être parce que les relations hétérosexuelles leur sont interdites. Sur ce plan précis, les attitudes éducatives diffèrent selon qu'il s'agit d'un homme ou d'une femme. De nombreux parents de jeunes adultes mongoliens admettent que leurs fils participent à des activités hétérosexuelles, à condition qu'elles soient passagères et n'aboutissent pas au choix permanent d'une partenaire. Par contre, presque tous les parents des jeunes filles refusent de telles relations. S'il est vrai que les mongoliens adultes ne disposent pas des capacités de jugement leur permettant de faire face aux nombreux problèmes soulevés par la réalisation d'une vie sexuelle normale, cela ne diminue en rien la nécessité de leur procurer les moyens de s'épanouir également dans ce domaine.

L'initiation à la sexualité doit faire partie de tout programme d'éducation adapté aux arriérés mentaux. De même, la formation des parents et des éducateurs doit nécessairement aborder les problèmes de la vie sexuelle des handicapés de façon à favoriser l'adoption d'attitudes éducatives adéquates et non basées sur des projections ou des refoulements personnels. De plus, le droit à la sexualité signifie que l'adulte mongolien, homme ou femme, devra pouvoir accéder à un ensemble de facilités qui lui permettront de s'exprimer : le droit d'être bien coiffé, bien habillé, l'accès aux techniques de maquillage et le port de bijoux pour les femmes, le droit à des loisirs en compagnie d'un partenaire, les possibilités de rencontres avec d'autres adultes, le droit à la vie privée (chambres individuelles ou pour deux personnes), etc. Nous admettons que ces exigences transforment profondément la manière d'appréhender le handicap mental. Elles doivent cependant être satisfaites. En effet, il n'y aurait aucun sens à créer les services permettant aux enfants mongoliens de se développer dans les meilleures conditions possibles si, devenus adultes, ces mêmes mongoliens ne pouvaient poursuivre leur épanouissement.

Nous exigeons *le droit à la sexualité* pour les mongoliens. Cela ne signifie nullement cependant que nous souhaitons les voir devenir pères et mères. En effet, la procréation soulève une série d'obstacles dont le plus important consiste dans l'incapacité des mongoliens à assurer seuls l'éducation d'un enfant. Dans l'absolu, refuser aux handicapés le droit à la maternité ou à la paternité, c'est attenter à leurs droits fondamentaux et à leurs prérogatives humaines. *Mais dans la réalité, le problème est insurmontable, du moins actuellement.* Il est difficile d'imaginer, dans les conditions présentes, un homme et une femme mongoliens responsables de l'attente, la naissance et puis de l'éducation d'un enfant, même s'ils sont aidés en cela par un service compétent. Nous touchons ici au dernier aspect de la sexualité: la contraception. Comme pour les normaux, permettre aux mongoliens de réaliser leur sexualité, *c'est également leur donner les moyens de contrôler ses conséquences.* L'utilisation des contraceptifs est une réalité que bon nombre de parents et d'éducateurs veulent ignorer, comme si cela représentait le dernier rempart de leurs défenses contre la sexualité du handicapé. Indépendamment des conceptions religieuses ou philosophiques propres à chacun, nous affirmons que la contraception *doit* faire partie de la vie des handicapés mentaux adultes, avec deux compléments: un contrôle médical régulier et une adaptation des moyens utilisés à chaque individu.

C. Les solutions éducatives

Le tableau 12 présente les solutions offertes aux mongoliens à la

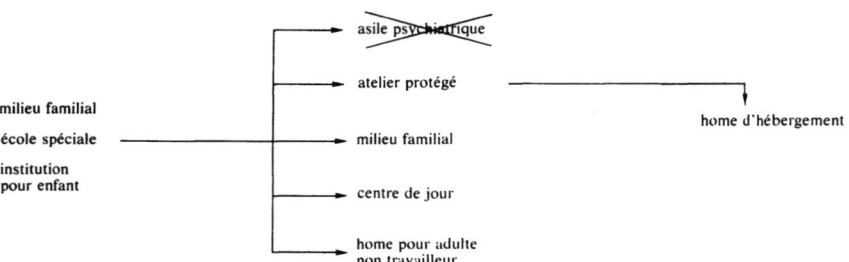

Tableau 12. Solutions éducatives après l'école

sortie de l'école spéciale. Certaines sont à proscrire, d'autres sont vivement conseillées.

L'asile psychiatrique

En Belgique, en 1972, on estimait à 10.000 le nombre d'arriérés mentaux adultes vivant en asile psychiatrique (*Amentia*, 1972, 27, p. 11). Si nous refusons l'asile comme solution à «l'éducation» des adultes handicapés mentaux, il convient cependant d'envisager les moyens à mettre en œuvre pour améliorer le sort des arriérés qui y sont colloqués. Eisenring (1976) parle d'une expérience très intéressante réalisée à Genève, s'étendant sur trois ans, et visant à permettre à des arriérés mentaux de quitter le pavillon fermé d'une clinique psychiatrique pour vivre dans un home en ville ou aller travailler dans un atelier. L'expérience s'est déroulée en trois phases : la mise au point d'un bilan comportemental chez les arriérés, l'intégration progressive dans un atelier occupationnel une heure, puis une journée par semaine, et l'intégration dans un petit home pour adultes. La réussite du projet exige évidemment une collaboration totale du personnel et des responsables des structures concernées. L'expérience démontre que l'on peut proposer une réinsertion des arriérés mentaux colloqués dans des structures d'accueil adaptées. Les difficultés à surmonter sont nombreuses, certes. Eisenring écrit que dans certains cas, il a fallu vaincre les résistances des parents qui se sentaient sécurisés de savoir leur enfant pris en charge par une équipe médicale en milieu asiliaire.

L'asile ne doit plus être une solution à un problème d'hébergement. La confusion ancienne entre arriération et maladie mentale ne doit plus être entretenue. Si, dans certains cas, le milieu psychiatrique peut résoudre un problème aigu ou une décompensation passagère, il ne doit en aucune manière représenter une solution définitive pour les adultes mongoliens.

L'atelier protégé

Jusqu'il y a environ cinq ans, l'atelier protégé était considéré comme une solution d'intégration socio-économique adéquate pour le jeune adulte, dès la sortie de l'école. La crise économique en a décidé autrement. Actuellement, les ateliers protégés sont soumis à des pressions de toutes sortes : difficultés de trouver du travail pour les ouvriers, réduction ou stagnation de l'aide publique, augmentation des charges sociales, etc. Seul l'accroissement du rendement peut faire face à la crise actuelle. Jusqu'ici, nous suivons parfaitement le raisonnement tenu par les responsables d'ateliers. Où nous ne comprenons plus, c'est lorsque les arriérés mentaux sont progressivement exclus des ateliers protégés, ou ne sont pas embauchés, sous le prétexte qu'ils ne sont pas productifs. Les ateliers se tournent alors vers des ouvriers moins handicapés pour assurer le rendement. Il s'agit d'un phénomène que nous avons déjà souligné et qui consiste à sous-estimer a priori les capacités d'apprentissage des arriérés mentaux, et en particulier des mongoliens. Ce manque de confiance dans les aptitudes des adultes a une double origine: l'école spéciale et l'absence de tout contexte éducatif en atelier. Très souvent, le bagage acquis par les arriérés en enseignement spécial est insuffisant pour faire face aux exigences d'une intégration socio-professionnelle adéquate. Le manque de finalité de l'enseignement spécial accueillant des enfants avec des Q.I. inférieurs à 50 entraîne une confusion des objectifs: l'école est considérée plus comme une fin en soi que comme une préparation à la vie adulte. D'autre part, lorsqu'il accueille l'ouvrier arriéré, l'atelier ne lui permet guère d'apprendre. L'ouvrier doit être rentable. « Ici on travaille, on n'est pas à l'école », nous disait un directeur d'atelier protégé qui, visiblement, n'avait rien compris à sa mission. De plus, les capacités de l'ouvrier sont évaluées de manière fortuite et inadéquate. Une journée ou une semaine « à l'essai » sont, dans beaucoup de cas, insuffisantes pour permettre au handicapé de s'adapter dans un environnement différent de celui dans lequel il a évolué durant dix ou quinze ans. Enfin, l'évaluation est très souvent menée à partir de quelques résultats enregistrés dans des tâches non familières à l'adulte handicapé. Nous avons analysé ailleurs (Lambert, 1978) combien il était difficile de prédire les performances des adultes arriérés mentaux à partir de deux ou trois données enregistrées sur quelques essais. Or, cette erreur méthodologique est trop souvent commise par les responsables d'ateliers protégés et les amène à déclarer les adultes incompétents ou inaptes sur la base de quelques données.

Lorsque l'atelier protégé accueille et intègre les adultes mongoliens, le problème éducatif n'est pas résolu pour autant. L'atelier doit veiller à fournir un environnement permettant de satisfaire deux exigences: d'une part, le maintien et le perfectionnement des acquis, d'autre part, l'organisation du temps libre en dehors du travail. L'adulte travaillant en atelier doit pouvoir continuer à élargir son répertoire comportemental dans différents domaines. Et nous pensons surtout au maintien des acquis scolaires, facteurs d'intégration sociale. L'ouvrier dispose de temps libres. Lorsqu'il peut rester dans son milieu familial, c'est à la famille d'assurer l'éducation aux loisirs et de veiller à poursuivre la formation. Quand le milieu familial fait défaut, bon nombre d'ateliers ont mis en place des homes d'hébergement qui accueillent les ouvriers en dehors du temps de travail. Ces homes ne doivent pas se limiter à exercer une simple surveillance, mais répondre au contraire à des exigences éducatives précises, semblables à celles que nous allons énumérer pour les centres de jour et les petites institutions.

Le milieu familial

A partir d'un certain âge, le milieu familial ne doit plus être considéré comme le seul environnement permettant au mongolien de se développer et d'apprendre. Si après la scolarité de nombreux mongoliens réintègrent définitivement leurs familles, c'est très souvent parce que les structures d'accueil font défaut. Nous ne préconisons jamais le maintien dans la famille lorsqu'une alternative valable existe. Le rôle joué par le milieu familial dans l'éducation de l'adulte mongolien reste important certes, mais doit être considéré comme complémentaire à d'autres formes d'intégration. Nous connaissons trop d'adultes mongoliens qui, dans leur famille, répartissent exclusivement leur temps entre trois activités : manger, dormir et regarder la télévision. Des parents souvent âgés, fatigués par une vie de soins constants, minés par l'anxiété de laisser un jour leur enfant seul face à la vie, ne constituent pas les meilleurs garants d'une évolution favorable pour l'adulte. Le milieu familial a un rôle d'appoint : il doit être le complément de l'atelier protégé ou du centre de jour.

Le centre de jour et le home

Ces deux structures d'accueil doivent être actuellement considérées comme les solutions adéquates à l'intégration des adultes mongoliens. Si les arriérés mentaux ne peuvent travailler en atelier protégé — et c'est la majorité —, leur éducation doit se poursuivre. Le centre de jour, que l'on nomme également centre occupationnel, accueille quotidiennement des adultes et leur permet de réintégrer leurs familles pour les soirées et les week-ends. Lorsque les familles n'existent plus ou souhaitent se décharger de l'adulte, celui-ci trouve un accueil permanent au sein d'un home. Ces deux structures sont suffisamment proches dans leur conception pour être envisagées ensemble. Nous énumérons ci-dessous les critères dont doit s'inspirer la réalisation des centres de jour et de homes adaptés à la vie des adultes arriérés :

- Dimensions à l'échelle humaine. Le temps des institutions réunissant 200 arriérés mentaux sous le même toit est révolu. Les travaux des spécialistes montrent que de tels environnements ne peuvent pas, de par leur gigantisme, subvenir aux besoins individuels. On considère que les capacités maximales d'accueil d'un centre ou d'un home ne doivent pas dépasser 60 adultes. Ce groupe de 60 peut être à son tour subdivisé pour permettre la création d'unités de vie composées de 7 ou 8 individus.

- Architecture fonctionnelle destinée à la fois à la vie en groupe et à l'existence individuelle. Les travaux d'experts (par exemple, Gangnes, 1975) montrent comment l'hébergement peut être étudié pour favoriser une intégration totale, tout en demeurant dans des limites financières nettement inférieures à celles exigées pour la réalisation de vastes ensembles anonymes (Portray, 1974). Par exemple, au niveau des homes, il est souhaitable de construire des chambres individuelles ou à deux lits. De même, les activités doivent se dérouler dans des endroits appropriés. Le meilleur conseil à donner à ceux qui souhaitent concevoir un home ou un centre de jour adapté est de tenter de se représenter l'environnement dans lequel devrait évoluer une famille nombreuse de façon à permettre l'épanouissement de chacun de ses membres.

- Sélection d'une équipe éducative compétente. Cette exigence est la clé du fonctionnement de la structure d'accueil. Il faut veiller en outre à assurer la possibilité d'une formation permanente au personnel chargé d'exercer un rôle éducatif auprès des adultes arriérés.

- Société bisexuelle. La mixité doit être considérée comme une condition préalable à l'accueil des adultes arriérés mentaux et également du personnel éducatif.

- Ouverture vers l'extérieur. L'intégration des adultes requiert la multiplication des contacts avec la société. Il n'est pas impensable d'envisager le home ou le centre comme des lieux d'accueil transitoires qui assurent le passage de certains arriérés mentaux vers la réinsertion dans la communauté, par exemple sous la forme de petites unités résidentielles groupant trois ou quatre adultes au sein d'un village ou d'un quartier.

- Diversification des activités. Il serait fastidieux d'énumérer les possibilités éducatives devant être proposées aux adultes. Nous insistons sur deux points. En premier lieu, le home ou le centre doivent définir leurs finalités en fonction de leur population et des possibilités d'intégration existantes dans l'environnement immédiat de la structure d'accueil. L'ouverture obligatoire vers l'extérieur permet d'offrir aux adultes des occasions d'intégration multiples : participation aux loisirs des normaux, activités sportives, rencontres, etc. En second lieu, le home et le centre ne doivent pas être des environnements occupationnels où, comme ce terme l'indique, on se contente d'occuper les arriérés. Ils doivent être conçus comme des endroits permettant d'assurer à la fois le maintien et le perfectionnement des acquis antérieurs et l'élargissement des capacités individuelles. Les activités sportives et artistiques doivent occuper une place de choix dans l'éducation. Les possibilités éducatives offertes par certaines disciplines trop souvent interdites aux arriérés mentaux sont importantes. C'est le cas, par exemple, des arts graphiques (Boulangé, 1978).

 - Collaboration avec le milieu familial. Lorsque celui-ci est présent et s'occupe de l'adulte, il est indispensable de maintenir le lien par des contacts réguliers. Ceci est particulièrement vrai dans les centres de jour où l'adulte répartit son temps de manière sensiblement égale entre l'équipe éducative et ses parents.

Ces conditions de base remplies, il reste à exploiter des contenus éducatifs adaptés à chaque adulte arriéré mental. C'est là que joue la compétence des membres de l'équipe pluridisciplinaire. Et, dans bien des cas, c'est là que les difficultés commencent...

D. Jusqu'où faut-il aller?

Permettre aux adultes mongoliens de tirer le maximum de leurs possibilités, n'est-ce pas les exposer à des problèmes psychologiques difficilement surmontables? Des parents et des éducateurs diront connaître des adultes mongoliens profondément malheureux de leur statut de handicapé. Ils attribuent cet état à un excès d'éducation ayant entraîné chez ces adultes la prise de conscience de leur handicap. Tel adulte mongolien se sent rejeté par la société. Tel autre est dans un état dépressif grave, conséquence d'une déception sentimentale. En général, ces cas individuels sont mis en évidence pour attirer l'attention sur les dangers encourus par une éducation trop poussée. Bien que l'on ne puisse établir aucune certitude sur la base de cas individuels, nous rétorquerons que nous connaissons des adultes mongoliens qui lisent, font du ski, utilisent seuls tous les moyens de locomotion, jouent au scrabble et écrivent des poèmes. Comme les premiers exemples, il s'agit d'exceptions. La réalisation d'objectifs éducatifs ambitieux comporte certains risques chez l'individu handicapé mental comme chez le normal. Nous avons souligné l'absence de données relatives au développement psychologique des adultes mongoliens. Nous ne savons pas encore exactement comment ils réagissent face à leur état, ni même dans quelle mesure ils ont une conscience permanente de leur situation. Les risques éventuels de voir certains adultes réagir négativement à leur statut de handicapé sont minimes en comparaison des avantages qu'ils peuvent retirer d'une intégration sociale maximale. Ces risques ne doivent en rien nous empêcher de poursuivre un but éducatif précis: *permettre aux mongoliens, dès la naissance et durant toute la vie, de tirer parti de leurs capacités afin de réaliser au mieux leur condition humaine.*

Bibliographie

BASCOU, R. Vie sexuelle, mariage, procréation chez les infirmes mentaux. *Epanouir, 1973, 49*, 9-14.
BOULANGE, L. L'expression artistique chez les enfants et adultes arriérés mentaux modérés, sévères et profonds. *Rapport adressé au Fonds Reine Fabiola*, 1978 (non publié). Liège.
CARR, J. *Young children with Down's Syndrome*. London: Butterworths, 1975.
DEMAINE, G.C. & SILVERSTEIN, A.B. Mental age changes in institutionalized Down's Syndrome persons: a semi longitudinal approach. *American Journal of Mental Deficiency*, 1978, *82*, 429-432.
DUNN, L. (Ed.), *Exceptional children in schools*. New York: Holt, 1973.
EISENRING, J.J. L'intégration sociale des arriérés mentaux hospitalisés en clinique psychiatrique. *Amentia*, 1976, *36*, 17-21.
FISHER, M.A. & ZEAMAN, D. Growth and decline of retardate intelligence. In N.R. Ellis (Ed.), *International Review of Research in mental retardation*. Vol. 4. New York: Academic Press, 1970.
GANGNES, A. *New environments for retarded people*. Washington: President's Committee on Mental Retardation, 1975.
GUNZBURG, H.C. Further education for the mentally handicapped. In A.M. Clarke and A.D.B. Clarke (Eds.), *Mental deficiency, the changing outlook*. Third edition. London: Methuen, 1974, pp. 669-707.
LAMBERT, J.L. *Introduction à l'arriération mentale*. Bruxelles: Mardaga, 1978.
MENOLASCINO, F. Psychiatric findings in a sample of institutionalized mongoloids. *Journal of Mental Subnormality*, 1967, *13*, 67-74.
PORTRAY, R., L'hébergement des arriérés mentaux. *Amentia*, 1974, *34*, 4-9.
RONDAL, J.A. Problèmes éthiques et méthodologiques dans la ségrégation éducative des retardés mentaux non organiques. *Les Feuillets Psychiatriques de Liège*, 1976, *9*, 393-410.
STEARNS, P.E., DROULARD, K.E. & SAHLAR, F.H. Studies bearing on fertility of male and female mongoloids. *American Journal of Mental Deficiency*, 1960, *65*, 37-42.

Table des matières

Préface 7

Introduction 11

Chapitre 1. Aspects biomédicaux 15
1. L'anomalie chromosomique 15
   A. Le cas le plus fréquent 16
   B. Le mosaïcisme 17
   C. La translocation 18
2. Les facteurs en cause 19
   A. Facteurs intrinsèques 20
   B. Facteurs extrinsèques 22
3. La prévention 23
4. Les caractéristiques physiques 27
   A. Apparence physique 27
   B. Croissance physique 28
   C. Problèmes majeurs de santé 30
   D. Répercussions développementales et éducatives 32
Bibliographie 33

Chapitre 2. Le développement et le fonctionnement cognitif 35
1. Le niveau intellectuel dans le mongolisme 36
2. L'évolution du niveau intellectuel dans le mongolisme 37
3. L'évaluation du niveau intellectuel et du niveau d'adaptation sociale 40
4. Le premier développement des enfants mongoliens 46
5. Caractéristiques cognitives des individus mongoliens 49
Bibliographie 58

Chapitre 3. La parole et le langage 63
1. La parole des enfants mongoliens 65
   A. Eléments de description 65
      A.1. La respiration et la voix 66
      A.2. L'audition 68
      A.3. L'articulation 69
      A.4. Le bégaiement et le bredouillement 71
   B. Données développementales 73
      B.1. Pleurs et babillage 73
      B.2. Développement phonologique 74
   C. Principes d'intervention 79
2. Langage et communication 84
   A. Données développementales 85
      A.1. Communication et pré-conversation 85
      A.2. Le développement du vocabulaire 87
      A.3. Relations sémantiques, morpho-syntaxiques et communication langagière 91
   B. Problèmes particuliers liés au développement du langage chez les enfants mongoliens 106
      B.1. Période critique de développement du langage 106
      B.2. L'environnement linguistique familial des enfants mongoliens ... 108
      B.3. L'imitation du langage par les enfants mongoliens 112
   C. Principes d'intervention 114
      C.1. Intervention précoce 114
      C.2. Les parents comme thérapeutes 120
      C.3. Communication gestuelle 123
Bibliographie 124

Chapitre 4. Les familles 131
1. L'annonce du diagnostic 132
2. Les réactions familiales 142
   A. Les difficultés liées à l'étude des familles 143
   B. Les ajustements familiaux 144
   C. Les frères et sœurs du mongolien 147
   D. Problèmes et interrogations de tous les jours 150
Bibliographie 153

Chapitre 5. L'intervention précoce 155
1. Les bases de l'intervention 156
2. Les principes de l'intervention 158
   A. La nature développementale de l'intervention 158
   B. L'évaluation précède l'intervention 160
   C. La flexibilité du programme 161
3. Trois exemples de programmes d'intervention 162
   A. L'intervention à domicile: le Projet de Portage 162
   B. L'intervention à domicile et dans un centre (Rynders et Horrobin, 1975) 164
   C. L'intervention dans un centre (Hayden et Dmitriev, 1975) 165
4. Une alternative: les séminaires pour parents 166
   A. Les principes de base 166
   B. Le modèle de la formation 167
   C. Le contenu des sessions 168
   D. L'évaluation des séminaires 173
   E. Conclusions 177
5. L'intervention précoce est-elle efficace? 179
Bibliographie 181

Chapitre 6. Mythes, légendes et supercheries	183
1. Le mongolien mythique	184
2. Les médicaments et les thérapies	188
A. Les médicaments	189
B. A propos des «thérapies»	192
Bibliographie	193
Chapitre 7. L'école et l'après	195
1. L'école	195
2. L'après	202
A. Les adultes, ces inconnus	203
B. La sexualité	205
C. Les solutions éducatives	208
D. Jusqu'où faut-il aller ?	213
Bibliographie	214
Table des matières	215

CHEZ LE MÊME ÉDITEUR

PSYCHOLOGIE ET SCIENCES HUMAINES
collection publiée sous la direction de MARC RICHELLE

1 Dr Paul Chauchard : LA MAITRISE DE SOI. *9ᵉ éd.*
7 Paul-A. Osterrieth : FAIRE DES ADULTES. *16ᵉ éd.*
9 Daniel Widlöcher : L'INTERPRETATION DES DESSINS D'ENFANTS. *9ᵉ éd.*
11 Berthe Reymond-Rivier : LE DEVELOPPEMENT SOCIAL DE L'ENFANT ET DE L'ADOLESCENT. *9ᵉ éd.*
22 H. T. Klinkhamer-Steketée : PSYCHOTHERAPIE PAR LE JEU. *3ᵉ éd.*
24 Marc Richelle : POURQUOI LES PSYCHOLOGUES? *6ᵉ éd.*
25 Lucien Israel : LE MEDECIN FACE AU MALADE. *5ᵉ éd.*
26 Francine Robaye-Geelen : L'ENFANT AU CERVEAU BLESSE. *2ᵉ éd.*
27 B.F. Skinner : LA REVOLUTION SCIENTIFIQUE DE L'ENSEIGNEMENT. *3ᵉ éd.*
29 J.C. Ruwet : ETHOLOGIE : BIOLOGIE DU COMPORTEMENT. *3ᵉ éd.*
38 B.-F. Skinner : L'ANALYSE EXPERIMENTALE DU COMPORTEMENT. *2ᵉ éd.*
40 R. Droz et M. Rahmy : LIRE PIAGET. *3ᵉ éd.*
42 Denis Szabo, Denis Gagné, Alice Parizeau : L'ADOLESCENT ET LA SOCIETE. *2ᵉ éd.*
43 Pierre Oléron : LANGAGE ET DEVELOPPEMENT MENTAL. *2ᵉ éd.*
45 Gertrud L. Wyatt : LA RELATION MERE-ENFANT ET L'ACQUISITION DU LANGAGE. *2ᵉ éd.*
49 T. Ayllon et N. Azrin : TRAITEMENT COMPORTEMENTAL EN INSTITUTION PSYCHIATRIQUE
52 G. Kellens : BANQUEROUTE ET BANQUEROUTIERS
55 Alain Lieury : LA MEMOIRE
58 Jean-Marie Paisse : L'UNIVERS SYMBOLIQUE DE L'ENFANT ARRIERE MENTAL
59 Jacques Van Rillaer : L'AGRESSIVITE HUMAINE
61 Jérôme Kagan : COMPRENDRE L'ENFANT
62 Michel S. Gazzaniga : LE CERVEAU DEDOUBLE
64 X. Seron, J.L. Lambert, M. Van der Linden : LA MODIFICATION DU COMPORTEMENT
65 W. Huber : INTRODUCTION A LA PSYCHOLOGIE DE LA PERSONNALITE. *2ᵉ éd.*
66 Emile Meurice : PSYCHIATRIE ET VIE SOCIALE
67 J. Château, H. Gratiot-Alphandéry, R. Doron et P. Cazayus : LES GRANDES PSYCHOLOGIES MODERNES
68 P. Sifnéos : PSYCHOTHERAPIE BREVE ET CRISE EMOTIONNELLE
69 Marc Richelle : B.F. SKINNER OU LE PERIL BEHAVIORISTE
70 J.P. Bronckart : THEORIES DU LANGAGE
71 Anika Lemaire : JACQUES LACAN. *2ᵉ éd. revue et augmentée.*
72 J.L. Lambert : INTRODUCTION A L'ARRIERATION MENTALE
73 T.G.R. Bower : DEVELOPPEMENT PSYCHOLOGIQUE DE LA PREMIERE ENFANCE
74 J. Rondal : LANGAGE ET EDUCATION
75 Sheila Kitzinger : PREPARER A L'ACCOUCHEMENT
76 Ovide Fontaine : INTRODUCTION AUX THERAPIES COMPORTEMENTALES
77 Jacques-Philippe Leyens : PSYCHOLOGIE SOCIALE. *2ᵉ éd.*
78 Jean Rondal : VOTRE ENFANT APPREND A PARLER
79 Michel Legrand : LE TEST DE SZONDI
80 H.J. Eysenck : LA NEVROSE ET VOUS
81 Albert Demaret : ETHOLOGIE ET PSYCHIATRIE
82 Jean-Luc Lambert et Jean A. Rondal : LE MONGOLISME
83 Albert Bandura : L'APPRENTISSAGE SOCIAL
84 Xavier Seron : APHASIE ET NEUROPSYCHOLOGIE
85 Roger Rondeau : LES GROUPES EN CRISE?

86 J. Danset-Léger : L'ENFANT ET LES IMAGES DE LA LITTERATURE ENFANTINE
87 Herbert S. Terrace : NIM. UN CHIMPANZE QUI A APPRIS LE LANGAGE GESTUEL
88 Roger Gilbert : BON POUR ENSEIGNER?
89 Wing, Cooper et Sartorius : GUIDE POUR UN EXAMEN PSYCHIATRIQUE
90 Jean Costermans : PSYCHOLOGIE DU LANGAGE
91 Françoise Macar : LE TEMPS, PERSPECTIVES PSYCHOPHYSIOLOGIQUES
92 Jacques Van Rillaer : LES ILLUSIONS DE LA PSYCHANALYSE. 2ᵉ éd.
93 Alain Lieury : LES PROCEDES MNEMOTECHNIQUES
94 Georges Thinès : PHENOMENOLOGIE ET SCIENCE DU COMPORTEMENT
95 Rudolph Schaffer : COMPORTEMENT MATERNEL
96 Daniel Stern : MERE ET ENFANT, LES PREMIERES RELATIONS
97 R. Kempe & C. Kempe : L'ENFANCE TORTUREE
98 Jean-Luc Lambert : ENSEIGNEMENT SPECIAL ET HANDICAP MENTAL
99 Jean Morval : INTRODUCTION A LA PSYCHOLOGIE DE L'ENVIRONNEMENT
100 Pierre Oleron et al. : SAVOIRS ET SAVOIR-FAIRE PSYCHOLOGIQUES CHEZ L'ENFANT
101 Bernard I. Murstein : STYLES DE VIE INTIME
102 Rondal/Lambert/Chipman : PSYCHOLINGUISTIQUE ET HANDICAP MENTAL
103 Brédart/Rondal : L'ANALYSE DU LANGAGE CHEZ L'ENFANT
104 David Malan : PSYCHODYNAMIQUE ET PSYCHOTHERAPIE INDIVIDUELLE
105 Philippe Muller : WAGNER PAR SES REVES
106 John Eccles : LE MYSTERE HUMAIN
107 Xavier Seron : REEDUQUER LE CERVEAU
108 Moreau/Richelle : L'ACQUISITION DU LANGAGE
109 Georges Nizard : ANALYSE TRANSACTIONNELLE ET SOIN INFIRMIER
110 Howard Gardner : GRIBOUILLAGES ET DESSINS D'ENFANTS, LEUR SIGNIFICATION
111 Wilson/Otto : LA FEMME MODERNE ET L'ALCOOL
112 Edwards : DESSINER GRACE AU CERVEAU DROIT
113 Rondal : L'INTERACTION ADULTE-ENFANT
114 Blancheteau : L'APPRENTISSAGE CHEZ L'ANIMAL
115 Boutin : FORMATION ET DEVELOPPEMENTS
116 Húsen : L'ECOLE EN QUESTION
117 Ferrero/Besse : L'ENFANT ET SES COMPLEXES
118 R. Bruyer : LE VISAGE ET L'EXPRESSION FACIALE
119 J.P. Leyens : SOMMES-NOUS TOUS DES PSYCHOLOGUES?
120 J. Château : L'INTELLIGENCE OU LES INTELLIGENCES?
121 M. Claes : L'EXPERIENCE ADOLESCENTE
122 J. Hayes et P. Nutman : COMPRENDRE LES CHOMEURS
123 S. Sturdivant : LES FEMMES ET LA PSYCHOTHERAPIE
124 A. Pomerleau et G. Malcuit : L'ENFANT ET SON ENVIRONNEMENT
125 A. Van Hout et X. Seron : L'APHASIE DE L'ENFANT
126 A. Vergote : RELIGION, FOI, INCROYANCE
127 Sivadon/Fernandez-Zoïla : TEMPS DE TRAVAIL, TEMPS DE VIVRE
128 Born : JEUNES DEVIANTS OU DELINQUANTS JUVENILES?
129 Hamers/Blanc : BILINGUALITE ET BILINGUISME
130 Legrand : PSYCHANALYSE, SCIENCE, SOCIETE
131 Le Camus : PRATIQUES PSYCHOMOTRICES
132 Lars Fredén : ASPECTS PSYCHOSOCIAUX DE LA DEPRESSION
133 Mount : LA FAMILLE SUBVERSIVE
134 Magerotte : MANUEL D'EDUCATION COMPORTEMENTALE CLINIQUE
135 Dailly/Moscato : LATERALISATION ET LATERALITE CHEZ L'ENFANT
136 Bonnet/Tamine-Gardes : QUAND L'ENFANT PARLE DU LANGAGE
137 Bruyer : LES SCIENCES HUMAINES ET LES DROITS DE L'HOMME

138 Taulelle : L'ENFANT A LA RENCONTRE DU LANGAGE
139 de Boucaud : PSYCHOLOGIE DE L'ENFANT ASTHMATIQUE
140 Duruz : NARCISSE EN QUETE DE SOI
141 Feyereisen/de Lannoy : PSYCHOLOGIE DU GESTE
142 Florin et al. : LE LANGAGE A L'ECOLE MATERNELLE
143 Debuyst : MODELE ETHOLOGIQUE ET CRIMINOLOGIE
144 Ashton/Stepney : FUMER
145 Winkel et al. : L'IMAGE DE LA FEMME DANS LES LIVRES SCOLAIRES
146 Bideau/Richelle : PSYCHOLOGIE DEVELOPPEMENTALE
147 Schmid-Kitsikis : THEORIE CLINIQUE ET FONCTIONNEMENT MENTAL
148 Guggenbühl/Craig : POUVOIR ET RELATION D'AIDE
149 Rondal : LANGAGE ET COMMUNICATION CHEZ LES HANDICAPES MENTAUX
150 Moscato et al. : FONCTIONNEMENT COGNITIF ET INDIVIDUALITE
151 Château : L'HUMANISATION OU LES PREMIERS PAS DES VALEURS HUMAINES
152 Avery/Litwack : NEE TROP TOT
153 Rondal : LE DEVELOPPEMENT DU LANGAGE CHEZ L'ENFANT TRISOMIQUE 21
154 Kellens : QU'AS-TU FAIT DE TON FRERE?
155 Rondal/Henrot : LE LANGAGE DES SIGNES
156 Lafontaine : LE PARTI PRIS DES MOTS
157 Bonnet/Hoc/Tiberghien : AUTOMATIQUE, INTELLIGENCE ARTIFICIELLE ET PSYCHOLOGIE
158 Giovannini et al. : PSYCHOLOGIE ET SANTE
159 Wilmotte et al. : LE SUICIDE
160 Giurgea : L'HERITAGE DE PAVLOV
161 Ionescu : MANUEL D'INTERVENTION EN DEFICIENCE MENTALE N° 1
162 Ionescu : MANUEL D'INTERVENTION EN DEFICIENCE MENTALE N° 2
163 Pieraut-Le Bonniec : CONNAITRE ET LE DIRE
164 Huber : PSYCHOLOGIE CLINIQUE AUJOURD'HUI
165 Rondal et al. : PROBLEMES DE PSYCHOLINGUISTIQUE
166 Slukin : LE LIEN MATERNEL
167 Baudour : L'AMOUR CONDAMNE
168 Wilwerth : VISAGES DE LA LITTERATURE FEMININE
169 Edwards : VISION, DESSIN, CREATIVITE
170 Lutte : LIBERER L'ADOLESCENCE
171 Defays : L'ESPRIT EN FRICHE
172 Broome Walace : PSYCHOLOGIE ET PROBLEMES GYNECOLOGIQUES
173 Aimard : LES BEBES DE L'HUMOUR
174 Perruchet : LES AUTOMATISMES COGNITIFS
175 Bawin-Legros : FAMILLES, MARIAGE, DIVORCE
176 Pourtois/Desmet : EPISTEMOLOGIE ET INSTRUMENTATION EN SCIENCES HUMAINES
177 Sloboda : L'ESPRIT MUSICIEN
178 Fraisse : POUR LA PSYCHOLOGIE SCIENTIFIQUE
179 Ruffiot : PSYCHOLOGIE DU SIDA
180 McAdams/Deliège : LA MUSIQUE ET LES SCIENCES COGNITIVES
181 Argentin : QUAND FAIRE C'EST DIRE...
182 Van der Linden : LES TROUBLES DE LA MEMOIRE
183 Lecuyer : BEBES ASTRONOMES, BEBES PSYCHOLOGUES : L'INTELLIGENCE DE LA 1re ANNEE
184 Immelmann : DICTIONNAIRE DE L'ETHOLOGIE
185 Collectif : ACTEUR SOCIAL ET DELINQUANCE
186 Fontana : GERER LE STRESS
187 Bouchard : DE LA PHENOMENOLOGIE A LA PSYCHANALYSE
188 Chanceaulme : MOURIR, ULTIME TENDRESSE
189 Rivière : LA PSYCHOLOGIE DE VYGOTSKY

190 Lecoq : APPRENTISSAGE DE LA LECTURE ET DYSLEXIE
191 de Montmolin/Amalberti/Theureau : MODÈLES DE L'ANALYSE DU TRAVAIL
192 Minary : MODÈLES SYSTÉMIQUES ET PSYCHOLOGIE
193 Grégoire : ÉVALUER L'INTELLIGENCE DE L'ENFANT
194 Gommers/van den Bosch/de Aguilar : POUR UNE VIEILLESSE AUTONOME
195 Van Rillaer : LA GESTION DE SOI
196 Lecas : L'ATTENTION VISUELLE
197 Macquet : TOXICOMANIES ET FORMES DE LA VIE QUOTIDIENNE
198 Giurgea : LE VIEILLISSEMENT CÉRÉBRAL
199 Pillon : LA MÉMOIRE DES MOTS
200 Pouthas/Jouen : LES COMPORTEMENTS DU BÉBÉ : EXPRESSION DE SON SAVOIR ?
201 Montangero/Maurice-Naville : PIAGET OU L'INTELLIGENCE EN MARCHE
202 Colin A. Epsie : LE TRAITEMENT PSYCHOLOGIQUE DE L'INSOMNIE
203 Samalin-Amboise : VIVRE À DEUX
204 Bourhis/Leyens : STÉRÉOTYPES, DISCRIMINATION ET RELATIONS INTERGROUPES
205 Feltz/Lambert : ENTRE LE CORPS ET L'ESPRIT
206 Francès : MOTIVATION ET EFFICIENCE AU TRAVAIL
207 Houziaux : ÉDUCATION DU PATIENT ET ORDINATEUR
208 Roques : SORTIR DU CHÔMAGE
209 Bléandonu : L'ANALYSE DES RÊVES ET LE REGARD MENTAL
210 Born/Delville/Mercier/Snad/Beeckmans : LES ABUS SEXUELS D'ENFANTS

Manuels et Traités

Droz-Richelle : MANUEL DE PSYCHOLOGIE
Hurtig-Rondal : MANUEL DE PSYCHOLOGIE DE L'ENFANT (Tome 1)
Hurtig-Rondal : MANUEL DE PSYCHOLOGIE DE L'ENFANT (Tome 2)
Hurtig-Rondal : MANUEL DE PSYCHOLOGIE DE L'ENFANT (Tome 3)
Rondal-Seron : LES TROUBLES DU LANGAGE (DIAGNOSTIC ET REEDUCATION)
Fontaine/Cottraux/Ladouceur : CLINIQUES DE THERAPIE COMPORTEMENTALE
Godefroid : LES CHEMINS DE LA PSYCHOLOGIE